体育专业
封闭性运动技能教程

主　编　张　磊　王　静　张　腾
　　　　赵　曦
副主编　刘　慧　邵梦婕　王　芳
　　　　郑蓓蕾　赵颖飞　袁颖敏
　　　　杨　军

北京理工大学出版社
BEIJING INSTITUTE OF TECHNOLOGY PRESS

内 容 简 介

本书是杭州师范大学体育学院相关专业教师根据国家义务教育体育与健康课程改革需求，结合多年的实践教学经验，专门针对田径、体操、游泳三项运动的师范教学而编写的教材。对每一项运动，本书都围绕其发展情况、基本技术教学、课程思政以及专项体能与练习方法等方面展开，并配有相关教学视频，符合师范教育与基础教育的实用性，体现了"四新"教材建设中关于知识体系的要求。

本书内容由浅入深、循序渐进，难度适中，重点突出，可读性强，可作为体育师范生的专业教材，也可作为体育教师的教学用书。

图书在版编目（CIP）数据

体育专业封闭性运动技能教程 / 张磊等主编.

北京：北京理工大学出版社，2025.1.

ISBN 978-7-5763-4899-6

Ⅰ.G8

中国国家版本馆 CIP 数据核字第 2025NB6242 号

责任编辑：申玉琴　　**文案编辑：**申玉琴
责任校对：刘亚男　　**责任印制：**李志强

出版发行 / 北京理工大学出版社有限责任公司
社　　址 / 北京市丰台区四合庄路 6 号
邮　　编 / 100070
电　　话 / （010）68914026（教材售后服务热线）
　　　　　　　（010）63726648（课件资源服务热线）
网　　址 / http://www.bitpress.com.cn

版 印 次 / 2025 年 1 月第 1 版第 1 次印刷
印　　刷 / 涿州市新华印刷有限公司
开　　本 / 787 mm×1092 mm　1/16
印　　张 / 12.75
字　　数 / 300 千字
定　　价 / 68.00 元

前言

　　教材之于课程，抑或是之于教育的重要性自不必说，其作为教师教学与学生学习的重要载体，是课程知识的主要承载者与课程知识体系的集中反映者。教材一方面是教师教学的主要依据——教师从相应教材中选择一定的内容进行教授，另一方面又是学生自主学习的主要依据，更是教育目标、功能得以实现的重要媒介。教材随着课程的产生、发展而发展，课程的发展成熟又以教材内容的不断完善为支撑。体育专业术科课程教材的建设随着我国体育教师教育的发展而不断成熟，但长期存在竞技化倾向严重、时代性不足、教师教育类身份不明、教材专业导引欠缺等问题已成为不争的事实。新时代，立德树人成为我国教育的根本任务，基础教育改革走入了"核心素养"时代，体育专业术科课程教材的改革迫在眉睫。

　　2022年6月，为深入贯彻习近平总书记关于教育的重要论述和全国教育大会精神，全面落实教育部"四新"（新工科、新医科、新农科、新文科）建设及《浙江省高等教育"十四五"发展规划》有关要求，推动新时代高等教育创新发展，提高新时代高等教育人才培养质量，浙江省开启了"四新重点教材"建设项目的申报，明确提出：教材建设必须体现党和国家意志，坚持立德树人的根本任务，体现党和国家对教育的基本要求；教材内容要求知识性和价值性相统一，把课程思政内容融入教材编写中，编写应依据教材建设规划以及学科专业或课程教学标准，服务高等教育教学改革和人才培养；教材知识体系必须体现科学性、权威性、前沿性。值此契机，我们开启了体育专业封闭性运动技能教材的改革。

　　本教材由田径、体操、游泳等内容组成，试图从编写思路、内容选择、编写体例、应用指向上加以突破，坚持问题导向与目标导向，遵循系统思维与创新思维，回应新时代要求，努力在以下方面体现"四新"教材的特色。

　　（1）编写思路上"突破运动项目竞技化思维，突出运动项目的教育学身份"。以往田径、体操等术科课程教材，在教材体系上以项目发展历史、基本技战术分析、训练、竞赛规则与裁判法等内容为主，表现出明显的竞技化思维，仍然坚持着竞技化体系与思考方式。而本教材舍弃以往教材中对技战术知识的过多阐述，转而更加关注"如何教"的教学法知识，以期更加适应新时代体育教育专业术科课程教材对专业认证、人才培养等方面的新诉求与新要求。

（2）内容选择上"摒弃大而全的竞技化知识，转向符合师范教育与基础教育的实用性知识"，打通师范教育与基础教育在教学内容上的"壁垒"。以往术科课程在教材上追求大而全的学科知识体系，由于学时有限常常出现"嚼不烂，消化不良"的情况。本教材结合多年的教学实践经验，以及国家义务教育体育与健康课程改革，遴选出"学生用得着、吃得饱、消化得了"的知识作为教材内容，体现师范院校与基础教育在教学内容领域的有机衔接。

（3）编写体例上"转变坚持学科化知识体系的故步自封思维，积极回应浙江省基础教育改革需要与国家教育改革诉求"。如前所述，以往术科课程教材过多地关注自身学科知识体系，对"如何教""如何育人"等内容关注不够，导致教材的内容更新速度与基础教育改革和国家教育改革步伐不一致。本教材在编写体例上积极引入浙江省体育与健康教学指导纲要的"教材三个一"（即一个单一技术、一个组合技术、一个游戏或比赛）要求，回应浙江省基础教育改革需要与国家教育改革诉求。

（4）应用指向上"打破大学教材大学生使用的固化思维，突出大中小学一体化的应用广泛性"。以往术科课程教材的使用范围或对象基本停留于体育教育专业本科生，中小学体育老师借鉴不够。由于本教材引入了浙江省体育与健康教学指导纲要的"教材三个一"内容，以及课程思政等德育内容，这些内容对于体育师范生、专业教师、中小学体育教师都有一定的借鉴价值，在应用指向上极大地提高了教材的应用广泛性与适用性。

本教材由张磊、王静、张腾、赵曦担任主编，刘慧、邵梦婕、王芳、郑蓓蕾、赵颖飞、袁颖敏、杨军担任副主编，张磊教授主持本书的编写体例设计与最终统稿、审稿工作，田径部分由赵曦、刘慧、邵梦婕负责编写，体操部分由王静、王芳、郑蓓蕾负责编写，游泳部分由张腾、赵颖飞、袁颖敏、杨军负责编写。

期待大中小学体育教师和同学们使用之后有一定的收获。由于编者水平有限，加之时间较为仓促，书中难免存在不足或错误之处，恳请各位专家、学者和广大读者批评指正。

编　者

第一部分

田径教学

第一章　田径教学概述

第一节　学校田径运动的发展

一、学校田径运动的发展

学校田径运动主要是以日常体育教学和运动会的形式开展。从中华人民共和国成立至20世纪90年代初，田径作为我国学校体育课程中的核心内容与必修科目，其项目以径赛、田赛为主。到了20世纪90年代末，体育教学内容以运动技术为核心的传统体育田径课程模式发生了变化，它的基本框架和内容体系仍然延续着竞技项目的教学模式，由于在教学中过于追求运动项目的完整性、系统性，只重视跑、跳、投等项目的技术动作教学，没有发挥出田径运动应有的健身作用[1]。

对于中小学生而言，一些技术动作较难的田径运动项目难以掌握，学生过早接触这些竞技类田径运动项目，难免感到枯燥、单调，难以对其产生兴趣；竞赛规则又过于严厉，使学生无法体验到体育的快乐[2]。根据现实中田径发展出现的困境，教育部于2001年颁布《体育与健康课程标准》以及2003年颁布《全国普通高等学校体育教育本科专业课程方案》，都对体育教学有了更高的要求，确定了田径课程是体育健康课程的基础课之一，是以走、跑、跳、投等多种身体练习为基本手段，以竞技性、健身性、实用性练习项目为主要内容，以发展人的基本运动能力和生活生存能力、促进身心健康全面发展为主要目标的基础性体育实践课程[3]。然而，纵使课程大目标确定，由于现实的各种因素，如田径教学的标准化，缺少趣味性、娱乐性，不符合青少年儿童的生理、心理特点；有些学校和家长不重视体育课，结果学生体质全面下降，且易造成学生体育综合素质"营养不良"，让部分学生失去对田径教学内容的学习兴趣；田径运动相对单一的走、跑、跳、投等项目逐渐

---

① 冯传诚. 新课程标准下体育院校田径教学改革的思考 [J]. 武汉体育学院学报，2005（10）：123-125.

② 文超. 中国田径运动百年 [M]. 北京：人民体育出版社，2006：236.

③ 张洪潭. 体育基本理论研习的定位坐标 [J]. 体育科学，2005（4）：35-39.

被一些球类及新兴运动项目所代替等，导致体育教学中的田径发展仍然举步艰难①。2005年《趣味田径运动指南》引入我国并慢慢开展。趣味田径是传统田径的一个分支，是通过增加趣味性的教学内容，改变和指定场地器材，对跑跳投进行组合和改编，将个人项目改为集体活动来增强同学之间的竞争与合作的一种运动。少儿趣味田径运动有单项项目和组合项目。其中，单项项目有：跑类项目，包括格子跑、短跑接力、跨栏跑、8分钟耐力跑、速度渐进的耐力跑、1 000米耐力跑；跳类项目，包括跳绳、立定跳远接力、十字跳、撑杆跳远、沙坑撑杆跳远、短距离助跑跳远、精确跳远、限区域三级跳、短距离助跑三级跳；投掷类项目，包括跪姿投掷、少儿标枪、后抛实心球、越过障碍掷准、旋转投掷、掷少年标枪、掷少年铁饼。组合项目是跑、跳、跨组合类，如短跑/跨栏跑对面接力、短跑/跃障碍/绕杆对面接力、一级方程式、短跑/跨栏接力跑。趣味田径的引入，让田径教学有了不一样的色彩，增加了田径课程的趣味性和创造性，让学生逐渐体会到田径的乐趣。2022年4月，教育部发布了《义务教育体育与健康课程标准（2022年版）》，完善了培养目标，优化了课程设计和课程内容结构，也为各个水平的田径教学指明了方向。应明确，学生不但要学习技能，更重要的是掌握相关知识和竞赛规则，学会锻炼方法，用多元化的练习方法进行学习，如障碍跑、折线跑、迎面接力，各种跑跳投组合接力赛等。体育课程应促进学生田径类运动项目相关体能发展，激发学生对田径运动的学习兴趣，促进学生体能全面发展。

学校田径另一条发展路线是运动会。2012年，教育部、发展改革委、财政部、体育总局联合发布《关于进一步加强学校体育工作的若干意见》，强调学校合理开展课余体育训练和竞赛活动，鼓励创建体育俱乐部，实施体育课程、大课间（课间操）和课外体育活动一体化的阳光体育运动②。2016年，国务院办公厅颁发《关于强化学校体育促进学生身心健康全面发展的意见》③明确指出，学校以组建运动队、代表队、俱乐部和兴趣小组等形式，积极开展课余体育训练，定期举办综合性学生运动会，为有体育特长的学生提供成才路径；同时国家完善竞赛体系（县、市、省、国家四级）以及竞赛选拔机制，畅通学生运动员进入各级专业运动队、代表队的渠道。2020年，体育总局、教育部发布《关于印发深化体教融合　促进青少年健康发展的意见》④，指出要充分利用冬、夏令营活动进行专业体育训练，同时整合各级体育赛事，建立分学段（小学、初中、高中、大学）、跨区域（县、市、省、国家）的四级青少年体育赛事体系，为国家队输送后备人才。2021年，教育部办公厅颁发《关于进一步加强中小学生体质健康管理工作的通知》⑤，指出学校要组织开展"全员运动会""全员体育竞赛"等多种形式的活动，促使全校学生积极参加体育锻炼，构建完善的"校内竞赛—校级联赛—选拔性竞赛"中小学体育竞赛体系。

①　郝琪. 中小学开展田径教学的意义及现状分析［J］. 内江科技，2008（11）：189.

②　国务院办公厅转发教育部等部门关于进一步加强学校体育工作若干意见的通知［EB/OL］.（2012-10-22）［2024-09-20］. https://www.gov.cn/gongbao/content/2012/content_2256572.htm.

③　国务院办公厅关于强化学校体育促进学生身心健康全面发展的意见［EB/OL］.（2016-05-06）［2024-09-20］. https://www.gov.cn/zhengce/content/2016-05/06/content_5070778.htm.

④　体育总局　教育部关于印发深化体教融合　促进青少年健康发展意见的通知［EB/OL］.（2020-08-31）［2024-09-20］. http://www.gov.cn/zhengce/zhengceku/2020-09/21/content_5545112.htm.

⑤　教育部办公厅关于进一步加强中小学生体质健康管理工作的通知［EB/OL］.（2021-04-19）［2024-09-20］. https://www.gov.cn/zhengce/zhengceku/2021-04/26/content_5602164.htm.

由此可以看出，学校田径运动会以"综合性运动会"和"全员运动会"等形式促进全校学生参与体育活动，增加体育锻炼的普及性，以"校内竞赛—校级联赛—选拔性竞赛"中小学体育竞赛体系为途径，为学生进入专业队提供渠道。田径辐射影响以点到面，通过各种形式进入学生学习生活，促使学生掌握运动技术，从而形成体育锻炼的习惯。

二、学校田径运动的价值

在运动能力方面，通过田径运动项目的学习，学生能增强体质，提高心肺耐力、肌肉力量、肌肉耐力、位移速度、柔韧、灵敏、协调、速度等身体素质。短跑类发展学生快速移动的能力，提高无氧代谢功能；中长跑发展学生的耐力，提高有氧代谢功能；跳跃类发展学生的弹跳力、灵敏性、协调性等，增加跳跃的远度和高度；投掷类发展学生的力量、爆发力，增加投掷的远度。同样的，在学练过程中，学生的神经、呼吸、循环系统和内脏器官的功能得到发展，学生的反应能力、注意力有所提高。在健康行为方面，田径类运动或比赛能够提高人的注意力、观察力、判断力、感知觉能力，提高人对外界的适应能力。在体育品德方面，田径运动能培养学生坚持不懈、勇于挑战、不怕困难、团结合作等意志品质。短跑持续时间短、强度大，需要集中注意力，能培养学生专心致志、集中注意力的良好习惯；中长跑需要耐力，能培养学生坚持到底、挑战自我的品质；跳跃类动作技术较难，对于控制身体的能力有所要求，能培养艰苦学练、勇于挑战的性格；投掷类动作单一、比较枯燥，能帮助学生养成坚韧不拔、沉着冷静的品格[1]。

第二节　田径运动的整体教学

一、田径运动技能教学内容标准

随着教育改革的发展，国家结合先进的教育理念，颁布了《义务教育体育与健康课程标准（2022年版）》[2]。该标准强化了育人导向，注重幼小衔接，按照学生的身心发展特点，设定各个学段的教育培养目标；内容结构上，强化"为什么教""怎么教""教到何种程度"的指导方向，注重"教会、勤练、常赛"一体化教学，体现"单一技术动作""组合动作学习""游戏、比赛或运用"教学构架，即"三个一"。该标准加强了跨学科学习，增强了体育与其他学科的互动性，为今后的教学指明了方向。对于田径运动技能的学习，大致分为跑、跳、投三大类，且每个水平的标准并不相同，具体课程内容标准如表1-1所示。

① 中华人民共和国教育部. 义务教育体育与健康课程标准（2022年版）［M］. 北京，北京师范大学出版社，2022：38-39.
② 同上，2022：2.

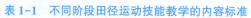

表 1-1　不同阶段田径运动技能教学的内容标准

阶段	学段			田径课程应知应会的知识	建议整合的知识
高师院校 体育专业	专业必修 课（普修）	技术		【初步掌握】短跑、中长跑、跨栏跑、标枪、铅球、跳高、跳远的基本技术动作和组合动作	运动损伤防治知识；课程思政
		战术		【初步掌握】在游戏和比赛中加强技术动作的运用与提高	
		规则		【初步掌握】了解比赛规则	
	专业选修 课（专修）	技术		【熟练掌握】短跑、中长跑、跨栏跑、接力跑、标枪、铅球、跳高、跳远的完整动作	运动性疾病预防与处理、运动损伤防治、保健康复等知识；课程思政
		战术		【熟练掌握】用专业术语讨论比赛情况，提高运动成绩的基本练习方法	
		规则		【熟练掌握】比赛编排、比赛准备、比赛规则与执裁等	
高中（以跳远为例）	模块一	技术		在起跳区内起跳，做出助跑与起跳、腾空与落地等组合动作；短、中距离助跑，在起跳区内起跳，做出蹲踞式或挺身式跳远的完整动作	运动与饮食、环境与健康、安全运动、预防常见运动损伤和突发事故、消除运动疲劳、情绪调控、社会适应；体育品德
		战术		基本掌握跳远的基本动作技术和组合动作技术，并能在游戏活动和小组比赛中运用	
		规则		了解跳远比赛的基本规则	
	模块二	技术		利用踏跳板起跳，做出助跑与起跳、腾空与落地等组合动作；短、中距离助跑，利用踏跳板起跳，做出蹲踞式或挺身式跳远完整动作	
		战术		比赛情境中反复运用所学动作技术，在实战中提高动作技术水平	
		规则		了解并初步运用跳远比赛的基本规则	
	模块三	技术		逐渐缩小起跳区，做出助跑、起跳、腾空与落地等组合动作；基本掌握短、中距离助跑，蹲踞式和挺身式跳远的完整动作	
		战术		用专业术语与同伴讨论比赛队员使用的技战术，并点评他们的表现	
		规则		基本掌握跳远比赛的规则、组织方法和裁判方法	

阶段	学段		田径课程应知应会的知识	建议整合的知识
初中	水平四	技术	学练基本动作、组合动作技术，提高动作技术	运动与肥胖，运动与体温、脉搏自我测评、运动与大脑健康、情绪调控、运动损伤防治、运动与环境；体育品德
		战术	强化理解和运用基本动作、组合动作、完整动作技术	
		规则	理解运动项目的比赛规则和裁判方法，担任裁判工作	
小学	水平三	技术	注重基本动作技术、组合动作技术和完整动作技术	运动与营养、运动与体重、情绪调控、骨折与心肺复苏处理方法；体育品德
		战术	在游戏或比赛中运用基本动作技术、组合动作技术	
		规则	了解比赛规则、秩序、成绩测试方法，组织班级小型运动项目比赛	
	水平二	技术	体验基本动作和简单组合动作	运动与健康饮食、运动与睡眠、情绪调控、运动损伤防治；体育品德
		战术	在游戏和比赛中运用所学的田径类运动项目的技能	
		规则	知道田径类运动项目游戏的基本规则，尝试判定有效成绩	

注：1. 以上技术包括单一与组合技术；2. 以上相关内容来自《普通高中体育与健康课程标准（2017年版）》和《义务教育体育与健康课程标准（2022年版）》，略有删减。

二、田径运动技能大单元教学

大单元教学是近几年来教育改革的重点。现实教学中，对于田径运动技能的教学是碎片化的，在体育教师往往想要教某一项技能时，却发现学生基础技能掌握不扎实或未接触过，导致教学进度缓慢，经常感到"好难教"。田径运动项目的纵向学习与横向发展都存在许多问题，例如，同一个内容反复教，教学要求基本相同，但面对的学生水平并不相同，或本该水平一学习的内容，在水平四时却并不会，运动技能学习出现断层。大单元的设计，一是根据课程标准设计承上启下的内容，为以后的教学做铺垫；二是项目融合和学科融合，在本项目学习时设计与其他项目相关的练习内容，达到正迁移的效果，并且与其他学科进行有机融合，提高学生举一反三、融会贯通的能力。基于以上思考，田径运动项目部分结合义务教育体育与健康课程标准及当下现实需求撰写，设定大单元教学，供广大读者参考。

第二章　不同田径技术的教学

　　田径运动分为径赛、田赛和全能赛。径赛细分为短距离跑（100 米跑、200 米跑、400 米跑）、中距离跑（800 米跑、1 500 米跑、3 000 米跑）、长距离跑（5 000 米跑、10 000 米跑）、马拉松、跨栏跑（110 米栏、100 米栏、400 米栏）、接力跑（4×100 米接力、4×400 米接力）、障碍跑、竞走类等；田赛分为跳高、撑竿跳高、跳远、三级跳远、铅球、铁饼、链球、标枪；全能类有 2 个运动项目，分别为男子十项全能、女子七项全能。田径类运动项目众多，而本书主要供体育师范类学生和中小学体育教师参考，因此根据现实生活中小学教学需要，结合《义务教育体育与健康课程标准（2022 年版）》与具体学时情况，本章重点介绍跑类技术（短跑、中长跑、跨栏跑）、跳类技术（挺身式跳远、蹲踞式跳远、立定跳远）、投掷类技术（原地推铅球、掷垒球、投实心球）。

第一节　跑类技术的教学

一、学科知识

（一）学科价值

　　田径是走、跑、跳、投掷等运动项目，以及由以上部分项目组成的全能运动项目的总称，其是以个人为主独立完成速度、高度、远度等的较量。田径有着"运动之母"的称号，是人类学习某项运动项目的基础，能呈现身体的美与运动的美。田径中的跑类技术主要包括短跑、中长跑和跨栏跑等，短跑项目主要发展学生的快速移动能力，提高学生的无氧代谢水平；中长跑项目主要发展学生的耐久力，增强学生的心肺功能[①]。此外，田径技术的学习，是人类学习某项运动项目的基础。田径运动能力的学习，可以正迁移到其他项目中，如跑类迁移到足球的急跑急停以及长时间运动的能力（耐力），提高学生的学习能力和适应能力。田径运动项目的学习是枯燥的，同样具有一定的难度，因此学生在学习的

---

　　① 冯旭晨. 开展初中体育田径运动的价值及方法［C］//中国国际科技促进会国际院士联合体工作委员会，教育教学国际学术论坛论文集（三）. 甘肃省甘南藏族自治州舟曲县第二中学，2022：353-355.

过程中能够培养坚持不懈、勇于挑战的精神品质。田径运动项目同样也是具有美感的，任何一个标准动作都是技术和美感的体现，展示身体肌肉的和谐美、运动轨迹的变幻美，因此能提升学生的审美能力。

（二）关键问题

教学关键问题是指在课程实施（教学）过程中，为发展学生核心素养必须要研究解决的最紧要的学科重点、学习难点[①]。不同的学习阶段，学生会遇到不同的学习重难点，影响着学习进程，以及核心素养的达成。例如，学习跨栏跑初学阶段，学生经常提到"很害怕，跨不过去"。可以说，学生在不同阶段会存在这样或那样的不同问题。

明确三个项目（短跑、中长跑、跨栏跑）在不同阶段动作执行的关键问题（分别如表2-1、表2-2、表2-3所示）有助于针对性地安排教学。

1. 短跑关键问题

表2-1　短跑关键问题在不同阶段的表现与释义

阶段	初学阶段	提高阶段	应用阶段
重点	摆臂动作	上体核心收紧	加速快跑
重点释义	在初学阶段，因对摆臂技术概念及作用不明确，肩、臂无力或肩关节过于紧张，加之衣服过于宽松，表现出左右摆臂、身体左右晃动的现象	在提高阶段，髋、膝、踝三关节过于紧张，导致伸髋不够，大小腿无折叠或折叠不充分，导致上体过于后仰，或身体左右晃动	因摆臂不积极，腿部力量薄弱，蹬地不充分，导致在加速跑时无明显加速
难点	起跑动作	充分送髋、蹬地	终点冲刺跑
难点释义	起跑姿势分为站立式和蹲踞式。在初学阶段，学生对动作概念不清晰，导致动作不协调，蹬地不充分，无法获得最大力量推动身体跑动，起跑速度慢	提高阶段，由于上体过于前倾，使髋关节产生补偿性后移，腰腹肌松弛，髋关节韧带差，后蹬动作不充分，髋部未完全前送，出现"坐"着跑	应用阶段，因对动作技术不明确，加之紧张，注意力在冲过终点，最终表现出冲刺时减速或向上跳起

2. 中长跑关键问题

表2-2　中长跑关键问题在不同阶段的表现与释义

阶段	初学阶段	提高阶段	应用阶段
重点	起跑姿势	弯道跑技术	起跑抢占位置
重点释义	因对站立式起跑准备姿势的概念不清晰，左、右不分，出现"预备"时前脚与同侧臂在前的情况，动作不协调	提高阶段，进入弯道时，为了减少阻力，身体需要向内倾斜，内侧的手臂与腿摆动幅度小，但由于对其动作不理解，一般出现上体直立，正常摆动手臂和腿	在比赛时，为了抢占有利位置，心里过于紧张，导致起跑后抢跑，并挤于一个跑道，甚至出现摔伤、踩踏事件

[①]　牛学文，向佐军. 初中历史与社会教学关键问题指导［M］. 北京：高等教育出版社，2016.

阶段	初学阶段	提高阶段	应用阶段
难点	体力分配	后蹬与前摆的配合	呼吸与跑速配合
难点释义	因不了解中长跑体力分配的比例，过早使用体力或过迟加速，导致后期无体力坚持跑完，最终速度过慢	跑的周期中，摆动腿迅速有力向前上方摆动，支撑腿在摆动腿积极配合下，伸髋、膝、踝关节，最终通过脚掌过渡到脚趾蹬离地面，形成摆动腿与支撑腿的协调配合	应用阶段，由于对呼吸概念不清晰，加之过于紧张、不自信，呼吸节奏紊乱，呼吸与跑速不配合，呼吸方式不正确

3. 跨栏跑关键问题

表2-3 跨栏跑关键问题在不同阶段的表现与释义

阶段	初学阶段	提高阶段	应用阶段
重点	跑点准确	压栏动作	上体稳定
重点释义	在初学阶段，起跑前没有标记起跑点，步点不准确，助跑节奏感不强，加之对栏架有恐惧心理，导致起跑至第一栏步点不准，脚步错误	在提高阶段，由于起跨点近，导致攻栏太晚，腾空时间过长，起跨腿提拉无力，摆动腿直腿攻栏或无攻栏动作，导致出现"跳栏"	因起跨点过于偏左，身体向内倾斜度不够，起跨腿蹬地力量薄弱，向前提拉速度过慢，身体两侧动作不平衡，出现过栏后身体扭转，下栏制动
难点	起跨腿、摆动腿协调配合	过栏技术	栏间跑节奏稳定
难点释义	攻栏时，摆动腿提膝，大小腿呈"鞭打包栏"动作，积极主动快速下压，起跨腿需大小腿折叠，勾脚尖，膝盖上提，技术动作较难，身体协调能力较弱，容易出现协调配合不流畅	因对摆动腿动作概念不清晰，摆动腿关节紧张，小腿前伸过早，大腿抬高不够，大小腿折叠不充分，出现摆动腿直腿起跨或盘腿绕栏	在应用阶段，因比赛过于紧张，步点不准，上栏前变速，下栏后停顿，没做好攻下一个栏的心理准备，导致栏间节奏不好，连贯性差

（三）易犯错误与纠正方法

学生在不同阶段，会出现不同的错误，可能是动作错误，也可能是动作的应用时机错误。短跑、中长跑、跨栏跑易犯错误与纠正方法如下。

1. 短跑

（1）错误动作一。

表现：途中跑不成直线。

产生原因：没有直线跑的概念，方向感发育不良。

纠正方法：采用窄道跑、沿直线跑或安放标志物等方式跑。

（2）错误动作二。

表现：后蹬不充分，"坐"着跑。

产生原因：后蹬动作不充分，髋未前送；上体过于前倾，使髋关节产生补偿性后移；

腰、腹肌松弛，髋关节柔韧性差，后蹬时髋部前送不充分。

纠正方法：指导学生后蹬时髋、膝、踝三关节充分蹬伸，前脚掌蹬离地面，提示注意蹬伸的速度和力量，增加后蹬跑和各种跳跃练习，要求学生前脚掌蹬地，体会脚尖离地的感觉。

（3）错误动作三。

表现：终点冲刺时减速、向上跳起。

产生原因：对终点冲刺技术不明确。

纠正方法：向学生讲清终点冲刺的方法及计时方法；在终点线前5米处放标志物，要求学生以最快的速度冲过标志物，方可减速。

2. 中长跑

（1）错误动作一。

表现：体力分配不当。

产生原因：不了解中长跑体力分配的比例及原因，过早使用体力或过迟加速导致最后速度太慢。

纠正方法：尝试2~3分钟的匀速跑，体会和思考在中长跑时如何分配体力；通过练习体会提速，让速度节奏好的同学领跑。

（2）错误动作二。

表现：呼吸方式不正确。

产生原因：对呼吸概念不清晰，呼吸节奏紊乱。

纠正方法：原地体会用力呼气和自然吸气的动作，在慢跑中体会深呼吸和自然吸气方式，逐步加快速度，在中速跑中体会有节奏的呼吸。

（3）错误动作三。

表现：进入弯道跑减速、身体晃动。

产生原因：对于弯道跑技术概念不清晰，摆臂幅度过大。

纠正方法：第一，强调进入弯道后身体向内倾斜，内侧臂比外侧臂摆动幅度小，用内侧脚的外侧和外侧脚的内侧着地。第二，通过"8"字接力跑和圆周接力跑的游戏体会动作要领。第三，可采用沿直径8~12米的圆周做鱼贯中速跑。

3. 跨栏跑

（1）错误动作一。

表现：跑至栏架时停止不动。

产生原因：对栏架有恐惧心理，害怕过栏时被绊倒。

纠正方法：先采用低栏架，鼓励学生尝试过栏并及时给予肯定和表扬，待学生熟练掌握后增加栏高。

（2）错误动作二。

表现："跳"栏。

产生原因：起跨点近导致攻栏太晚，腾空时间过长；起跨腿提拉无力，摆动腿直腿攻栏或无攻栏动作。

纠正方法：讲解示范身体主动向前攻栏，强调身体是向前而不是向上；降低栏高或利用小垫子代替栏架，通过降低过栏难度，消除害怕碰栏的顾虑；在跑动练习中，寻找适合的起跨点并做好标记，适当加快栏前跑的速度；加强做摆动腿和起跨腿配合练习，以及柔韧性的练习，掌握摆动腿屈腿摆动的攻栏技术。

（3）错误动作三。

表现：过栏后身体扭转，下栏后制动。

产生原因：起跨点过于偏左，身体向内倾斜度不够；起跨腿蹬地力量薄弱，向前提拉速度慢，身体两侧动作不平衡。

纠正方法：一方面强调过栏时上体主动前压；另一方面在栏侧练习提拉起跨动作，在栏前做好摆动腿落地的标记，反复练习，明确下栏动作，要有为下一步过栏做准备的意识。

二、不同跑类技术的教学法知识

（一）短跑

1. 短跑教学方法运用

（1）方法一设计与范例。

情景教学法：教师语言描述，有条件的可以设置道具，通过跑小栏架、障碍物，体会跑的节奏，激发学生自主参与学习的主动性。

（2）方法二设计与范例。

游戏比赛法：根据学生的实际水平进行分组，确保每组学生的运动水平大体一致，设置障碍和任务，进行趣味性的比赛或游戏，既可以增强学生积极参与运动的兴趣，也可以培养学生的团队意识和竞争意识。此外，学生可以借此机会将所学运动技术运用到比赛或游戏中，增强身体素质。

2. 短跑教学内容结构化："教材三个一"设计

（1）单一动作技术方法设计与范例。

在中小学跑类教学中，各项单一练习方法有起跑练习、加速跑练习、途中跑练习、冲刺跑练习等。由于短跑和中长跑教学比较枯燥、单一，体育教师在设计时最好增加趣味性的练习。短跑的单一练习方法示例如表2-4所示，详见视频2-1-1。

视频2-1-1

表2-4　短跑的单一练习方法示例

序号	练习方法名称	具体练习方法	注意事项
1	原地站立式起跑姿势	原地听信号站立式起跑	前脚与异侧臂在前
2	蹲踞式起跑	听信号蹲踞式起跑	蹬地有力、摆臂迅速
3	终点冲刺跑	听信号冲刺跑压线	胸部前压

（2）组合技术方法设计与范例。

在中小学的田径技术教学中，课堂上的组合技术练习方法为该堂课的单一技术练习加另外一种技术动作的练习。另外，组合技术的练习方法可以根据技术的掌握程度设计两种或两种以上的单一技术练习组合。短跑的组合练习方法示例如表2-5所示，详见视频2-1-2。

视频2-1-2

表2-5　短跑的组合练习方法示例

序号	练习方法名称	具体练习方法	注意事项
1	不同起跑姿势+接力跑	采用不同起跑姿势迎面接力	注意交接时机，错肩交接

续表

序号	练习方法名称	具体练习方法	注意事项
2	不同起跑姿势+折返跑	不同起跑姿势定线折返跑	注意减速制动，降重心
3	开合跳+快速跑	开合跳后快速跑	注意动作衔接

（3）游戏或比赛方法设计与范例。

比赛名称：勇闯森林。

比赛目的：提高学生跑的能力，培养学生团结意识。

比赛方法：将上课的学生平均分成人数相同的两队或四队，进行折返接力比赛，设置不同路线，最快速度完成的队伍获胜。

比赛应用时机：建议在学习跑时设计该比赛。同时，可以根据学情和教学内容，适当增加难度，如规定不同起跑姿势，或设置多个障碍物，要求学生动作流畅不停顿。

比赛要求：不准违反规则，相互监督。

比赛规则：若学生出现违规或违例，则该生返回起点或在总分上减分。

（二）中长跑

1. 中长跑教学方法运用

（1）方法一设计与范例。

游戏法：设置蛇形、圆形、椭圆形等图形跑，要求学生一路纵队或分组进行比拼，遇到弯道时采用弯道技术，体会弯道内侧摆臂幅度小、外侧摆臂幅度大的动作，以趣味性为着力点，引导学生参与中长跑练习。

（2）方法二设计与范例。

小组学习法：在田径场或体育馆设置不同的学习任务，学生以小组为单位，一路纵队跑至每个任务点进行打卡，完成任务后前往下一个打卡点，在无形中锻炼学生的心肺耐力，同时通过小组的形式，培养学生团结合作的能力。

2. 中长跑教学内容结构化："教材三个一"设计

（1）单一动作技术方法设计与范例。

中长跑的单一练习方法示例如表2-6所示，详见视频2-1-3。

视频2-1-3

表2-6　中长跑的单一练习方法示例

序号	练习方法名称	具体练习方法	注意事项
1	定时跑	定时跑任务打卡	注意体力分配
2	定距跑	不同距离障碍跑	注意呼吸节奏与跑速
3	"8"字跑	3~5人为一组，绕"8"字跑	注意弯道跑时上体内倾
4	弯道跑	从弯道出发进行加速跑	注意弯道跑时内侧摆臂幅度小

（2）组合技术方法设计与范例。

中长跑的组合练习方法示例如表2-7所示，详见视频2-1-4。

视频2-1-4

表 2-7　中长跑的组合练习方法示例

序号	练习方法名称	具体练习方法	注意事项
1	直道跑+不同弧度弯道跑	地面画不同弧线，直道跑后根据地面弧线进行弯道跑	体会不同弧度弯道跑时身体向内侧倾斜
2	绕"Z"标志点跟随跑+追逐跑	两人一组，一人在前，一人在后，同时出发进行绕"Z"标志点跑后立即进行追逐跑	跑的节奏控制
3	定时距+变速跑	1/2/3 分钟定时跑+慢速/快速跑自由搭配	控制节奏变化，合理分配体力

（3）游戏或比赛方法设计与范例。

比赛名称：抢占堡垒。

比赛目的：提高学生耐久跑的体力。

比赛方法：将学生分成四组，同时出发，在蛇形的图案内进行跑动，在蛇形图内抢占"堡垒"后插上本队的小旗，在规定时间内占领"堡垒"最多的队伍获胜。

比赛应用时机：可以根据学情和教学内容，适当增加难度，如规定圆形、梯形、三角形、多边形跑动，或设置多个障碍物，要求学生动作流畅不停顿。

比赛要求：跑步节奏和呼吸频率相配合。

比赛规则：若学生出现违规或违例，则该队少一座"堡垒"。

（三）跨栏跑

1. 跨栏跑教学方法运用

（1）方法一设计与范例。

分解与完整教学法：跨栏跑是先分解动作教学，然后在此基础上逐步进行完整技术教学。首先介绍摆动腿与起跨腿的区别；然后学习摆动腿攻栏技术，要求上体前倾，异侧臂手臂前伸，强调摆动腿过栏后直腿积极下压；再学习起跨腿过侧栏技术，要求起跨腿屈膝外展勾脚尖，起跨腿向前上方提拉；接着学习栏间跑技术，正面过栏辅助练习，要求上体和髋关节正面对前方，不可出现扭转；最后进行完整动作练习。

（2）方法二设计与范例。

表扬、鼓励法：跨栏跑技术相对于短跑、中长跑较难，发现学生跨栏距技术进步后，教师及时进行表扬和鼓励，从而树立学生的自信，让学生相信自己能够跨越障碍物获得成就感。

2. 跨栏跑教学内容结构化："教材三个一"设计

（1）单一动作技术方法设计与范例。

跨栏跑按照过栏技术练习—栏间跑技术练习—起跑至第一栏技术练习—终点冲刺跑技术练习—完整技术练习的顺序练习。跨栏跑动作技术较难，最好设计简单易学、学生一看就会的练习方法，促使学生对学习产生动力。跨栏跑的单一练习方法示例如表2-8所示，详见视频2-1-5。

视频 2-1-5

表 2-8　跨栏跑的单一练习方法示例

序号	练习方法名称	具体练习方法	注意事项
1	原地摆动腿过栏	1. 原地摆动腿模仿 2. 行进间摆动腿过侧栏	注意摆动腿抬、压、伸

续表

序号	练习方法名称	具体练习方法	注意事项
2	原地起跨腿过栏	1. 原地起跨腿模仿 2. 行进间起跨腿过侧栏	注意起跨腿展、勾、拉
3	行进间跨栏步过栏	行进间跨栏步过侧栏	起跨腿与摆动腿衔接配合
4	三步过侧栏	有节奏跑三步过侧栏	注意栏间有节奏上栏
5	蹲踞式起跑+跨栏跑	蹲踞式起跑跨完整的一个、三个及以上数量的栏	助跑与跨栏步相结合

（2）组合技术方法设计与范例。

跨栏跑组合技术练习方法示例如表 2-9 所示，详见视频 2-1-6。

视频 2-1-6

表 2-9　跨栏跑组合技术练习方法示例

序号	练习方法名称	具体练习方法	注意事项
1	跨栏跑过栏+折返放、取物	跨栏跑过栏+折返放、取物	注意落地后与启动跑的动作配合
2	简单的组合技术练习方法	跨栏跑+足球运球	注意各个技术的衔接
3	较难的组合技术练习方法	不同启动姿势跨栏跑+足球运球+传球	注意各个技术的衔接
4	困难的组合技术练习方法	跨栏跑+多种形式足球运球+射门	注意各个技术的衔接

（3）游戏或比赛方法设计与范例。

比赛名称：跨栏积分赛。

比赛目的：激发学生的学习兴趣，培养竞争意识。

比赛方法：设置不同高度、数量相等的障碍物或栏架，学生站在起跑线上，听到哨声后向前跑动，跨越障碍物和栏架。以小组的形式进行接力，将各小组成功跨越障碍物或栏架的个数相加，得分高的小组获胜。

比赛应用时机：建议完整学会跨栏跑的技术后进行，可以采用自制或由低到高的栏架。

比赛要求：使用跨栏跑技术完成比赛。

比赛规则：成功跨过一个栏架计两分，栏架倒下或绕栏跑不得分。

第二节　跳跃类技术

一、学科知识

（一）跳跃类技术的学科价值

跳跃类运动是人体运用自身能力或借助特殊器械，以一定的运动方式，使身体腾跃最大远度或高度的运动。其项目以动力性工作为主，一般包含助跑、起跳、腾空（过杆）、落地等环节。影响跳跃类项目成绩的主要因素是运动员的速度素质和爆发力，运动员需要在短时间内创造最大起跳爆发力，这既需要较快的速度，也需要较强的力量，并将两者结合起来。同时，跳跃类技术动作较难，对中枢神经系统的灵活性、感官技能要求较高①。从事跳跃类技术的学习，能够发展运动员的速度和爆发力、中枢神经系统的灵活性，以及全身的协调性。

（二）关键问题

不同跳跃技术的关键问题有所不同，其重难点也有所不同，分析各阶段的关键问题有利于采取针对性的教学手段，具体情况分别如表 2-10、表 2-11、表 2-12 所示。

1. 蹲踞式跳远关键问题

表 2-10　蹲踞式跳远关键问题在不同阶段的表现与释义

阶段	初学阶段	提高阶段	应用阶段
重点	助跑点位的准确性	助跑与起跳动作衔接	起跳腾空的高度
重点释义	学生初学阶段，由于注意力集中在起跳腿踏板上，助跑时无节奏、步幅不稳定，助跑起点时近时远，导致位点不准确	提高阶段，由于学生助跑速度不稳定，时快时慢，加上环境变化，起跳腿踏不到板，导致学生助跑和起跳动作质量不高，不能衔接	应用阶段，学生在起跳时，由于前脚掌踏板不够用力，腾空高度不够，身体没有滞空，腾空过低
难点	有节奏的助跑，稳定的速度、步幅	腾空后的蹲踞动作	空中收腿的时机
难点释义	在助跑时，学生在心里紧张以及其他干扰因素下，助跑前没有标记，助跑时速度过快或过慢，从而步幅紊乱，助跑距离不固定，每次跑至起跳板点位不同，出现踏不上或踏过的现象	提高阶段，起跳后，学生体验不到腾空的感觉，在空中起跳腿过早收腿，身体没有滞空，做不出"蹲踞"动作	应用阶段，学生起跳后过早地收起跳腿，急于完成蹲踞动作，落地时小腿没有往前伸屈膝下落，导致臀部落地

2. 挺身式跳远关键问题

表 2-11　挺身式跳远关键问题在不同阶段的表现与释义

阶段	初学阶段	提高阶段	应用阶段
重点	助跑和起跳动作	踏跳跃起高度	落地技术
重点释义	初学阶段，由于速度太快，加上心里紧张，起跳时倒小步，起跳腿错误，身体冲向沙池	踏跳时，踝关节紧张，腿部力量薄弱，加之没有控制好速度，身体朝前冲而缺乏向上起跳的动力和空间，踏跳高度不够	将要落地时，急于落地，着地前低头，上体前压，提前收小腿或小腿没有前伸，小腿与胸部没有贴合，导致臀部落地

① 季浏，钟秉枢. 义务教育体育与健康课程标准（2022年版）解读 [M]. 北京：高等教育出版社，2022：132-133.

续表

阶段	初学阶段	提高阶段	应用阶段
难点	助跑速度和节奏的稳定性	空中腾空挺身	上下协调用力
难点释义	开始助跑，注意力集中在起跳动作上，速度和节奏时快时慢，导致步点错误，起跳腿踏不上起跳板	起跳腾空后下放摆动腿，大小腿向后摆，展髋挺胸，同时手臂斜向上举，形成挺身姿势	应用阶段，由于比赛紧张的气氛，内心焦虑，突然出现身体动作紧张，上下无法协调用力的情况，导致动作质量不高或犯规

3. 立定跳远关键问题

表 2-12　立定跳远关键问题在不同阶段的表现与释义

阶段	初学阶段	提高阶段	应用阶段
重点	蹬摆配合	弹性屈伸与快速有力起跳配合	落地动作
重点释义	初学阶段，学生屈膝下蹲时两臂无后举而是前摆，两臂向前上方摆动，本应两腿弹性屈伸，但两腿下蹲，导致蹬、摆配合不协调	提高阶段，学生可能大腿后侧韧带僵硬，无法很好地进行弹性屈膝蹬地、伸直，加之双腿起跳时，可能腿部力量不够，前脚掌蹬地高度质量偏低	应用阶段，学生完成空中展体动作后随之落地，而身体过于前倾，急于做落地屈膝动作，前脚掌落地，导致身体前扑或落地时跪地
难点	预摆蹬地的起跳角度	起跳充分展体	小腿前伸
难点释义	初学阶段，学生尝试蹬摆练习，准备起跳时，为了跳得更远，学生屈膝折叠角度过大或屈膝过低，向上跳得更多，身体往前跳得较少，导致跳的远度偏短	提高阶段，学生预摆幅度偏小、速度偏慢，起跳蹬地腾空过低，上体未能充分展体，导致跳的远度不够	应用阶段，在落地时学生过于小腿前伸，没有处理力的惯性，上体后倒，臀部落地

（三）跳跃类技术易犯错误与纠正方法

1. 蹲踞式跳远

（1）错误动作一。

表现：起跳腿没蹬直，起跳不充分，高度过低。

产生原因：准备起跳时，踝关节紧张或力量薄弱，蹬伸用力过早或太晚，动作不协调，导致起跳腿无法蹬直。

纠正方法：尝试跑几步一踏跳，用手或头触悬挂物，提示学生注意腿充分蹬直。同时加强学生腿和踝关节的力量练习，熟练掌握后，让学生起跳越过一定高度的障碍物。

（2）错误动作二。

表现：在空中没有做出蹲踞式姿势。

产生原因：没有蹲踞式姿势的动作概念，跳的高度不充分，完成不了蹲踞式跳远。

纠正方法：第一，站在跳箱上起跳，体会空中成蹲踞式的过程；第二，起跳后跳上跳箱或体操垫（高 60~70 厘米），成蹲立姿势；第三，单脚起跳，双脚迅速上提屈膝，双手抱小腿，落地时双手放开屈膝缓冲，脚跟过渡到前脚掌落地；第四，利用踏板，助跑起跳，障碍物由低到高，要求学生以蹲踞式的动作越过障碍物；第五，加强腹部、腿部及踝关节力量。

2. 挺身式跳远

（1）错误动作一。

表现：挺身姿势不正确。

产生原因：起跳不充分，起跳送髋不积极，摆动腿摆动不积极或下落过早。

纠正方法：一方面，多做"送"髋练习，仰卧在垫子上，起跳腿垫高 30 厘米，挺髋并带动摆动腿屈膝上举。另一方面，加强起跳练习，借助踏板，跳起一定的高度，体验滞空感。不断提高学生越过的距离，同时克服害怕紧张的心理，利用踏板跳过一定高度的（由矮到高）障碍物，练习挺身姿势。力量训练中多加强腰腹肌和下肢力量的练习，如卷腹、深蹲。

（2）错误动作二。

表现：着地后臀部后坐。

产生原因：落地时，没有迅速屈膝前伸，身体不积极前倾。

纠错方法：利用体操垫，从高到低进行落地的模仿练习，强调及时屈膝、屈踝、向前送髋。也可以做立定跳远。

3. 立定跳远

（1）错误动作一。

表现：蹬摆协调不配合。

产生原因：对蹬和摆的动作概念不清晰，上下肢协调能力弱。

纠错方法：讲解示范正确的动作，由慢到快重复练习，做前摆直腿后摆屈膝动作，熟练后做蹬地起跳动作，并利用口诀加强学生对动作的理解，及时鼓励和表扬学生，增强学生自信。

（2）错误动作二。

表现：收腹举腿不够，"坐"着跳。

产生原因：收腹举腿力量差，手臂上摆不够积极。

纠正方法：进一步讲解示范收腹举腿的动作，多做各种模仿练习，积极发展腰腹肌力量和大腿后肌群的力量，多做原地摆臂练习，如从原地直立开始起跳，空中做屈膝抱膝动作或双手在腿前击掌，落地时一定要屈膝缓冲。

二、不同跳跃技术的教学法知识

（一）蹲踞式跳远

1. 蹲踞式跳远教学方法运用

（1）方法一设计与范例。

增减难度法：在练习时，学习的动作技术较难，可以采取一些措施，如放置较低的障碍物让学生越过，帮助学生克服恐惧心理；对于较高的障碍物，增加踏板，提高学生的起跳高度，让学生越过高障碍物，提振学生的信心。

（2）方法二设计与范例。

演示法：进行巩固练习时，可让学生观看高水平运动员的比赛视频或分解动作，让学生建立正确的概念与图像，生动形象地体验动作过程，身临其境感受比赛氛围，激发学习兴趣。

视频 2-2-1

2. 蹲踞式跳远教学内容结构化："教材三个一"设计

（1）单一动作技术方法设计与范例。

蹲踞式跳远的单一练习方法示例如表 2-13 所示，详见视频 2-2-1。

表 2-13　蹲踞式跳远的单一练习方法示例

序号	练习方法名称	具体练习方法	注意事项
1	原地单脚起跳练习	原地纵跳摸高练习	单脚起跳，起跳腿蹬直，双腿落地
2	上一步或上三步单脚起跳练习	上一步或上三步单脚起跳触悬挂物练习	注意上步和起跳动作的衔接
3	上踏板起跳成蹲踞式动作练习	单脚上踏板起跳，蹲踞式越过障碍物	注意在身体最高点时起跳腿屈膝收起与摆动腿靠拢
4	由高向低落地练习	自垫子上从上向下跳，落地成蹲立姿势	注意落地时小腿前伸，从脚跟过渡到前脚掌，屈膝缓冲
5	助跑起跳练习	助跑几步后起跳，越过不同高度或远度的障碍物	注意全身协调发力，克服恐惧心理

（2）组合技术方法设计与范例。

蹲踞式跳远组合技术练习方法示例如表 2-14 所示，详见视频 2-2-2。

视频 2-2-2

表 2-14　蹲踞式跳远组合技术练习方法示例

序号	练习方法名称	具体练习方法	注意事项
1	蹲踞式跳远+"S"绕标志桶跑	蹲踞式跳远后，立马"S"绕 3~5 个标志桶	注意落地后与启动跑的动作配合
2	简单的组合技术练习	蹲踞式跳远+"S"绕标志桶跑+搬物	注意各个技术的衔接
3	较难的组合技术练习	蹲踞式跳远+"S"绕标志桶运球+搬物	注意各个技术的衔接
4	困难的组合技术练习	蹲踞式跳远+"S"绕标志桶运球+无球跑+传球	注意各个技术的衔接

（3）游戏或比赛方法设计与范例。

比赛名称：跳远大挑战比赛。

比赛目的：提高学生跳的远度。

比赛方法：将学生分成人数相同的两队或四队，从起点出发，学生越过相同高度不同远度或相同远度不同高度的体操垫，成功挑战难度最大且人数最多的队伍获胜。

比赛应用时机：可以在初学或提高阶段设计该比赛，提升学生学习跳跃技术的兴趣。

比赛要求：各队同时出发，失败的队员不参与下一难度的挑战；碰倒、撞倒体操垫均失败。

比赛规则：若学生在比赛中出现任何形式的违例或犯规，或因挑战过程中前一个队员未回，等待队员开始起跳，则前一个队员重新出发。

（二）挺身式跳远

1. 挺身式跳远教学方法运用

（1）方法一设计与范例。

分解与完整练习法：将挺身式跳远分成几个部分，逐一进行学习，最后练习完整动作，这既可以降低难度，让学生把握动作的重点，也能加强学生对动作要领的理解与运用。

（2）方法二设计与范例。

小组合作法：在泛化阶段，将学生分成若干个小组，设置不同的教学任务；学生通过团队合作，共同完成任务。

2. 挺身式跳远教学内容结构化："教材三个一"设计

（1）单一动作技术方法设计与范例。

挺身式跳远的单一练习方法示例如表2-15所示，详见视频2-2-3。

视频2-2-3

表2-15 挺身式跳远的单一练习方法示例

序号	练习方法名称	具体练习方法	注意事项
1	原地挺身式模仿练习	原地模仿挺身式动作	踏跳腿支撑，摆动腿下放，两臂由前上方向下方绕环摆放
2	上一步或上三步挺身式模仿练习	上一步或上三步进行挺身式练习	注意上步和挺身式动作的衔接
3	原地双脚起跳收腹举腿落地练习	原地或从高到低双腿起跳收腹举腿落地	两腿屈膝靠拢，脚跟落地过渡到前脚掌
4	跳箱上做一步挺身式跳远练习	上踏板挺身式越过障碍物	踏跳和腾空挺身式动作配合
5	3~5步助跑起跳练习	助跑触悬物	注意助跑和起跳的衔接
6	7~9步助跑上踏板起跳挺身式跳远练习	助跑挺身式越过不同远度的橡皮筋	起跳腿蹬直有力，最高点时挺身，尽可能越过橡皮筋
7	全程助跑起跳挺身式练习	跳过不同高度的障碍物	全身协调用力，起跳有力，空中展体落地

（2）组合技术方法设计与范例。

挺身式跳远组合技术练习方法示例如表2-16所示，详见视频2-2-4。

视频2-2-4

表 2-16　挺身式跳远组合技术练习方法示例

序号	练习方法名称	具体练习方法	注意事项
1	简单的组合技术练习	快速助跑+挺身式跳远	注意各个技术的衔接
2	较难的组合技术练习	助跑挺身式跳远+折返跑	注意各个技术的衔接
3	困难的组合技术练习	助跑挺身式跳远+运球+折返跑	注意各个技术的衔接

（3）游戏或比赛方法设计与范例。

比赛名称：英勇大闯关。

比赛目的：提高学生根据不同环境或难度选择适当的跳跃技术的能力。

比赛方法：在足球场上，放置不同高度、远度的体操垫等，学生从起点出发，利用适当的跳跃技术动作完成各种关卡，用时短者获胜。

比赛应用时机：建议学生在学习挺身式跳远技术后，在应用阶段设计该比赛。

比赛要求：文明比赛，弘扬体育精神；尊重对手，发挥最大的能力。

比赛规则：碰倒障碍物则从该关卡重新开始；采用不适当的跳跃动作，则总时间加2秒。

（三）立定跳远

1. 立定跳远教学方法运用

（1）方法一设计与范例。

语言法：在学习之初，可以利用口诀，让学生记住动作要领，强化记忆正确动作，剔除错误动作，从而在练习中领会和掌握正确动作，增加练习的熟练度。

（2）方法二设计与范例。

情景教学法：在教学中，可以设定一定的情景，如小青蛙跳荷叶，即地面上贴上贴纸，设定学生是小青蛙，双脚起跳到"荷叶"上，让学生处在情景之中，激发学生的学习兴趣。

2. 立定跳远教学内容结构化："教材三个一"设计

（1）单一动作技术方法设计与范例。

立定跳远的单一练习方法示例如表 2-17 所示，详见视频 2-2-5。

视频 2-2-5

表 2-17　立定跳远的单一练习方法示例

序号	练习方法名称	具体练习方法	注意事项
1	原地蹬摆练习	原地预摆蹬地配合练习	下蹲屈膝后做手臂后摆，前脚掌蹬地手臂自然前摆
2	原地起跳动作练习	原地起跳触摸标志物	两腿同时用力，尽可能向前上方起跳

续表

序号	练习方法名称	具体练习方法	注意事项
3	落地动作练习	原地或从高到低双腿起跳，收腹举腿落地	屈膝半蹲落地，保持重心
4	完整动作练习	越过不同高度、远度的障碍物	预摆准备好后再起跳，身体向前方和远方跃起，协调发力

（2）组合技术方法设计与范例。

立定跳远组合技术练习方法示例如表 2-18 所示，详见视频 2-2-6。

视频 2-2-6

表 2-18　立定跳远组合技术练习方法示例

序号	练习方法名称	具体练习方法	注意事项
1	简单的组合技术练习	立定跳远+快速跑	注意各个技术的衔接
3	较难的组合技术练习	立定跳远+障碍跑+投篮	注意各个技术的衔接
4	困难的组合技术练习	立定跳远+运球+投篮	注意各个技术的衔接

（3）游戏或比赛方法设计与范例。

比赛名称：秋季丰收。

比赛目的：提高学生跳跃、适应复杂环境、学习正向迁移等能力。

比赛方法：学生采用立定姿势跳跃，连续跳跃一定远度或高度的障碍物，落地后起身运球（篮球或足球），最后投入篮中，在规定时间内，篮中球的个数最多者获胜。

比赛应用时机：建议在学生学习立定跳远技术的应用阶段设计该比赛。

比赛要求：不采用立定跳远跳跃障碍物，回到起点重新跳；注意安全。

比赛规则：若出现前一队员未回而等待学生出发，或开始比赛的学生起跳踩线，都视为犯规。

第三节　投掷类技术

一、学科知识

（一）学科价值

投掷是一项历史悠久的运动形式，是随着人类生产劳动而逐渐发展起来的，展现了力与美完美结合。同时，投掷是中小学基本体育活动之一，是锻炼学生上肢力量和肩带灵活性的有效的练习形式。通过练习，学生不但能使身体得到发展，而且能在练习中感受到体育运动的力量之美、运动之魂，促进学生对体育运动的情感认同，形成自动练、主动究的目的，从而让学生形成终身体育的意识。由于投掷及其游戏能通过击中目标或掷远激发学生的兴趣，展现学生的能力，它与学生的生活以及身体和心理的发展有非常密切的关系。因此，它不仅使学生身体得到了锻炼，而且使学生心理上得到了满足。通过对投掷教学内容的学习，学生可以进一步发展上肢、肩带的肌肉力量，以及柔韧和协调等身体素质，特别是全身协调用力的能力，形成冷静、果断等心理品质，从而健康地生长发育①。

（二）关键问题

投掷类技术单元分为投掷铅球、垒球、实心球等项目。投掷垒球是小学阶段所学内容。各个项目在各个阶段的关键问题各不相同，分别具体如表2-19、表2-20、表2-21所示。

1. 投掷铅球关键问题

表2-19　投掷铅球关键问题在不同阶段的表现与释义

阶段	初学阶段	提高阶段	应用阶段
重点	持球动作	全身用力顺序	球出手后的重心
重点释义	在初学阶段，学生对持球动作概念不清楚，手指紧张且力量较弱，掌心紧贴铅球，球的位置不在锁骨窝处，推球时手指完全放松或没有拨指动作，而手指手腕力量较弱，推球又过猛，造成手指挫伤	在提高阶段，学生不能将全身力量作用于铅球上，送髋、转体动作未完成，不能形成良好的左侧制动，下肢力量传递不到上肢，仅靠上肢力量推出铅球，推球的力度不够，远度偏短	铅球出手后，因没有及时交换左、右腿的位置，没有降低重心，出手后身体重心顺着惯性继续向前，从而使身体失去平衡，前脚踏出投掷圈，造成犯规
难点	持球肘关节位置	蹲转与最后用力动作的连贯性	推铅球的出手高度
难点释义	在推球时，肘关节下降，因动作概念不清晰，用力顺序不正确，手臂推铅球动作过早，铅球又过重，在推动时持球手提早离开颈部，球出手后形成抛球	由于对发力顺序不清晰，在蹲地力量不够或未做完时身体立即转体，导致重心未能及时跟上，最后用力动作脱节，造成投掷时停顿、不连贯	在推铅球时，头过低、含胸、臀部后坐，蹲转时右腿蹬伸不积极，左腿没有做好积极的支撑，屈膝屈髋，肘关节过高，造成出手高度过低，球落地后继续往前滚

2. 投掷垒球关键问题

表2-20　投掷垒球关键问题在不同阶段的表现与释义

阶段	初学阶段	提高阶段	应用阶段
重点	持球动作	引球满弓动作	投掷步减速
重点释义	由于对技术理解不清楚，握球时五指紧紧包裹球或握太松，形成拿球手型而不是持球掌心空出，这将影响出手时对垒球的发力顺序，也可能出现球脱手的现象	上步交叉准备持臂引球，由于身体紧张，满弓动作较难，学生对此动作概念理解不清楚，没有利用上体转体力量，而出现引球后直接屈臂向前挥打，将球快速投出，球的远度较近	在运用阶段，由于紧张的比赛氛围，个人不够自信，心理极度紧张等因素，助跑交叉准备投掷时突然减速，影响最后发力顺序，投球的高度和远度大大降低

---

① 季浏，钟秉枢. 义务教育体育与健康课程标准（2022年版）解读［M］. 北京：高等教育出版社，2022：132-133.

续表

阶段	初学阶段	提高阶段	应用阶段
难点	助跑与最后用力协调连贯	手臂鞭打动作	出手后不出圈
难点释义	助跑获得一定速度后，持球后引，交叉上步准备投掷，由于学生不理解先蹬地再转体抑或是无法利用蹬地，上下肢协调发力配合不好，全身发力顺序错误，导致出球质量不高	当学生蹬地转髋准备投掷时，注意力集中在将球投出，肌肉紧张，忘记上体向前鞭打动作，球只有高度没有远度；也可能过早向前挥打，球砸向地面	在投掷后，由于惯性的作用，习惯性腿向前迈一步，可能踩到起始线或出圈，导致犯规

3. 投掷实心球关键问题

表2-21　投掷实心球关键问题在不同阶段的表现与释义

阶段	初学阶段	提高阶段	应用阶段
重点	持球动作	全身用力顺序	投掷后的身体平衡
重点释义	在初学阶段，学生对持球动作不理解，手指力量较弱，四指并拢，两拇指贴近，掌心没有托住球，未形成"八字"握球，实心球投出时提前离手	由于对全身用力顺序不理解，两腿用力蹬地力量不够，或者过于紧张，蹬地未做而急于收腹挥臂将球投出，出球的质量不高	在比赛时，脚的站位与投掷线的距离过近，球出手后，身体过于放松，从而导致重心不稳，整个身体越过投掷线
难点	快速挥臂甩腕	反弓动作	投掷后的动作完成度
难点释义	因蹬地力量不够和速度过慢，快速鞭打意识不够强，手臂挥动速度过慢，又急于将球投出，球的远度过短	预摆后准备投掷时，因腰腹力量薄弱，柔韧性较差，重心在前腿，身体无法形成反弓	在测试或比赛中，出球后思想过于放松，又急于关心成绩，从而在投掷结束后，人体从投掷圈前半圈离开场地，导致投掷犯规

（三）投掷易犯错误与纠正方法

1. 投掷铅球

（1）错误动作一。

表现：推铅球时肘关节下降，形成抛球。

产生原因：持球臂肘部过低，开始推球时，头部过早转向投掷方向。

纠正方法：注意持球时手臂的动作，多做正面推球，要求肘关节上抬（不高于肩），开始推球时（抬体阶段），两眼仍看前下方。

（2）错误动作二。

表现：推球时身体向左倾倒。

产生原因：左臂过分向左后方摆动，左脚的位置过于偏左，两脚左右的间隔过大，造成左侧支撑不稳。

纠正方法：先将左臂屈肘固定于体侧，做原地推球练习；右侧正前方固定标志，原地推球时（也可徒手）按标志方向推出，地上画出两脚的位置；背靠固定物体，做徒手原地推球练习。

（3）错误动作三。

表现：推球时出手角度过低。

产生原因：右脚支撑无力或膝关节弯曲，推球时低头向左后下方转动，推球动作慢。

纠正办法：在投掷前上方一定高度和远度处悬一标志物，要求推出的球需触及标志物，推过一定高度和远度的横杆（横杆和标志物的高度与远度视学生的成绩而定）。

2. 原地投掷垒球

（1）错误动作一。

表现：学生在持球时掌握不了重心，总是出现垒球左右偏差。

产生原因：学生的持球和引球动作练习得较少，动作还处在泛化阶段，技术不稳定。

纠正方法：学生应多做从正面持球到侧向转体向后引球的练习，再进行从原地正面持球到转体投掷的练习。当练习方法正确时，垒球还是出现偏左或偏右的情况，那就是因为在转体时蹬转不充分，或者左肩过于向左倾倒，这时只要多加练习，不断摸索找到感觉就可纠正错误。

（2）错误动作二。

表现：上下肢不协调。

产生原因：只挥臂不蹬地或忘记蹬地、转体、挥臂的顺序。

纠正方法：教师应该一步一步地引导学生，先教学生投掷的分解动作，比如先练习蹬地，再将蹬地运动加入转体运动，最后加入挥臂的动作，熟练了之后再做连贯动作，这样会使学生更好地掌握投掷技能。

（3）错误动作三。

表现：垒球出手高度较低。

产生原因：学生在完成蹬转、肩上屈臂鞭打时，肘关节低于肩膀的高度，过于依赖手臂的力量投球。

纠正方法：站在学生的后方，用手拉住学生持球的手，协助学生完成蹬地、转髋、鞭打等动作，借助身体自下而上的发力顺序，将球投出。反复练习该动作，找到正确发力的感觉。

3. 投掷实心球

（1）错误动作一。

表现：持球动作不对。

产生原因：很多学生持球时双手握于球的两侧，这样不利于手指最后的拨指发力，并且当手握球的两侧时会导致两个肘关节向两侧支出，不利于手臂向前发力。

纠正方法：反复引导学生做正确的持球动作，此外，还能通过徒手手型练习，让学生记住手型动作。

（2）错误动作二。

表现：出手前身体没有形成背弓，未能做出超越器械动作。

产生原因：此错误为大多数学生易犯错误，因为很多学生肩部打不开，腰背部力量比较弱，重心没落在后面腿上。

纠正方法：在练习前应让学生多压肩部，多做肩部韧带拉伸动作，因为肩部打得越开，背弓越好做，并在练习时多做核心力量训练。练习初期，通过图示或者教师示范让学生直观地学习背弓动作，多做徒手背弓练习、拉扯皮条等，待有一定动作基础时再持球做背弓练习。练习时，让学生慢慢将身体重心移到后腿上，尽可能持球于头的后上方。

（3）错误动作三。

表现：出手角度或高或低。

产生原因：出手时机没有掌握好，出手过早，导致球向高处而不向前走，出手过晚，球则不向前面而砸向地面。

纠正方法：一是提醒学生，当球鞭打至头前上方时就要出手了。二是在学生前上方设置高度线，学生站于一定距离的线后投球，球过设置线后，线的高度和练习的站位距离要根据不同学生进行合理的设置。

二、不同投掷类技术的教学法知识

（一）原地推铅球

1. 原地推铅球教学方法与应用

（1）方法一设计与范例。

循序渐进法：推铅球较难，可以先让学生进行无球动作的模仿练习，然后进行轻物投掷练习，熟练掌握后再进行完整的有球（铅球）投掷练习。

（2）方法二设计与范例。

分层教学法：每个学生的能力是有差异的，可根据学生的运动技术水平和运动基础，将学生分成不同层次的小组。每个小组的任务不同，各小组进行针对性教学，从而满足学生的学习需求，提高教学效果。

2. 原地推铅球教学内容结构化："教材三个一"设计

（1）单一动作技术方法设计与范例。

原地推铅球的单一练习方法示例如表 2-22 所示，详见视频 2-3-1。

视频 2-3-1

表 2-22　原地推铅球的单一练习方法示例

序号	练习方法名称	具体练习方法	注意事项
1	原地正面无球模仿练习	原地正面无球模仿动作	练习要点：两脚开立，与肩同宽，动作协调连贯
2	原地正面推轻物	正面朝向投掷方向，肘与肩同高，用手臂将球推出	注意胸部展开，推球拨指
3	原地转动推轻物	身体朝投掷方向，利用腰腹力量带动手臂将球推出	感受腰腹发力
4	原地蹬地转体练习	两人一组，一人拉皮筋，另一人拉皮筋时体会蹬地转体挺髋动作	蹬地、转体、挺髋顺序

续表

序号	练习方法名称	具体练习方法	注意事项
5	原地侧向无球练习	原地侧向无球动作模仿	体会蹲、转、挺、推、拨动作的顺序
6	持轻物投掷练习	后腿在低台阶上侧向投掷轻物	后腿蹬地用力
7	原地侧向投掷铅球	原地侧向投掷铅球	出手速度快

（2）组合技术方法设计与范例。

原地推铅球的组合练习方法示例如表 2-23 所示，详见视频 2-3-2。

视频 2-3-2

表 2-23　原地推铅球的组合练习方法示例

序号	练习方法名称	具体练习方法	注意事项
1	简单的组合技术练习方法	俯卧支撑+原地推铅球	注意在卧倒状态下投掷的稳定性
2	较难的组合技术练习方法	跪跳起+原地推铅球	注意动态情况下快速做出侧向准备动作的稳定性
3	困难的组合技术练习方法	不同运球方法+原地投掷铅球	注意各个技术动作的衔接

（3）游戏或比赛方法设计与范例。

比赛名称：积分挑战赛。

比赛目的：提高学生原地推铅球技术的运用能力。

比赛方法：学生分成四组，听到信号后统一将铅球投出，落地到不同区域获得不同分数，如一区一分、二区两分、三区三分，累计分数最多的小组获胜。

比赛应用时机：建议在学生原地推铅球技术的应用阶段设计该比赛。

比赛要求：①注意安全；②相互监督，遵守比赛规则。

比赛规则：听到信号擅自将铅球投出，或投出时踩线，均视为犯规。

（二）投掷垒球

1. 投掷垒球教学方法与应用

（1）方法一设计与范例。

讲解示范法：教师通过简明、生动的口头语言向学生系统地传授动作要领及重难点，通过侧面、正面示范，让学生在较短的时间内清晰地获得全面而系统的知识，建立正确的动作表象。

（2）方法二设计与范例。

问答法：在练习开始前，向学生提问，如"如何让垒球飞得更远"，让学生带着问题练习，在练习中寻找答案，激发学生的探究精神。

2. 投掷垒球教学内容结构化："教材三个一"设计

视频 2-3-3

（1）单一动作技术方法设计与范例。

投掷垒球的单一练习方法示例如表 2-24 所示，详见视频 2-3-3。

表 2-24　投掷垒球的单一练习方法示例

序号	练习方法名称	具体练习方法	注意事项
1	原地侧向肩上投掷练习	1. 原地徒手模仿练习 2. 原地单手侧向肩上鞭打毛巾	练习要点：体会蹬地、转体、挥臂的连贯动作，鞭打快速
2	上步投掷轻物练习	上步单手投掷轻物	上步、引臂连贯
3	交叉步侧向投掷轻物练习	1. 交叉步学习 2. 交叉步+蹬转练习 3. 交叉步侧向投掷垒球练习	注意交叉和引臂挥鞭的连贯性
4	上步交叉步投掷垒球练习	1. 上步交叉步练习 2. 固定投掷点，完成上步交叉步投掷	上步交叉步与侧向投掷的连接
5	助跑投掷垒球练习	不同姿势助跑接交叉步投掷垒球	全身协调发力
6	助跑侧向投掷比高练习	固定投掷高度，用助跑侧向投掷垒球过不同高度的橡皮筋	注意出手高度
7	助跑上步侧向投掷比远	划分不同区域，助跑上步投掷越过不同远度线	注意蹬地、转体、挥臂

（2）组合技术方法设计与范例。

投掷垒球组合技术练习方法示例如表 2-25 所示，详见视频 2-3-4。

视频 2-3-4

表 2-25　投掷垒球组合技术练习方法示例

序号	练习方法名称	具体练习方法	注意事项
1	不同距离助跑+上步交叉步投掷垒球	不同距离助跑+上步交叉步投掷垒球	注意助跑与上步交叉步的动作不停顿
2	简单的组合技术练习方法	助跑侧向投掷+多种跳跃方式	注意各个技术的衔接
3	较难的组合技术练习方法	助跑投掷+运球过障碍	注意各个技术的衔接
4	困难的组合技术练习方法	助跑侧向投掷+运球+投篮	注意各个技术的衔接

（3）游戏或比赛方法设计与范例。

比赛名称：打靶归来。

比赛目的：在复杂的环境下，表现稳定的投掷动作。

比赛方法：学生分成若干组，每组4人。采用单脚跳、双脚跳，单、双脚跳等多种跳跃方式至掷垒球处，将垒球投到相应的得分区内，累计分数高的队伍获胜。

比赛应用时机：建议在学生投掷垒球技术的应用阶段设计该比赛。

比赛要求：①注意安全；②相互监督，遵守比赛规则。

比赛规则：未听到信号擅自将垒球投出，或投出时踩线，均视为犯规。

（三）投掷实心球

1. 投掷实心球教学方法与应用

（1）方法一设计与范例。

循环练习法：在教学中，将学生分成不同组别，设立不同的任务，如第一组正面投掷实心球，第二组跪立投掷实心球，第三组对墙投掷实心球。各组别的任务不同，循环练习，练习内容丰富，可以激发学生的学习动力。

（2）方法二设计与范例。

比赛法：在学练过程中，为了提高学生的积极性和运用能力，采用比赛的形式，将学生分成若干小组利用所学技能投掷实心球，可采用不同的姿势进行比远、比高、比准，以趣味性为着力点，引导学生参与投掷练习。

2. 投掷实心球教学内容结构化："教材三个一"设计

（1）单一动作技术方法设计与范例。

投掷实心球的单一练习方法示例如表2-26所示，详见视频2-3-5。

视频2-3-5

表2-26　投掷实心球的单一练习方法示例

序号	练习方法名称	具体练习方法	注意事项
1	原地无球模仿练习	原地徒手无球模仿动作	动作发力顺序
2	投掷轻物练习	原地双手头上投掷轻物	上下肢协调配合
3	跪立投掷实心球练习	双腿跪立在垫上将球投出	后引反弓，腰腹用力
4	跪立砸地实心球练习	双腿跪立在垫上将球向下砸地	挥臂速度快
5	对墙投掷实心球练习	将球投掷入圈中	出手角度
6	双手投掷实心球比远	将实心球投掷到不同远度线	上下协调发力，出手速度快

（2）组合技术方法设计与范例。

投掷实心球组合技术练习方法示例如表2-27所示，详见视频2-3-6。

视频2-3-6

表2-27　投掷实心球组合技术练习方法示例

序号	练习方法名称	具体练习方法	注意事项
1	简单的组合技术练习方法	助跑+投掷实心球	注意各个技术的衔接

续表

序号	练习方法名称	具体练习方法	注意事项
2	较难的组合技术练习方法	投掷实心球+捡球折返障碍跑	注意各个技术的衔接
3	困难的组合技术练习方法	投掷实心球+快速运球+投篮	注意各个技术的衔接

（3）游戏或比赛方法设计与范例。

比赛名称：大乱斗。

比赛目的：提高学生的应用能力，以及正迁移其他项目的能力。

比赛方法：学生分成四组或八组。将实心球投出后，快速运球至球筐处，将实心球投入球筐，折返跑将实心球捡起传给下一位同学，用时短的小组获胜。

比赛应用时机：建议在学生投掷实心球技术的应用阶段设计该比赛。

比赛要求：保持安全距离。

比赛规则：运用双手投掷实心球的方式将球投出。运球不漏杆，否则返回起点重新出发。投入球筐成功才能返回捡实心球接力。

案例呈现

××中学××学期田径大单元教学设计

实施年级	初一	实施学期	第一学期	设计者	—
单元名称	多种形式跑的练习			课时数	4a-7b-5c①
教材分析	田径作为运动之母，是发展学生的人体基本活动能力的重要手段，田径包括"跑""跳""投"三大类。初中生主要以游戏、比赛的情景来发展学生的快速跑动、折返跑、接力跑等，提高学生的灵敏素质、位移速度、反应能力等，培养学生的专注力以及竞争、团结意识				
学情分析	本模块的教学对象为初中生。初中生敢于展现自我，好胜心较强，对跑具有非常大的兴趣。此阶段的学生跑的能力，如动作速度、位移速度、灵敏性还存在提升空间				
教学目标	1. 能说出多种形式跑的要领、练习方法及在生活的运用价值，知道田径项目的锻炼价值和田径比赛的项目名称 2. 在不同的距离方位、空间等环境下，能分析环境条件并根据自身能力做出多种形式的跑、跳、投的动作，发展学生的速度、灵敏、力量、协调等素质 3. 在学练中学会尊重同伴，听从指挥，积极交流，遵守规则，团结同伴				
核心任务	会多种形式的跑，跑的连续性，身体的控制感				

---

① a为动作方法，b为练习方法，c为运用方法。

续表

教学过程				
课时	教学内容	教学目标	关键问题	学练三个一
1	多种形式跑的动作方法1：迎面接力跑	1. 能说出迎面接力交接棒时的动作要领 2. 在练习或比赛中，表现出手持交接棒的上端或下端，错峰交接棒，接棒同学主动伸臂；发展学生的速度、协调性等素质 3. 在练习中，表现出喜欢运动，乐于参与	错峰交接，主动伸臂	1. 迎面接力跑 2. 迎面接力跑+爬行 3. 迎面接力跑+爬行接力比赛
2	多种形式跑的练习方法1：往返接力跑	1. 能说出往返接力跑的动作要点、练习方法和价值 2. 在练习和比赛中，能够表现出直线跑，遇到障碍物或返回时降重心，错峰交接击掌；发展学生的位移速度、灵敏性、协调性等素质 3. 在练习中，体现出相互鼓励、团结同伴的优良品质	降重心，错峰交接	1. 往返接力跑 2. 绕障碍物跑+往返接力跑 3. 绕障碍物跑+连续双脚跳+往返接力跑比赛
3	多种形式跑的练习方法2：折返跑	1. 能说出折返跑降重心、提前减速的要点 2. 在学练中，表现出提前减速、降重心，做出侧身跑的动作；发展学生的协调性、灵敏性等素质 3. 在练习中，表现出果断、敢于挑战自我的良好品质	提前减速，降重心	1. 折返跑 2. 开合跳、高抬腿+折返跑 3. 开合跳、高抬腿+折返跑+搬物比赛
4	多种形式跑的练习方法3：不同图形折返跑	1. 能说出折返跑时提前制动、侧身折返蹬地的动作要领 2. 在横线、三角形、正方形、多边形等图形中进行折返跑时，做出提前减速、降重心、侧身折返的动作；发展学生的协调性、动作灵敏度等素质 3. 在练习中，表现出不怕困难、不埋怨同伴的品质	制动减速、降重心	1. 不同图形的折返跑 2. 不同跳跃姿势+不同图形折返跑 3. 不同跳跃姿势+不同图形折返跑比赛
5	多种形式跑的运用方法1：不同路线往返跑+篮球运球	1. 能说出往返跑、篮球运球的动作要领 2. 在练习中，表现出降低重心，减速制动，运球的稳定性和传球的准确性；发展学生的耐力、灵敏性等素质 3. 在练习中遵守规则，相互监督	运球与跑衔接	1. 不同路线往返跑＋运球绕障碍物跑 2. 不同路线往返跑+运球绕障碍物跑+传球 3. 不同路线往返跑+运球绕障碍物跑+传球计时比赛

课时	教学内容	教学目标	关键问题	学练三个一
6	多种形式跑的运用方法2：不同图形折返跑+足球运球	1. 能说出折返跑的练习方法 2. 在学练中，表现出在多变的环境下折返时重心降低、提前制动，运用两种及以上的运球方式运球；发展耐力、速度、灵敏性等素质 3. 在学练中，体现出敢于展现个性、挑战自我的意志	降重心、提前减速	1. 不同图形折返跑+多种形式足球运球 2. 不同图形折返跑+多种形式足球运球+射门 3. 不同图形折返跑+多种形式足球运球+射门计时比赛
7	多种形式跑的动作方法2：定时耐久跑	1. 能说出耐久跑的呼吸节奏要点 2. 在练习中，能够将呼吸与跑速相配合，分配体力；发展耐力素质 3. 在学练中，表现出不怕困难、坚持到底的精神	控制呼吸节奏，合理分配体力	1. 定时跑 2. 定时跑+运球 3. 定时跑+运球比赛
8	多种形式跑的练习方法4：小组合作耐久跑	1. 能说出耐久跑的练习方法和价值 2. 在练习时，能够坚持完成任务打卡，跑的节奏轻松，体力分配合理；发展学生的耐力与协调素质 3. 在学练中，展现出小组合作、互相鼓励的精神风貌	合理分配体力	1. 小组合作打卡耐久跑 2. 不同图形+小组合作打卡耐久跑 3. 不同图形+小组合作打卡耐久跑比赛
9	多种形式跑的动作方法3：原地摆动腿过栏	1. 能说出摆动腿的动作要领 2. 在学练中，能做出行进间摆动腿抬、压、伸等动作，并且动作比较流畅；发展学生的协调性、速度等素质 3. 在学练中，勇敢克服害怕心理，积极勇敢尝试	摆动腿抬、压、伸	1. 原地摆动腿模仿练习 2. 行进间摆动腿过侧栏+跨步跳 3. 游戏："小兔快跑"
10	多种形式跑的动作方法4：原地起跨腿过栏	1. 能说出起跨腿的动作要领 2. 在学练中，起跨腿大小腿折叠，脚尖勾起，膝盖外展提拉；发展学生的协调性、速度、力量等素质 3. 学会调节心理，敢于挑战自我	起跨腿展、勾、拉	1. 原地起跨腿模仿练习 2. 行进间起跨腿过侧栏练习 3. 行进间起跨腿过侧栏+"S"跑接力比赛

课时	教学内容	教学目标	关键问题	学练三个一
11	多种形式跑的练习方法5：行进间跨栏步过栏	1. 能说出跨栏步的动作要领 2. 在练习中，学生摆动腿抬、伸、压，起跨腿展、勾、拉，蹬地有力，摆动腿和起跨腿衔接配合流畅；发展学生的上下肢协调性、速度等素质 3. 在学练中，表现出相互鼓励、相互学习的品质	起跨腿与摆动腿衔接配合	1. 行进间跨栏步过栏练习 2. 行进间跨栏步过低栏＋捡球快速跑 3. 行进间跨栏步过低栏＋捡球快速跑比赛
12	多种形式跑的练习方法6：三步过栏	1. 能说出跨栏步中栏间跑的动作要点 2. 在学练中，学生能做出三步一跨栏，过栏压栏；发展学生的协调性、速度等素质 3. 在学练中，表现出竞争、团结及积极争取胜利的意识	三步上栏	1. 有节奏跑三步过栏练习 2. 不同姿势＋有节奏跑三步过低栏练习 3. 不同姿势＋有节奏跑三步过低栏比赛
13	多种形式跑的练习方法7：蹲踞式起跑＋跨栏跑	1. 能说出跨栏跑的上栏时机 2. 在学练中，蹲踞式起跑后，助跑与跨栏步衔接连贯，跨栏时有节奏；发展学生的速度、协调能力等素质 3. 在学练中，表现出主动探索、勤于思考、敢于挑战的精神面貌	助跑与跨栏步结合	1. 蹲踞式起跑＋跨第一个栏 2. 蹲踞式起跑＋跨栏跑过栏＋折返放、取物 3. 蹲踞式起跑＋跨栏跑过栏＋折返放、取物接力跑
14	多种形式跑的运用方法2：跨栏跑＋足球运球	1. 能说出跨栏跑的运用价值 2. 在学练中，学生能跨栏压栏，迅速、有节奏，摆动腿过栏积极下压，用喜欢的方式运球并运球稳定；发展学生的思考、观察能力，以及相关的体能 3. 在学练中，积极思考，乐于参与运动	跨栏节奏，运球稳定	1. 完整跨栏跑 2. 跨栏跑＋足球运球 3. 跨栏跑＋足球运球计时比赛
15	多种形式跑的运用方法3：不同启动姿势跨栏跑	1. 能说出1～2种跨栏跑的游戏名称 2. 在学练中，跨栏跑蹬地有力，重心稳，跨栏步与栏间跑衔接紧密，动作连贯，传球准确并且稳；发展学生的协调性、耐力、速度等素质 3. 在学练中，表现出不怕困难、相互指导和帮助的品质	过栏节奏，跨栏技术的衔接	1. 不同启动姿势跨栏跑 2. 不同启动姿势跨栏跑＋足球运球＋传球 3. 不同启动姿势跨栏跑＋足球运球＋传球接力比赛

课时	教学内容	教学目标	关键问题	学练三个一
16	多种形式跑的运用方法4：跨栏跑+多种形式足球运球	1. 能说出 2 种以上跨栏跑的练习方法 2. 在学练中，学生三步上栏时，起跨腿积极提拉，呈现出动作的连贯性、准确性；发展学生的迁移、速度、协调性等素质 3. 在学练中，善于观察，快速适应环境变化	跨栏的节奏，射门的准确性	1. 跨栏跑+多种形式足球运球 2. 跨栏跑+多种形式足球运球+射门 3. 跨栏跑+多种形式足球运球+射门比赛
评价建议	素养1：运动能力 1. 考查：说出多种跑的动作要领、练习方法和运用价值，了解多种跑的区别，建立正确的动作概念 2. 检测：在多种环境下选择合理的跑的方式，在比赛与游戏中运用所学的运动技术攻克障碍，进行计时考核 素养2：健康行为和体育品德 1. 考查学生的学习态度、出勤、参与度、进步幅度等，以过程记录为主 2. 考查学生在学练或比赛中对所学内容的实际运用能力，以及勇敢展现自我、团结同伴等品格			

📂 案例呈现

××小学××学期投掷大单元教学设计

实施年级	五年级	实施学期	第一学期	设计者	—
单元名称	多种形式投掷的练习方法			课时数	4a-9b-5c
教材分析	投掷是从正面投掷过渡到侧向投掷，利用蹬地、转体、鞭打动作将球投出。对基础投掷技术的学习，能为以后复杂的投掷技术的学习奠定基础，并为其他项目发挥正向迁移作用，如羽毛球高远球击球、排球扣球等，发展学生的下肢力量、协调性、腰腹肌肉力量等，培养学生对投掷的兴趣，以及自信、果断的品质				
学情分析	五年级的学生已经学习了投掷轻物的方法，对投掷技术项目有一定的认知，学生表现出浓厚的兴趣，但学生的肌肉力量、协调性较弱，不太擅长利用下肢力量进行投掷，在练习中可能只使用上肢力量将球投出。本单元的学习目标是建立正确用力顺序，发展鞭打的速度				
教学目标	1. 学生能说出不同类项投掷技术的动作要领、练习方法和价值 2. 在进行游戏或比赛中，学生能做出蹬地、转体、鞭打的动作，动作连贯；在不同的环境下，学生能用合理的方式将物体投出，表现一定的远度和高度；发展学生的下肢力量、腰腹力量、协调性等素质 3. 学生表现出喜爱投掷运动、乐于参与、敢于挑战的行为和品质				
核心任务	做出蹬地、转体、鞭打的动作，表现一定的远度和高度				

续表

		教学过程		
课时	教学内容	教学目标	关键问题	学练三个一
1	多种形式投掷的动作方法1：原地单手侧面投掷轻物	1. 能说出原地侧向投掷的动作要领 2. 在练习或比赛中，能做出上身转体、快速鞭打的动作；发展学生的手臂力量、协调性等素质 3. 在学练中，表现出勇于探索、细心观察的行为和品质	快速鞭打	1. "钉钉子"（无球模仿） 2. 侧面站立，侧向投掷轻物+快速跑 3. 原地侧面投掷轻物比赛
2	多种形式投掷的练习方法1：原地侧向投掷垒球	1. 能说出投掷垒球的练习方法 2. 在练习或游戏中，表现出蹬地、转体、快速鞭打动作的连贯性；发展学生的肌肉力量、灵敏性等素质 3. 在学练中，表现出积极参与运动、自我鼓励的行为	蹬地、转体与快速鞭打连贯	1. 原地"摔鞭炮" 2. 侧向投掷垒球+捡球折返跑 3. 侧向投掷垒球+捡球折返跑接力赛
3	多种形式投掷的练习方法2：原地侧向投掷垒球进圈	1. 知道投掷垒球合理的出手高度和练习方法 2. 在学练中，能将球投入圈中，掌握合理的出手角度；发展学生的手臂、下肢力量，以及观察、思考的能力 3. 在练习中，表现出果断、敢于挑战自我的良好品质	合理的出手高度	1. 原地侧向投掷垒球进圈 2. 不同距离投掷垒球进圈 3. 原地侧向投掷垒球积分比赛
4	多种形式投掷的运用方法1：踢足球+原地侧向投掷	1. 能说出原地投掷垒球在生活中的作用和价值 2. 在练习中，能够用不同方式踢球，能快速将球踢向同伴，具有一定的准确性；发展学生的灵敏素质、控球能力 3. 在游戏中表现出注意安全的意识和习惯	踢球与投掷的动作衔接	1. 踢足球+原地侧向投掷 2. 踢足球+原地侧向投掷+快速跑点 3. 踢足球+原地侧向投掷+快速跑点比赛
5	多种形式投掷的动作方法2：上步投掷轻物	1. 能说出上步投掷轻物的动作要领 2. 在练习或游戏中，能够做出上步、引臂、转体鞭打的动作；发展学生的肌肉力量、协调性等素质 3. 在学练中，表现出果敢、鼓励同伴的品质	上步与引臂的衔接	1. 上步侧向投掷轻物 2. 小步跑+上步投掷轻物 3. 小步跑+上步投掷轻物比赛

续表

课时	教学内容	教学目标	关键问题	学练三个一
6	多种形式投掷的练习方法3：上步投掷垒球＋单双脚跳	1. 能说出上步投掷垒球的1～2种练习方法 2. 在学练中，上步与引臂投掷不停顿，抬手快速鞭打，投出具有一定远度的球；发展学生的协调性、速度等素质 3. 在练习中，表现出主动与同伴沟通、相互指导的行为	快速鞭打	1. 上步投掷垒球 2. 上步投掷不同远度区域＋单双脚跳捡球 3. 上步投掷不同远度区域＋单双脚跳积分比赛
7	多种形式投掷的练习方法4：上步投掷垒球过一定高度的线	1. 能说出上步投掷垒球的动作要领 2. 在练习中，能做到上步与引臂衔接连贯，投掷出合理高度的垒球；发展学生的上下肢协调性、力量等素质 3. 在学练中，表现出良好的合作意识，以及大胆展现自我的行为	适宜的出手角度	1. 上步投掷垒球 2. 上步投掷一定高度的垒球 3. 上步投掷垒球比准比赛
8	多种形式投掷的运用方法2：传球＋上步投掷球	1. 能说出小篮球传接球与上步投掷的练习方法和规则 2. 在练习中，传、接球与上步投掷动作衔接，表现一定的熟练度；发展学生的上下肢协调能力 3. 在学练中，表现出发散思维、仔细观察的品质和行为	接球与上步投掷动作相衔接	1. 传球＋上步投掷球 2. 连续传接球＋上步投掷 3. 连续传接球＋上步投掷打准游戏
9	多种形式投掷的动作方法3：上步交叉步投掷垒球	1. 能说出上步交叉步的动作要领 2. 在学练中，学生能做出上步＋交叉步投掷动作，动作不停顿、连贯；发展学生的力量、协调性等素质 3. 在学练中，表现出积极思考、乐于挑战的精神品质	上步和交叉步衔接	1. 上步＋交叉步练习 2. 上步交叉步＋投掷垒球 3. 游戏：打野鸭子
10	多种形式投掷的练习方法5：不同姿势启动＋上步交叉步投掷垒球	1. 能说出上步交叉步对投掷垒球的作用 2. 在练习中，能在不同姿势下启动，上步交叉步协调，球具有一定远度；发展学生的力量、协调性等素质 3. 在游戏中表现出遵守规则、相互监督的体育行为	动作衔接，无停顿	1. 上步交叉步投掷垒球 2. 不同姿势启动＋上步交叉步投掷垒球 3. 游戏：抢占堡垒

课时	教学内容	教学目标	关键问题	学练三个一
11	多种形式投掷的练习方法6：上步交叉步投掷过一定高度的橡皮筋	1. 能说出上步交叉步投掷垒球的练习方法 2. 在学练中，能投过一定高度的橡皮筋，鞭打快速；发展学生的速度、力量、灵敏性等素质 3. 在学练中，表现出协调合作、团结同伴的行为	鞭打快速，出手角度合理	1. 上步投过一定高度的橡皮筋 2. 上步交叉步投掷垒球+障碍跑 3. 投过一定高度的橡皮筋+障碍跑接力比赛
12	多种形式投掷的运用方法3：运球+上步交叉步投掷	1. 理解上步交叉步投掷在生活中如何运用 2. 在学练中，能用不同方式运球，且与上步交叉步投掷动作配合；发展学生的适应能力、灵敏性等素质 3. 在学练中，表现出主动指导同伴、提供帮助的行为	运球与投掷动作的配合	1. 运球+上步交叉步投掷 2. 不同距离运球过障碍+上步交叉步投掷 3. 不同距离运球过障碍+上步交叉步投掷+炸碉堡游戏
13	多种形式投掷的动作方法4：助跑投掷垒球	1. 能说出助跑投掷垒球的动作要领 2. 在学练中，能做到助跑与上步交叉步不停顿，蹬地有力；发展学生的速度、下肢、手臂力量等素质 3. 在学练中，表现出探究问题、积极思考的品质	助跑与上步交叉步的动作不停顿	1. 助跑+上步交叉步投掷轻物 2. 不同距离助跑+上步交叉步投掷垒球 3. 不同距离助跑+上步交叉步投掷垒球比赛
14	多种形式投掷的练习方法7：助跑投掷+多种跳跃方式	1. 能说出助跑投掷垒球的练习方法 2. 在练习中，助跑、引臂、投掷动作连贯；发展学生的腿部力量、协调性、灵敏性等素质 3. 在学练中，表现出适应不同环境的能力	动作衔接连贯	1. 助跑侧向投掷垒球 2. 助跑侧向投掷+多种跳跃方式 3. 助跑侧向投掷+多种跳跃方式接力比赛
15	多种形式投掷的练习方法8：助跑投掷投过一定高度的线	1. 知道助跑投掷的合理出手角度 2. 在学练中，能在不同的姿势下将球投过一定高度的线；发展学生的上下肢力量、协调性素质 3. 在学练中，学会自我评价和他人评价	合理的出手角度	1. 助跑投掷过一定高度的线 2. 原地开合跳（高抬腿）+助跑投掷过一定高度的线 3. 助跑投掷垒球比赛

课时	教学内容	教学目标	关键问题	学练三个一
16	多种形式投掷的练习方法9：助跑投掷+变向跑	1. 能说出助跑投掷在生活中的作用 2. 在练习中，能做出助跑投掷+不同方向变向跑，具有一定的投准能力；发展学生的协调、灵敏性、力量等素质 3. 在学练中，表现出积极参与、乐于分享经验的行为	全身协调用力	1. 助跑投掷+变向跑 2. 助跑投掷+捡球变向跑 3. 助跑投掷+捡球变向跑计时比赛
17	多种形式投掷的运用方法4：助跑投掷+运球	1. 能说出为何助跑投掷在两种运动项目中具有正向迁移作用 2. 在游戏或练习中，能做出不同运球+助跑投掷，动作连贯，并对球具有一定的控制能力；发展学生的空间、观察能力 3. 在学练中，表现出应用能力和相互合作的意识	在复杂环境下运球，快速连贯做出投掷动作	1. 助跑投掷+运球 2. 助跑投掷+运球过障碍 3. 助跑投掷+运球过障碍积分比赛
18	多种形式投掷的运用方法5：助跑侧向投掷+投篮	1. 能说出助跑侧向投掷对于篮球投篮的应用 2. 在练习中，学生能做出助跑侧向投掷、运球、投篮动作，且动作连贯，具有一定的投准能力；发展学生的控制、协调能力 3. 在学练中，学生表现出团队协作、勇于挑战的意识	助跑与投篮动作的衔接	1. 助跑侧向投掷+投篮 2. 助跑侧向投掷+运球+投篮 3. 助跑侧向投掷+运球+投篮比赛
评价建议	素养1：运动能力 1. 考查：学生能够说出2~3种投掷垒球的动作方式和练习方法，了解投掷在生活中的意义，明白投掷在不同运动项目中的正向迁移作用 2. 检测：设置不同的距离和远度，学生选择合适的投掷方法进行投掷；在各种变化的环境中，学生能做出其他运动项目与投掷组合的动作，并且动作不停顿、快速 素养2：健康行为和体育品德 1. 考查学生的学习态度、出勤、参与度、进步幅度等，以过程记录为主 2. 考查学生在学练或比赛中对所学内容的运用能力，以及尊重比赛规则和团结同伴的意识与行为			

第三章 田径课程思政

第一节 田径课程思政元素

一、田径课程思政概述

在体育教学中，田径教学是所有体育教学项目的基础，是发展和提高学生身体素质的基石。田径课堂属于体育教学中较为重要的组成部分，是渗透德智体美劳全面发展的重要教学途径。在田径教学中，教师可根据不同的田径项目、教学方法和教学环境等，合理地设计德育环节，有效地把德育教育渗透到田径教学中，使学生在教学过程中不仅能掌握田径的基本技术、技能，提高身体素质，又能在练习中培养团结友爱、互帮互助、吃苦耐劳，以及勇于克服困难的意志品质和集体荣誉感，共同提高思想品德。中小学时期是学生长身体、长知识的黄金时期，也是学生道德品质形成的关键时期，在田径教学中渗透德育，正是为了培养学生健康、高尚的思想道德品质[①]。

二、田径课程思政元素梳理

想在田径教学中渗透德育，首先需要明确田径课程有哪些德育元素。从相关文献来看，中小学田径课程包含众多德育元素，具体如表 3-1 所示。

表 3-1　中小学田径课程德育元素表

维度	具体德育元素
团体维度	集体主义、交流与合作、互帮互助、团结协作、竞争意识、集体荣誉感
个人维度	顽强拼搏、积极进取、自立自强、规则意识、审美、诚实守信、爱国主义

（一）顽强拼搏精神

顽强拼搏精神的培养是一个长期而系统的过程，涉及个人心态、行为习惯、目标设

---

① 夏红 . 试论在田径教学中渗透德育教育［J］. 成都大学学报（教育科学版），2007（8）：71-72.

定等多个方面。在田径运动中，顽强拼搏的精神常常激励着运动员超越自我，创造出令人瞩目的成绩，因此，在田径课堂中要注重渗透这种精神，这不仅是为了在比赛中取得更好的成绩，更是为了在生活中养成敢于面对挑战、勇往直前的品质。例如，在中长跑教学中，学生往往跑到一半就不想跑或者减慢速度跑，这时需要教师引导学生凭借较强的耐力和意志力，不断挑战自我极限，展现坚持不懈的精神，从而培养顽强拼搏的精神。

（二）竞争意识

在田径教学中，许多项目都有利于培养竞争意识。例如，在跳远项目中，教师可以采用举办"跳远王"比赛的教学手段，让学生通过助跑和起跳，尽可能跳更远的距离。这种比赛形式激发了学生之间的竞争意识，同时，让学生尝试不同的助跑方式和跳跃技巧，鼓励学生挑战自己的极限，有利于学生提高运动技能，并形成友好的竞争环境。

（三）团结协作精神

田径教学不仅可以提高学生的身体素质和运动技能，还可以有效培养他们的团结协作精神。例如，在4×100米接力赛教学中，让学生分成小组进行比赛，每个学生分配明确的角色和责任，让他们了解自己对团队的重要性。这不仅考验个人的速度和耐力，还考验团队的配合和传递技巧，每个学生的表现都直接影响团队的成绩，因为比赛通过团体总分制来评定成绩，这就要求团队成员之间有良好的配合。这种比赛形式鼓励学生为团队贡献自己的力量，向学生传递团结协作、互相鼓励、共同为胜利而战的团队精神。

（四）集体荣誉感

在田径教学中，培养学生的集体荣誉感是非常重要的，它不仅能够提高学生的团队协作能力，还能增强班级的凝聚力。例如，教师可以通过组织拔河、接力跑等需要团队协作的对抗性比赛，激励学生为了共同的目标而努力，共同取得好成绩，从而增强集体荣誉感。这种活动不仅让学生意识到个人努力对于集体成功的重要性，而且培养学生强烈的集体荣誉感。这种荣誉感不仅能让学生在运动场上表现出色，也能在他们的日常学习和生活中发挥积极作用，帮助他们成为更有责任感和团队精神的人。

通过田径项目的练习及比赛，学生不仅能学习到田径运动的技术和规则，还能在实践中学习到如何与他人合作，如何在团队中发挥自己的作用，以及如何共同面对挑战。并在体验运动乐趣的同时，培养出积极向上的意志品质。因此，教师在设计课程时，应结合学生的实际情况，制订科学合理的教学方案，确保田径教学既有趣又具有教育意义。

第二节　田径课程思政渗透策略与案例

田径课程是体育教育中的一个重要组成部分，它不仅涵盖了各项运动的基础技能，还具有极高的竞技性，同时是提高学生综合素质的重要途径。通过系统的田径运动学习和训练，学生可以在体育技能、身体健康、心理素质、道德品质等多个方面得到提升，同时可以培养团队协作精神、增强集体荣誉感。

一、田径课程思政渗透原则

（一）统一性原则

田径课程的统一性原则指的是在教学过程中，应当保持教学内容、教学方法和教学目标的一致性，确保课程内容与思想政治教育有效结合。教师要在田径教学中采用创新的方法和手段，激发学生的积极性和创造性，同时明确教学的重点内容，如田径的基本技能、竞赛规则、团队合作等，并在这些重点内容中渗透思政教育的元素。这些有效的教学手段和方法，能够确保学生在田径运动中取得实质性的进步，并接受到积极的思想政治教育。此外，在田径教学中，教师需要将显性的思政教育内容与隐性的教育元素相结合，使学生在学习体育技能的同时，也能吸收和理解相关的思想政治知识，这也意味着在整个田径教学过程中，无论是理论教学还是实践训练，都应该贯彻一致的思政教育理念，形成统一的教育方向和目标。这一原则主要体现在以下几个方面：

①理论与实践的统一：理论知识应当能够解释和指导实践活动，确保学生在掌握田径运动技术原理的同时，将这些原理应用于实际的运动训练中。

②教学内容的统一：教学内容应当围绕田径运动的核心技术和技能展开，无论是基础技能还是高级技巧，都应当遵循同一教学体系和标准。

③教学方法的统一：教学方法应当根据学生的身体状况和学习进度进行调整，但整体上要保持连贯性，确保学生能够系统地学习和掌握田径技能。

④教学目标的统一：教学目标应当明确且一致，无论是在提高学生的身体素质、技术水平方面还是在培养其团队精神和竞技态度方面，都应当贯穿于整个教学过程。

⑤教学评价的统一：评价标准应当公正、合理，能够全面反映学生的学习成果，同时要与教学目标一致。

综上所述，田径课程的统一性原则是为了确保教学活动的有效性和系统性，帮助学生更好地学习和发展。这不仅有助于学生掌握田径运动的技术和技能，还有助于他们在体育运动中培养良好的道德品质和行为习惯。

（二）层次性原则

在田径教学中体现思政教育的层次性原则，意味着教师在不同年级段的教学中，需要根据学生的年龄特点和认知水平，采取相应的教学方法和内容，以实现思政教育的循序渐进和有效融入。

1. 针对低段学生的田径教学

①培养基础体能和运动习惯：低段学生处于体育启蒙阶段，教学重点应放在培养学生的基础体能和良好的运动习惯上，同时通过简单的游戏和活动，引导学生理解团队合作的重要性和遵守规则的必要性。

②激发兴趣和参与感：通过趣味性强的田径游戏和活动，激发学生对田径运动的兴趣，让他们在活动中体验成功和快乐，从而培养积极参与体育运动的态度。

③简单易懂的思政元素：在教学中融入一些简单的思政元素，如讲述运动员的励志故事，强调公平竞技的精神，以及体育活动中的社会责任感，帮助学生确立正确的价值观。

2. 针对中高段学生的田径教学

①深化思政教育内容：在中高段的田径教学中，教师可以结合田径运动的特点，深入讲解运动员的职业素养、顽强拼搏精神，以及为国争光的责任感，引导学生树立远大的理想和目标。

②理论与实践相结合：将课程思政的理论内容与田径训练的实践相结合，让学生在实践中体会和领悟思政教育的内涵，如通过参与田径竞赛组织工作，了解田径运动的组织方法和程序，培养组织能力和服务意识。

③全面发展的教育理念：遵循《高等学校课程思政建设指导纲要》的要求，在田径教学中树立健康第一的教育理念，培养学生的全面素质，包括身体素质、心理素质和社会责任感。

总的来说，无论是低段还是中高段的田径教学，教师都应该注重课程思政的有机融入，通过不同层次的教学内容和方法，逐步引导学生形成正确的世界观、人生观和价值观。同时，应根据学生的具体情况和教学目标，灵活运用各种教学手段，确保思政教育的有效性和实效性。

（三）潜在性原则

潜在性原则指的是利用田径训练与竞赛的多样性和普及性，将思政教育润物细无声地融入学生的体育活动中。这一原则强调的是思政教育的无形引导和潜移默化的影响，而不是直接的灌输。

具体来说，田径课程的思政方面潜在性原则可以通过以下几个方面来体现：

①同向育人：田径训练的活动和竞赛形式多种多样，与学生的日常生活紧密相关，因此在学生中具有广泛的吸引力。这种天然的亲和力使田径训练成为思政教育的理想载体，可以在不知不觉中影响学生的思想和行为。

②隐性教育：在田径教学中，我们可以通过设计具有挑战性的训练项目和团队竞赛，培养学生的团队合作意识、公平竞争观念和坚韧不拔的精神。这些素质的培养并不是通过直接的说教来完成的，而是通过教学的自然过程让学生自我体验和领悟的。

③环境塑造：田径课程提供了一个社交环境，学生在这个环境中不仅学习运动技能，还在相互交流和竞争中学习社会规则和道德规范。我们可以借助这个环境，通过树立正面榜样和营造积极氛围，激励学生形成正确的价值观。

④教学相长：潜在性原则还体现在教师自身的言行对学生的影响上。教师的专业知识、教学态度和行为举止都会在无形中影响学生，因此教师需要具备正确的思政教育观念，并通过自己的实际行动来影响学生。

⑤问题解决：在面对田径教学中出现的问题时，教师应该引导学生进行自我反思和批判性思考，而不是简单地给出答案。这种方法可以帮助学生培养独立思考和负责的品质。

综上所述，潜在性原则要求教师在教学设计中巧妙地融入思政元素，使其成为学生体验和成长的自然部分，而不是外加的强制内容。通过这种方式，思政教育能够在学生的日常学习和生活中潜移默化地发挥作用，从而达到"教书"与"育人"的和谐统一。

（四）科学性原则

在田径课程的思政方面，科学性原则要求教师以科学的态度和方法来实施教学，确保课程内容既符合田径运动的规律，也符合学生思想政治教育的要求。

科学性原则可以从以下几个方面来体现：

①理论与实践相结合：将田径运动的专业理论与实际技能训练相结合，同时融入思想政治元素，使学生在学习专业知识和技能的同时，也能接受正确的价值观教育。

②全面发展：遵循学生的身心发展规律，不仅注重学生身体素质的提升，也注重其思想道德素质的培养，实现学生全面发展的教育目标。

③德育融入：挖掘田径课程中的德育元素，如公平竞争、团队合作、遵守规则等，将这些元素与社会主义核心价值观相结合，使之成为学生行为的指导原则。

④顶层设计：在课程设计阶段，就要将思想政治教育的目标放在首位，与专业发展教育相结合，确保教学活动能有效地促进学生思想政治素养的提升。

⑤教学方法创新：采用多样化的教学方法，如案例分析、小组讨论、角色扮演等，使思想政治教育更加生动、有趣，提高其吸引力和有效性。

⑥评价体系科学：建立科学合理的评价体系，不仅评价学生的田径技能水平，也评价其思想政治素养的水平，确保评价结果全面、客观。

⑦持续改进：根据教学反馈和效果评估，不断调整和优化教学内容、方法和手段，以提高课程思政的科学性和实效性。

⑧教师角色认知：教师应认识到，自己在课程中，不仅是知识的传授者，也是价值观的引导者和学生思想形成的促进者。

科学性原则要求教师应以科学的态度和方法来实施教学，确保课程内容既符合田径运动的规律，也符合学生思想政治教育的要求。通过这样的方式，教师可以更好地培养学生的综合素质，使学生不仅在体育技能上有所提升，也在思想政治素质上得到全面发展。

这些原则和方法的实施，可以确保田径课程不仅仅是一项体育运动，更是一种培养学生综合素质、传承社会主义核心价值观的重要途径。教师在设计和实施课程时，应充分考虑如何将这些原则融入教学活动，以实现课程思政的目标。

二、田径课程不同思政元素渗透策略与案例

（一）坚韧不拔

1. 培养坚韧不拔意志品质的田径教学分析

田径教学包含跑、跳、投等内容，其中，跑类教学，特别是长跑教学单调、枯燥、乏味，需要学生有耐心与毅力，所以可以作为培养学生坚韧不拔意志品质的重要教学内容。例如，在耐久跑教学中，教师应有意识地通过耐久跑练习培养学生坚韧不拔、一往无前等意志品质。但现实体育教学中，往往由于教师教学理念落后，课堂教学单调乏味，学生对耐久跑教材存在厌烦或畏惧心理，因此教师要改变教学方法，采用游戏或竞赛的形式来提高学生参与耐久跑的积极性，让学生在趣味中锤炼坚韧不拔的意志品质。

2. 培养坚韧不拔意志品质的田径教学案例

（1）教学目标。

①认知目标：学会正确的跑步姿势和呼吸方法。

②技能目标：掌握耐久跑的基本技巧，包括正确的跑步姿势和呼吸方法；增强学生体

质，提高心肺功能和体能水平。

③情感目标：培养学生坚韧不拔的意志品质；理解耐久跑的规则和注意事项。

（2）教学过程。

教师可以通过问"你们知道马拉松是怎么来的吗？"来引起学生的兴趣，引出教学内容。通过热身操进行相应的拉伸练习，引导学生进行腿部和背部的拉伸练习，为耐久跑做准备，并告诉学生如何调整呼吸以适应长距离跑步。基本教学阶段，教师先进行示范并讲解耐久跑的起跑技巧、跑步姿势和呼吸方法，然后组织学生进行尝试起跑和跑步练习，最后教师将学生分成小组，每组轮流在跑道上进行耐久跑训练。其间，如果有学生喊累，有点不愿意跑了，教师要陪着他们一起跑，让他们放慢脚步，提醒他们调整呼吸，并鼓励他们战胜自己。课堂小结时，教师强调本节课学习的知识和技能，鼓励学生在日常生活中继续锻炼，再次强调耐久跑的注意事项。

（3）教学方法。

①示范教学：教师示范正确的跑步姿势和呼吸方法。

②分组练习：学生分组进行跑步练习，相互监督和鼓励。

③游戏化教学：通过比赛等形式增强趣味性。

④反馈与讨论：课后讨论感受，教师给予反馈和建议。

（4）教学评价。

①观察学生在课堂上的表现，记录每个学生的进步和需要改进的地方。

②通过小组比赛的方式，评价学生的耐力和团队合作能力。

③收集学生的反馈，了解他们对耐久跑的兴趣和感受。

3. 培养坚韧不拔意志品质的田径教学反思

在田径课中，耐久跑不仅仅是一项体育运动，还可以在思想政治教育方面发挥重要作用。

首先，耐久跑的过程本身就是一种对坚韧不拔意志品质的培养。在跑的过程中，学生要面对肌肉疲劳、呼吸困难等身体上的痛苦，同时要克服心理上的疲惫和挫败感。这些挑战考验着学生的意志力。只有那些能够坚持不懈、不断激励自己的学生，才能够到达终点。这种从逆境中寻找力量、从挑战中提炼智慧的能力，是对形成坚韧不拔意志品质最直接也最有效的锻炼。

其次，坚韧不拔意志品质在耐久跑中得到了生动的展现和实践，它不仅锻炼了学生的意志和体魄，更是一种思政德育的渗透和升华。我们可以更好地整合体育教学与德育教育，帮助学生在体育活动中培养良好的品质和社会责任感。在课程中，教师针对学生的特点以及耐久跑教材的特点，分析学生的学习效果，思考教学方法是否有效，学生是否达到了预期的学习目标和情感目标，以便更好地适应学生的需求和激发学生的兴趣。此外，教师还可以将耐久跑延伸到生活中，让学生认识到，生活也是需要耐力和信念的耐久跑。

（二）团结合作

1. 培养团结合作精神的田径教学分析

田径运动作为一种综合性体育项目，其教学中蕴含着丰富的德育元素。例如，接力赛不仅仅是一项竞技运动，更是关于协作、信任、责任与战术的智慧。因此在接力赛教学中，遵守规则、尊重对手，相互之间要有良好的沟通与配合，培养学生的团结合作精神。

2. 培养团结合作精神的田径教学案例

（1）教学目标。

①认知目标：学生能够理解接力赛的基本规则和比赛方式，认识到接力赛在体育活动中的重要性。

②技能目标：学生能够熟练掌握接力赛中接力棒的传递技巧，提高奔跑速度，增强协调性和团队协作能力。

③情感目标：培养学生对接力赛的兴趣和热爱，激发学生积极参与体育活动的热情，培养学生团队合作精神和集体荣誉感。

（2）教学过程。

①准备阶段：教师先向学生介绍接力赛的基本规则和技巧，让学生明确比赛的目标和要求。同时，通过体能训练活动，帮助学生提高身体素质，为比赛做好准备。

②实践阶段：观察学生的练习情况，及时发现问题并给予指导。为了提高学生的团队协作能力，鼓励学生在小组内展开讨论，共同商讨接力棒传递的最佳方式。此外，还可以设置小游戏，如传递接力棒的接力赛等，让学生在轻松愉快的氛围中掌握技巧。

③比赛阶段：教师需要确保比赛公正、公平和有序进行。有障碍的短距离多人多组赛：每个小组的学生站在接力区的起点线上，听到信号后，第一名学生迅速起跑，手持接力棒，穿越规定的有障碍跑道，然后将接力棒传给下一名队员；接力棒传递必须在接力区内完成，且接力棒一旦掉地，必须立即停下并由该队员重新捡起继续传递。整个比赛过程中，各小组需要紧密配合，力争在最短时间内完成接力赛程。比赛结束后，记录各小组的用时，用时最短的小组获胜。

（3）教学方法。

①分层教学法：根据学生的体能水平分组，确保每个学生都能得到适合自己水平的训练。

②合作学习法：鼓励学生在小组内部相互协作，共同解决问题。

③游戏化学习法：通过设置趣味性强的游戏环节，提高学生的学习兴趣。

④反馈与评价法：教师在全程中不断给予学生积极的肯定和建设性建议。

（4）教学评价。

①形成性评价：通过观察学生在课堂上的表现，及时调整教学内容和方法。

②过程性评价：记录学生在整个学习过程中的进步，强调过程中的努力和进步而非仅仅关注结果。

③总结性评价：在教学活动结束后，对学生的整体表现进行综合评价，包含自我评价、同伴评价和教师评价。

3. 培养团结合作精神的田径教学反思

接力赛不仅是赛场技巧的传授，更是如何在个人与集体之间找到平衡点、如何在竞争与协作中找到结合点的思考。通过接力赛的教学，学生学习到的不仅是体育知识，更是在人生的接力赛中如何传递积极的力量，如何与身边的人一起跑向更远的目标。在田径的赛道上，每一次接力棒的传递都不仅是速度与力量的竞赛，更是团队精神与合作意志的体现。接力赛中每一位队员的表现都影响着团队的成绩。因此团结合作至关重要，它也是思政德育教育所追求、培养的核心素质之一。

我们要认识到，在接力赛这项团队运动中，团结合作的重要性不言而喻。一个优秀的接力队伍，其成员之间必定心有灵犀、默契非凡。从第一棒起跑者的速度控制到最后一棒冲刺者的瞬间爆发，每一个环节都必须紧密相连，丝丝入扣。若没有高度的团队合作，即便个别队员能力卓越，也难以带领整个团队走向胜利。因此，在接力赛的每一分、一秒里，我们都可以看到团队协作的影子。

那么，如何在田径教学中渗透团结合作精神呢？教师需要将它融入课堂教学。例如，组织接力比赛，让学生在比赛中体验团队合作的力量，感受每位队员对团队成功的重要性。在这个过程中，教师角色转变为引导者和观察者，要不断引导学生思考和体会团结合作的深层意义。

此外，田径教学中还包含对失败和挫折的教育。在接力赛中，失误时有发生，可能是接力棒的脱手，也可能是策略上的失误。重要的是，团队成员应该如何面对这些挫折，这是思政教育需要着重的部分。教师可通过分析失败的原因，鼓励团队成员之间相互支持和鼓励，培养其面对挑战的勇气和从失败中汲取经验的能力。

接力赛是一项充满激情的运动，也是培养团结合作精神的重要载体。通过体育与德育的结合，教师可以让团结合作的力量深深植根于每个学生的心中。

（三）顽强拼搏

1. 培养顽强拼搏意志品质的田径教学分析

田径教学是体育教育中的重要组成部分，也是实施思政教育的重要依托。田径运动的特点决定了它对于培养学生顽强意志的重要作用。在田径训练中，学生需要不断克服身体疲劳、提高运动技能、应对竞争压力等，这都有助于培养他们顽强拼搏的意志品质。例如，跳高训练不仅锻炼了学生的身体素质，更在无形中传达了挑战自我、克服困难的重要性。每一次跃过横杆，都是对自我极限的挑战，都是对意志力的磨炼。在不断尝试，不断失败，最终获得成功的过程中，学生深刻体会到只有通过不懈努力和拼搏，才能超越自我，达到新的高度。

通过田径教学与思政教育的有机结合，教师期望能够培养出既有强健体魄，又具备坚强意志、顽强拼搏精神的新一代青少年。他们在挑战中成长，在合作中进步，在拼搏中绽放青春的光彩，为实现中华民族的伟大复兴贡献自己的力量。

跳高运动在田径教材中具有重要地位，它不仅是一种技术训练的手段，更是一种培养学生顽强拼搏意志品质的有效途径。通过跳高技能的学习和实践，学生可以不断提升自我挑战的能力，增强面对困难和挫折的勇气，从而形成更加完善的人格和更加坚强的意志品质。

2. 培养顽强拼搏意志品质的田径教学

（1）教学目标。

①知识目标：学生能够掌握跳高的基本技术和动作要领，了解跳高的基本规则和裁判标准。

②技能目标：通过实践练习和反复训练，学生熟练掌握技术动作要求。

③情感目标：通过跳高教学，培养学生顽强拼搏的意志品质，培养学生积极向上的生

活态度和价值观。

（2）教学过程。

①导入：伴随着激昂的音乐和激动人心的喝彩声，大屏幕播放着扣人心弦的跳高比赛精彩瞬间。视频中的运动员如雄鹰展翅，轻盈地飞跃横杆，每一次的成功落地都引起观众们的欢呼。这样的画面，不仅充分展示了跳高运动的魅力，更激发了学生们对跳高运动的热爱与向往。教师借此机会，讲述跳高运动背后的故事，以及它如何成为田径赛场上不可或缺的一部分，为学生们揭开跳高运动的神秘面纱。

②技术讲解：教师详细地为学生们讲解跳高的基本技术和动作要领。运用生动的比喻和形象的图示，将复杂的跳高技术拆解为助跑、起跳、过杆和落地四个关键环节，逐一进行剖析，并强调：助跑要稳健有力，为起跳积蓄足够的力量；起跳瞬间要果断而迅速，让身体如同弹簧般迅速弹起；过杆时身体要保持舒展，如飞鸟掠过天空；落地则要轻盈且稳定，如同舞蹈家的优雅转身。通过详细的讲解，学生们对跳高技术有了更深入的理解和掌握。

③示范演示：在技术讲解的基础上，教师现场示范跳高动作。要求准确到位、流畅自然。教师的展示不仅是跳高的技术标准，更是对运动美学的表现。教师的完美呈现，会让学生心中充满对跳高运动的向往和敬意。

④自主练习：在教师的指导下，学生们分组进行跳高练习。教师巡回指导，及时纠正学生的错误动作，鼓励他们大胆尝试、勇于挑战。

（3）教学方法。

①启发式教学：通过提问和讨论的方式，引导学生主动思考和解决问题。

②情境教学：模拟比赛场景，让学生在真实的情境中学习和体验跳高技能。

③示范教学：教师示范正确的跳高分解动作。

④分组合作：学生分组进行练习和讨论，培养顽强拼搏的意志品质。

（4）教学评价。

教师要肯定学生的努力和进步，在此基础上指出存在的问题和改进方向。教师要激励学生对跳高运动的热爱并不断挑战自我、超越自我。采用多元评价方式，包括教师评价、学生自评和互评等。教师评价主要关注学生的技术掌握情况和课堂表现；学生自评和互评则侧重于培养学生的自我认知能力和批判性思维。同时，引入跳高测试环节，通过对学生跳高成绩的测定和分析，进一步了解学生的学习情况和进步程度。

这种多元评价的方式，不仅能够全面而客观地反映学生的学习状况，还有助于激发学生的学习积极性和主动性。学生在参与评价的过程中，不仅学会了如何正确地评价自己和他人，还提高了自我反思和批判性思维的能力，从而更加关注自己的技术掌握和成绩提升，更加努力地投入田径学习中。这些措施共同促进了学生顽强拼搏意志品质的培养，促进了学生的全面发展，为他们未来的学习和生活打下了坚实的基础。

3. 培养顽强拼搏意志品质的田径教学反思

教学，不只是单纯的技能训练和机械的动作传授，而是一场深入人心的情感交流和心理磨砺。学生们跃过横杆的瞬间，不仅仅是肉体的飞跃，更是心灵的升华。在这个过程中，教师要注重学生的情感体验和心理素质的培养，通过启发式教学和情景教学等多元化的教学手段，为每一个学生创设富有挑战性的学习情景。

教师创设比赛场景，将原本单调乏味的跳高训练变得生动有趣。学生在轻松愉快的氛围中，不仅掌握了跳高的技术要领，还学会了如何面对挑战、战胜自我。他们在反复的跳跃中，不仅锻炼了身体，更磨砺了意志。

然而，部分学生在跳高过程中仍然表现出恐惧和紧张情绪，这说明教师在心理辅导和情绪管理方面还有待加强。在今后的教学中，教师要注重学生的心理需求，通过专业的心理辅导和情绪调节技巧，帮助他们克服心理障碍，更加自信地面对挑战。

顽强拼搏意志是田径课程个人发展维度中的一个重要德育元素，在教学中的培养是一个长期而复杂的过程。设计具有挑战性的训练项目和比赛活动，注重培养学生的自信和自尊心以及引导他们建立正确的价值观和人生观等方式，可以有效地促进学生顽强拼搏意志的提升。这种培养过程不仅有助于学生在田径运动中取得更好的成绩，更有助于他们在未来面对挑战和困难时保持坚定的信念和顽强的毅力。

三、田径课程思政渗透策略与案例总结

田径运动场上的每一步奔跑、每一次跳跃，都是对青春的挑战和超越。在这里，学生不仅提升了体能，更在竞技与合作中感悟了责任与担当。每一次成功与失败，都是对意志的锤炼和品格的塑造。田径课程的学习，使学生更深刻地理解了集体荣誉、公平竞争和坚韧不拔的体育精神。在追求更快、更高、更强的体育目标中，学生逐渐形成了良好的价值观念和道德标准。因此，田径课程不仅是体育技能的传授，更是思政教育的生动课堂，是培养德智体美劳全面发展的社会主义建设者和接班人的重要阵地。

田径课程中思政元素的渗透是多方面的，既可以通过体育精神与思政教育的结合来培养学生的价值观，也可以通过团队协作与集体荣誉感的培养来增强学生的集体意识，还可以通过规则意识与诚信品质的培养来提升学生的道德素养，还可以通过挫折教育与心理承受能力的培养来增强学生的心理素质。

第四章　田径专项体能与练习方法

第一节　田径专项体能概述

田径专项体能是运动员在田径运动中展现出的承受负荷与适应环境变化的能力，它是运动员身体形态、身体功能、运动素质和健康水平诸方面专项化的综合体现。田径运动作为高强度的体育运动，要求运动员在短时间内展现出强大的速度和力量，这种爆发式的速度和力量能够锻炼人的肌肉和神经系统，提高身体的应激能力和反应速度。

在田径比赛中，运动员需要具备比拼速度、耐力和远度等的身体素质。为了提升田径专项体能，运动员会进行一系列有针对性的训练，包括小步跑、直腿跑、后踢腿跑、高抬腿跑等。这些训练旨在提高运动员的起跑速度、步长和步频、快速伸髋能力、踝关节肌群的紧张度和弹性力量，以及髋部肌群的力量和弹性。

田径运动具有广泛的参与性和普及性，它不受人数、年龄、性别和季节的影响，这使田径成为一项受欢迎的运动项目。同时，田径比赛中的竞争往往非常激烈，运动员需要不断提高自己的专项体能，才能在比赛中获得优异的成绩。总的来说，田径专项体能是运动员在田径运动中取得好成绩的关键因素，它涵盖了速度、力量、耐力、柔韧性和协调性等多种身体素质，需要通过科学的训练和不断的实践来提升。

第二节　田径专项体能准备活动设计与示例

田径专项体能准备活动一般是指在田径训练或比赛前进行的一系列身体活动，目的是确保运动员在训练或比赛中能够充分发挥其潜能，提升肌肉、关节及心肺能力，减少运动损伤风险。图4-1是一个田径专项体能准备活动的设计与示例。

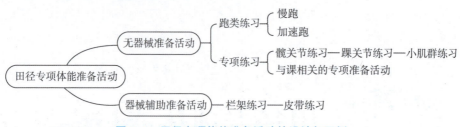

图 4-1　田径专项体能准备活动的设计与示例

一、田径专项体能准备活动（无器械）内容与方法

　　热身运动是进行体育锻炼前必不可少的环节，适量的热身可以有效预防运动损伤，增加关节活动度和肌肉灵活性，提高运动表现。如不进行热身活动就开始高强度运动，可能会导致肌肉拉伤、扭伤、挫伤等运动损伤。热身运动通常由轻松的运动逐渐过渡到强度较大的运动，帮助身体逐渐适应运动强度。在田径专项体能准备活动中，各个项目所涉及的关节和肌肉有所不同，在进行热身时，慢跑、热身操、静态拉伸、动态拉伸等通用方式，配合专项准备活动进行，确保身体活动开之后再进行正式的锻炼。此外，热身的时间和强度也应该根据自身的身体状况和运动类型进行调整，以避免过度热身或者热身不足。

（一）教学示例一

　　练习内容：慢跑+直道加速跑。

　　教学方法：在区域内进行慢跑后，学生在直道上进行 80~100 米加速跑。

　　教学要求：注意安全距离，慢跑时不要走路；加速跑时的速度可以从 60% 的速度开始，慢慢增至 100%。

（二）教学示例二

　　练习内容：拉伸练习（动态拉伸、静态拉伸、弹震式拉伸等），详见视频 4-2-1。

　　教学方法：

　　①动态拉伸：根据人数分成若干组，完成正向踢腿、侧向踢腿、向内绕髋踢腿、向外绕髋踢腿、抱膝提踵、抱踝提踵、一只脚放在另一只腿的膝关节上半蹲、左右侧压腿、提踝走、弓步上举、弓步转体、弓步侧向转体、弓步倒退转体、单腿支撑俯身摸脚踝。

　　②静态拉伸：两人一组，完成跨栏坐静态拉伸、弓步伸展、弓步后蹬腿、弓步后拉腿、侧压腿、俯卧单侧腿拉伸、仰卧屈膝正向拉腿、垂直拉肩、垂直侧拉肩、俯卧猫式伸展。

　　教学要求：注意前后距离；根据教师要求完成指定动作内容，积极练习，动作到位。

（三）教学示例三

　　练习内容：专项练习，详见视频 4-2-2。

　　教学方法：根据人数分成若干组，距离 30 米，学生模仿教师动作进行专项练习，如直腿弹性跳、快速直腿下扒地、交换扒地、侧向交叉步跑、快速小步跑、后退小步跑、车轮蹬摆跑、马克操、快速交换抬腿下压、A 式跳步、B 式跳步等。

视频 4-2-1

视频 4-2-2

教学要求：注意前后距离；根据教师要求完成指定动作内容，积极练习，动作到位。

二、田径专项体能准备活动（器械辅助）内容与方法

田径热身练习是比赛前的一项重要训练，目的是提高髋、膝、踝的稳定性及灵活性，并激发肌群活性。正确的田径热身方式有助于提高学生的专项运动能力、明确发力顺序及用力部位，从而提高学生在比赛中的表现水平。

（一）教学示例一

练习内容：栏架练习，详见视频 4-2-3。

视频 4-2-3

教学方法：在区域内相邻摆放 10 架栏，进行髋关节、踝关节灵活性练习及肌肉激发性练习，如侧身高抬走栏架、栏侧双腿交换快速下摆、一步走栏绕髋、静立单侧直腿前后绕栏等。

教学要求：行进间核心收紧，髋关节及踝关节主动发力。

（二）教学示例二

练习内容：皮带练习，详见视频 4-2-4。

视频 4-2-4

教学方法：将皮带固定在髋关节或踝关节处，利用皮带进行抗阻力练习，激活肌群，如单侧抗阻抬腿，抗阻原地抬腿，抗阻力蹬伸抬腿送髋，抗阻力提膝蹬摆弹力带弓步走，弹力带前、侧、后摆髋。

教学要求：核心收紧，肌肉主动发力。

第三节　田径专项体能练习方法设计与示例

为提高学生田径专项体能，在课堂练习时，教师可以从耐力训练、速度训练、灵敏训练、协调训练、力量训练五个方面进行练习。

一、耐力训练

（一）教学示例一

训练内容：折返跑。

教学方法：学生每 4 人为一组，依次出发，从起点开始进行 50 米的折返跑，用时最短的小组获胜。

教学要求：在跑道 50 米处放置标志桶，学生触碰到标志桶后折返向回跑，过程中不能慢跑，速度尽可能在 50% 以上，鼓励学生突破自我，增强集体荣誉感。

（二）教学示例二

训练内容：变速追逐跑。

教学方法：学生排成一列纵队进行绕圈慢跑，队尾最后一位同学加速跑至排头位置，所有同学依次从队尾加速至排头，方可结束慢跑。

教学要求：每圈（400 米）慢跑速度控制在 2 分钟左右，学生需按照顺序完成加速

跑。观察学生跑步状态，如发现学生出现身体不适等状况，应立即让学生停止跑步。

二、速度训练

(一) 教学示例一

训练内容：30米冲刺跑。

教学方法：将学生分成4组，以纵队的形式站在起点，学生依次站在起点线听哨音进行30米全速冲刺。

教学要求：分别采用站立式起跑和蹲踞式起跑；教师在学生准备好后吹哨进行分组练习；学生双腿充分蹬伸摆动，行进过程中注意送髋及摆臂，上半身压住重心，不要抬头。

(二) 教学示例二

训练内容：原地快频率小步跑/原地高抬腿接30米冲刺跑，详见视频4-3-1。

视频4-3-1

教学方法：将学生分成4组，以纵队的形式站在起点，学生依次站在起点线原地进行快频率小步跑/高抬腿10秒，听哨音进行30米全速冲刺。

①原地快频率小步跑接30米冲刺跑：小步跑要求大腿带动小腿，脚踝充分发力，前脚掌快频率扒地。

②原地高抬腿接30米冲刺跑：高抬腿要求核心收紧、重心向上、大小腿折叠、脚尖勾起、大腿主动发力、膝关节向胸口方向运动，注意不要屈髋。

教学要求：教师在学生准备好后吹哨进行分组练习；学生快速向前位移，保持脚踝快频率发力及大腿带动发力向前，双腿充分蹬伸摆动、行进过程中注意送髋及摆臂，上半身压住重心，不要抬头。

(三) 教学示例三

训练内容：专项练习接加速跑，详见视频4-3-2。

视频4-3-2

教学方法：将学生分成4组，以纵队的形式站在起点，学生根据教师动作进行模仿性练习。

①后蹬跑接加速跑：后蹬跑20米，听信号后变加速跑20~30米。要求：后蹬动作规范，用力方向向前，加速跑速度越快越好。

②单足跳接加速跑：开始做10~15米单足跳，听信号后变加速跑20~30米。要求：左右脚各做1次练习后变换，加速跑要达到最快速度。

③交叉步接加速跑：先做5米交叉步跑，然后转体做加速跑20米。要求：交叉步符合规格、动作协调，加速跑速度要快。

④加速跑接交叉步跑：加速跑20米变交叉步跑5米。要求：加速跑达到一定速度，交叉步符合规格、动作协调。

⑤倒退跑接加速跑：向后做倒退跑，听信号后急停向前加速跑。要求：加速跑速度要快。

教学要求：教师动作示范到位、口令明确，在学生行进间进行动作指导。

三、灵敏训练、协调训练

（一）教学示例一

训练内容：跳跃练习，详见视频4-3-3。

视频4-3-3

教学方法：通过跳跃练习增强踝关节灵活性。

①双腿踝跳：利用敏捷训练梯，双腿并拢，踝关节快速弹跳发力，前脚掌扒地，双臂弯曲，同时向前向上带动。

②单腿踝跳：利用敏捷训练梯，进行单腿跳跃练习，单侧踝关节快速弹跳发力，前脚掌扒地，双臂弯曲，同时向前向上带动。

③向后踝跳：背对敏捷训练梯，向后跳跃，双腿并拢，踝关节快速弹跳发力，前脚掌扒地，双臂弯曲，同时向前向上带动或将双臂背在身后。

④左/右侧高抬腿：侧身面对敏捷训练梯，双腿交替快频率高抬腿，核心收紧，双手自然摆动，注意不要窝髋。

⑤左右穿梭：正对敏捷训练梯，双腿微弯，上半身重心向下，双腿快频率左进右出、右进左出敏捷训练梯，双臂自然摆动。

⑥横向穿梭：侧对敏捷训练梯，腿微弯，上半身重心向下，双腿快频率进出敏捷训练梯，双臂自然摆动。

⑦双脚左右进出：正对敏捷训练梯，双腿微弯，上半身重心向下，双腿快频率左进左出、右进右出敏捷训练梯，双臂自然摆动。

教学要求：教师动作示范到位，学生练习要求快频率进行。

（二）教学示例二

训练内容：直道灵敏性练习。

教学方法：通过身体快速协同发力，增强学生灵敏性及协调性。

①快速直腿下扒地跑：核心收紧，双腿伸直，膝关节尽量不要弯曲，大腿后侧及臀部主动发力积极下压，前脚掌支撑快速扒地，踝关节主动发力，双臂自然摆动。

②侧向交叉跑：侧身面对跑道，以右侧面对跑道为例，左腿向右腿后侧交叉—右腿右侧向跨步—左腿向右腿前侧交叉—右腿右侧向跨步，进行周期性运动。

③快速小步跑：上半身重心向下压，髋、膝、踝快速蹬伸收缩发力，小腿放松，前脚掌快速扒地。

教学要求：教师动作示范到位，学生练习要求快频率进行。

（三）教学示例三

训练内容：跳箱灵敏性、协调性练习，详见视频4-3-4。

视频4-3-4

教学方法：利用跳箱增强髋、膝、踝关节力量，促进身体快速协同发力，增强学生灵敏性及协调性。

①单腿交叉踏跳箱：髋、膝、踝关节充分蹬伸发力，大腿向前带动，前脚掌踏跳箱，快速交换跳。

②双腿跳跳箱：双腿并拢，踝关节快速发力，前脚掌踏跳箱，双臂弯曲，同时向前向上带动。

③快频率交叉小步踏跳箱：小步跑要求大腿带动小腿，脚踝充分发力，前脚掌快频率踏跳箱。

④单腿跳跳箱：起跳腿、膝、踝关节充分发力踏跳箱，摆动腿屈腿前后摆动。

教学要求：教师动作示范到位，学生练习要求快频率进行。

四、力量训练

力量训练组合动作，详见视频 4-3-5。

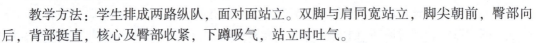

视频 4-3-5

（一）教学示例一

训练内容：深蹲。

教学方法：学生排成两路纵队，面对面站立。双脚与肩同宽站立，脚尖朝前，臀部向后，背部挺直，核心及臀部收紧，下蹲吸气，站立时吐气。

教学要求：教师站在队伍中间进行动作示范及指导；学生姿势标准，不含胸或撅屁股。

（二）教学示例二

训练内容：保加利亚蹲。

教学方法：学生排成两路纵队，面对面站立。双脚前后站立，背后保持挺直，前脚不动，后脚脚背放在凳子上，缓慢下蹲，直至前腿大腿与地面平行。注意身体平衡，核心肌肉收紧。

教学要求：教师站在队伍中间进行动作示范及指导；学生姿势标准，不含胸或撅屁股，感受股四头肌及臀部肌群的发力。

（三）教学示例三

训练内容：弓步蹲。

教学方法：学生排成两路纵队，面对面站立。选择单侧腿后撤一步，前脚全掌支撑保持稳定，脚尖朝前，重心位于两腿之间，保持背部挺直、核心收紧，下落时，前侧腿大小腿呈 90 度，后侧腿膝盖靠近地面，下蹲吸气，站立时吐气。

教学要求：教师站在队伍中间进行动作示范及指导；学生姿势标准，不含胸或撅屁股，脚尖不外八或内扣，感受股四头肌及臀部肌群的发力。

（四）教学示例四

训练内容：侧弓步蹲。

教学方法：学生排成两路纵队，面对面站立。选择单侧腿向侧面平移迈出一大步，超过肩宽，迈出腿屈髋屈膝，臀部向后坐，双脚掌踏实在地面；迈出腿发力蹬地，回到原位。

教学要求：教师站在队伍中间进行动作示范及指导；学生姿势标准，不含胸或撅屁股，不勾脚尖，感受股四头肌及臀部肌群的发力。

（五）教学示例五

训练内容：相扑深蹲。

教学方法：学生排成两路纵队，面对面站立。双脚打开略宽于肩站立，脚尖向外 45 度；下蹲过程中，重心向下，膝盖与脚尖在同一方向微微向外，保持背部挺直、核心收紧，下蹲吸气，站立时吐气。

教学要求：教师站在队伍中间进行动作示范及指导；学生姿势标准，不含胸或撅屁股，感受内收肌、股四头肌及臀部肌群的发力。

第四节　田径专项体能放松活动设计与示例

田径专项体能放松活动是针对田径运动后进行的一系列放松活动，其目的是缓解肌肉疲劳，消除酸痛，预防运动损伤，促进身体恢复。田径训练和比赛中，肌肉长时间处于紧张状态，容易引起肌肉疲劳和酸痛。及时进行田径专项体能放松活动可以帮助肌肉恢复正常状态，降低运动损伤的风险，提高训练效果。

一、教学示例一

视频 4-4-1

放松内容：静态拉伸，详见视频 4-4-1。

教学方法：学生模仿教师动作进行原地静态拉伸，缓解各个部位的肌肉疲劳。

①肩部拉伸（单人）：双脚自然开立，双手自然下垂，拉伸过程中身体自然站立。以拉伸左手为例，右手辅助左手进行拉伸，右手抱住左手肘关节向后进行牵拉；拉伸时注意感受左手肱三头肌的拉伸感。

②肩部拉伸（双人）：学生两人一组，面对面自然站立，拉伸时互相抱住对方肩部，进行向下牵拉，牵拉过程中背部保持平行，双脚自然开立，膝盖伸直，脚尖自然朝向前方。

③跪姿背部拉伸：学生可借助瑜伽垫辅助完成，保持跪姿动作，脚尖绷直，双手自然前伸，身体自然下压，躯干贴近大腿，保持静态动作，体会背部拉伸感。

④跪姿股四头肌拉伸：身体自然站立，双手自然下垂。以拉伸右脚为例，左腿呈弓步向前，右腿膝盖着地，双腿呈前后弓步，跪姿后左手扶住左膝盖，右手抱住右脚踝关节，向身体方向进行牵拉，保持静态动作，身体保持直立，体会股四头肌的拉伸感。

⑤侧压拉伸：身体自然站立，双手自然下垂。以拉伸右腿为例，右腿向侧面伸直，脚尖朝上，左腿屈膝，膝盖向外展。

⑥跨栏坐拉伸：学生可借助瑜伽垫辅助完成，以拉伸左腿为例，坐姿位于瑜伽垫上，左腿向前伸直，脚尖向上勾起；右腿向后折叠，大小腿折叠，脚尖勾起，脚后跟靠近身体；左右腿间夹角约为 90 度。

教学要求：认真练习，动作到位，拉伸要注意对称性，不要过度拉伸造成疼痛。

二、教学示例二

放松内容：按摩器械放松。

教学方法：学生趴在垫子上，利用按摩轴、按摩球等按摩器械对肌肉进行深度放松，也可相互帮助进行按摩放松。

教学要求：认真听取教师意见，正确使用按摩器械，避免造成运动损伤。

第二部分

体操教学

第五章　体操教学概述

第一节　新时代学校体操发展

一、学校体操项目的地位

体操运动是通过徒手、持轻器械或在器械上完成不同类型与难度的成套动作，充分展现身体控制能力，塑造健美形体，并具有一定艺术表现力的体育活动①。体操一直以来是学校体育的重要组成部分，无论作为体育课程教学内容，还是课余体育锻炼，在发展学生运动能力、培养健康行为、发挥体育育人作用、活跃学校体育氛围方面都扮演着重要角色。1990 年 3 月 12 日颁布的《学校体育工作条例》，要求普通中小学校、农业学校、职业学校每天应当安排课间操，每周安排三次以上课外体育活动，保证学生每天有一小时的体育活动时间（含体育课），体操被纳入学校体育锻炼日常。2016 年 2 月 6 日修订的《全民健身条例》指出学校应根据学生的年龄、性别和体质状况，组织实施体育课教学，开展广播体操、眼保健操等体育活动，明确提出广播体操是学校体育的重要内容。2017 年 11 月 28 日，体育总局、教育部等共同印发了《青少年体育活动促进计划》，提出强化青少年运动技能培训，研究建立青少年运动技能等级评定标准，将体操在内的 10 个项目作为试点，制定实施青少年运动技能等级评定标准，并将运动技能等级纳入学生综合素质评价体系。体操被纳入青少年运动等级评定和学生综合素质评价。构建学校体育为基础的竞技体操对后备人才培养体系具有重要的意义，学校体操是竞技体操后备人才培养体系的重要环节。2020 年 10 月，中共中央办公厅、国务院办公厅印发《关于全面加强和改进新时代学校体育工作的意见》，其中指出："教会学生科学锻炼和健康知识，指导学生掌握跑、跳、投等基本运动技能和足球、篮球、排球、田径、游泳、体操、武术、冰雪运动等专项运动技能。"体操作为专项运动技能纳入强化学校体育教学训练的核心项目。体操运动始终是学校体育教学、课间体

---

①　中华人民共和国教育部. 义务教育体育与健康课程标准（2022 年版）［M］. 北京：北京师范大学出版社，2022：51.

育活动、课余体育锻炼、专项运动技能发展等的重要内容，是学校体育发展的基石。

二、学校体操项目的价值

体操运动的一个重要特点是，体操运动中绝大多数动作是根据人体解剖、生理特征专门设计的，与人们日常生活中的基本活动形式有一定的差别，表现出非常规性、复杂性和艺术性。体操对学生身心发展、审美感知、社会交往都有重要的价值和意义。

体操能够有效促进学生身心发展。①正确的身体姿态能够促进青少年儿童的身体形态发展。青少年视力下降、脊柱侧弯等问题都与身体姿态不正确有关。②增强本体感受能力。体操动作设计是遵循器械的结构特点，结合人体生理特征和形态而进行的，符合运动力学规律，在器械上完成平衡、跳跃、翻腾、转体等动作，能够增强身体本体感受能力。③提升空间感知能力。人体与器械具有空间互动关系，人体在器械上的非正常体位，人体在这个过程中所展现出的平衡性、协调性及反应能力，强化了这种空间三维感知，有利于提升练习者空间感知能力。④促进身体发育和动作发展。体操中的倒立、静力性动作、离心运动等提升心血管系统功能，有助于身体素质发展和身体发育。⑤体操动作多样复杂，能够促进手眼协调、心脑协调，从而促进人体动作发展和身心发展。

体操能够增强学生艺术审美能力。体操动作要求的不仅是完成，而且需要有一定标准和艺术性，在体操项目的评分中有"艺术分"，这说明体操本身就是一项审美性的运动。体操中的动作美、力量美、柔韧美、身体美、造型美、静态与动态美等能够促进学生的审美感知能力、审美欣赏能力、审美创造能力。

体操能够促进学生心理品质和社会交往能力。体操动作属于人为化设计的具有一定难度的动作，需要一个专门的教与学的过程。在这个过程中，教师能够帮助学生克服心理障碍、形成果敢与坚忍、不怕失败与挫折的意志品质，同时，体操动作属于不断操练的特定限制性动作，需要一个专门的保护与帮助过程，这个过程有利于学生养成乐于助人、团结协作的精神。

第二节 体操运动的整体教学

一、体操运动技能教学内容标准

2022 年，教育部颁布《义务教育体育与健康课程标准（2022 年版）》，其中提出："聚焦中国学生发展核心素养，培养学生适应未来发展的正确价值观、必备品格和关键能力，引导学生明确人生发展方向，成长为德智体美劳全面发展的社会主义建设者和接班人。"① 新课标以"目标标准+内容标准"为准则，制定各学段课程标准，研制各学段学业质量标准，强化各学段之间的内容衔接，实现课程育人。

内容标准规定了核心学科领域学生应知应会的知识与技能，提供了学生在每一个学科当中需要学习的学科内容。体操运动技能教学依据不同水平学段应学和应会的基本动作、

---

① 中华人民共和国教育部. 义务教育体育与健康课程标准（2022 年版）［M］. 北京：北京师范大学出版社，2022：2.

简单组合、体能发展等内容标准，通过"学、练、赛、评"的教学过程，培养学生的运动能力、健康行为、体育品德，实现立德树人。基于核心素养的课程体系要求，内容标准以促进学生该学科核心素养的形成为导向，教师设计教学时需要结合学段差异，根据高中和义务教育体育与健康课程标准，以及大学体育专业教学实践的实际情况，以表格的形式大致呈现体操运动技能教学的内容标准，具体如表5-1所示。

表5-1　不同阶段体操运动技能教学的内容标准

阶段	学段		体操课程应知应会的知识	建议整合的知识
大学	专业必修课（专修）	技巧	前滚翻分腿直腿起、前滚翻并腿直腿起、鱼跃前滚翻、助跑鱼跃前滚翻、屈体后滚翻、后滚翻接手倒立、慢起头手倒立、手倒立前滚翻、侧手翻、前手翻、头手翻等	体操技能与帮助和保护知识、课程思政、运动损伤防治、运动力学
		单杠	慢翻上成支撑、支撑后摆下、支撑后回环、骑撑前回环、支撑后倒弧形下、经直角悬垂屈伸上等	
		双杠	支撑摆动、支撑后摆下、单腿坐后摆转体180度成支撑、支撑摆动接肩倒立、挂臂前摆上、挂臂后摆上、支撑前摆向内转体180度下、手倒立等	
		支撑跳跃	助跑踏跳、挺身跳、团身跳、山羊跪跳下、山羊分腿腾越、纵箱前滚翻、斜向助跑直角腾越、斜向助跑俯腾越等	
高中	水平五	韵律操	健美操基本动作及运用、初级健美操、中级健美操、哑铃操、绳操、华球啦啦操、有氧踏板操、排舞等——2017省纲要	
		技巧	男生能从（远撑、鱼跃）前滚翻、（头手、手）倒立、（燕式、俯）平衡、（直腿、屈腿）后滚翻、侧手翻、蹲撑跳成（屈体、直体）分腿俯撑等动作中选择至少4个动作；女生从（燕式、俯）平衡、（直腿、屈腿）后滚翻、侧手翻、肩肘倒立、单肩后滚翻成单膝跪撑平衡与跪跳起等动作中选择至少4个动作——2017省纲要	
		双杠	男生能从挂臂撑屈伸上成支撑、分腿骑坐前进、支撑摆动向后转体180度成分腿坐、杠上前滚翻成分腿坐、支撑前摆向内转体180度下等动作中选择3~5个动作；女生能从跳上成支撑、分腿骑坐前进、支撑摆动向后转体180度成分腿坐、支撑摆动成外侧坐、外侧坐越两杠下等动作中选择3~5个动作——2017省纲要	
		支撑跳跃	男生从横箱分腿腾越、横箱屈腿腾越、纵箱分腿腾越中选择完成2种支撑跳跃动作；女生从横箱分腿腾越、横箱侧摆腿腾越、斜向助跑直角腾越中选择完成2种支撑跳跃动作等——2017省纲要	

续表

阶段	学段		体操课程应知应会的知识	建议整合的知识
高中	水平五	专项体能	依据不同项目发展相应的爆发力、柔韧、协调、力量、灵敏等素质——2017省纲要	
初中	水平四	基础体操 韵律操	16个八拍的健美操组合技术动作——2022新课标	运动与肥胖、运动与体温、脉搏自我测评、运动与大脑健康、情绪调控、运动损伤防治、运动与环境；体育品德
		器械体操 技巧	侧手翻、肩肘倒立、头手倒立等；前滚翻成直腿坐—后倒成肩肘倒立—前倒直立—俯平衡—挺身跳（男）；前滚翻成直腿坐—后倒成肩肘倒立—跪跳起（女）——2022新课标 鱼跃前滚翻（不同远度远撑前滚翻、软障碍物鱼跃前滚翻）、头手倒立（男）（靠墙头手倒立、同伴扶持头手倒立、屈腿头手倒立、头手倒立接前滚翻）、肩肘倒立（女）（举腿脚尖触碰标志物、同伴扶持下肩肘倒立、肩肘倒立变式和组合）——省纲要必学	
		单杠	跳上成支撑-单腿摆越成骑撑—后摆下——2022新课标 一足蹬地翻身上成支撑—单腿向前摆越成支撑—骑撑前回环—单腿向后摆越成支撑—后摆转体90度下——2017省纲要限学	
		双杠	杠端跳起成分腿坐—前进一次成分腿坐—弹杠并腿后摆转体180度成分腿坐—弹杠并腿前摆挺身下——2017省纲要限学	
		支撑跳跃	分腿腾跃、屈腿腾跃、侧腾跃——2017省纲要限学	
		发展体能的方法 力量	仰卧起坐、仰卧举腿、仰卧车轮、两头起、背起、立卧撑、推小车、俯卧撑等——省纲要必学 各种静力支撑、静力悬垂、支撑摆动、支撑移动、悬垂摆动、杠上做背起——2017省纲要限学	
		柔韧	杠上肩部、腰部、下肢等部位的静力拉伸及动力踢腿、振摆——2017省纲要限学	
小学	水平三	基础体操 队列队形	行进间四面转法、2种以上3~5个动作组成的队形变换——省纲要必学	
		韵律操	8个八拍的韵律操组合——2022新课标	

续表

阶段	学段	体操课程应知应会的知识			建议整合的知识
小学	水平三	器械体操	技巧	前滚翻直腿坐、侧手翻、肩肘倒立；前滚翻成直腿坐—后倒—仰卧推起成桥；侧手翻—直立转体—燕式平衡—挺身跳——2022 新课标 肩肘倒立（前后分腿肩肘倒立、左右分腿肩肘倒立、屈腿肩肘倒立、并腿肩肘倒立等）——省纲要必学	运动与营养、运动与体重、情绪调控、骨折与心肺复苏处理方法；体育品德
			单杠	跳上成支撑—支撑后摆下；跳上成支撑—前翻下——2022 新课标 一足蹬地翻身上、单挂膝摆动上、支撑单腿摆跃成骑撑及 2~3 个动作的组合——2017 省纲要限学	
			双杠	蹬柱上杠、跳撑上、翻身上、前摆跳下、前摆跳下转体 90 度、支撑后摆下、支撑前后摆动、杠上支撑移动、支撑前摆成外侧坐、跳上成支撑—支撑前后摆动—前摆跳下等——2017 省纲要限学	
			支撑跳跃	2 种以上器材条件的分腿腾跃动作，如连续跳背 5 个以上、连续跳山羊 2 个以上、挑战跳加宽山羊等——2017 省纲要限学	
		发展体能的方法	力量	立卧撑、推小车、俯卧撑、计时手倒立、侧手翻等——省纲要必学 单杠上支撑侧移动、双杠上支撑向前移动、直臂悬垂摆动、支撑前后摆动、斜身引体、俯卧撑等——2017 省纲要限学	
			综合	爬行、滚翻、倒立、平衡、柔韧等组成的综合练习——省纲要必学	
小学	水平二	基础体操	队列队形	跑步走、立定、跑步走、齐步互换，半面向左（右）转，一（二）列横队成二（四）路纵队，错肩行进等——省纲要必学	
			韵律操	4 个八拍的韵律操组合——2022 新课标 1 套简单韵律操（少儿健美操 1 级等）——省纲要必选	
		器械体操	技巧	前滚翻、后滚翻、仰卧推起成桥；前滚翻交叉转体起立、后滚翻交叉转体接挺身跳——2022 新课标 滚翻（后滚翻成跪撑、后滚翻成蹲撑、连续后滚翻、前后滚翻过障碍、不同支撑面上的前后滚翻、前后滚翻及组合）、平衡（侧手翻、手倒立、跪跳起）——省纲要必选	

阶段	学段			体操课程应知应会的知识	建议整合的知识
小学	水平二	器械体操	单杠等	低单杠跳上、低单杠跳下、跳上成支撑、单腿摆越上、前翻下、斜身引体——2022 新课标 攀爬（攀爬绳架、攀爬肋木架、攀爬斜体、攀爬跳箱、攀爬垂直杆、持物攀爬、合作攀爬）、支撑与悬垂（曲臂悬垂、足勾悬垂、手膝悬垂、曲臂支撑、低单杠支撑移动、双杠支撑移动、支撑摆动后跳下、悬垂摆动后跳下）——2017 省纲要限学	运动与健康饮食、运动与睡眠、情绪调控、运动损伤防治；体育品德
			支撑跳跃	跳上箱（跳上成跪撑、跳上成蹲撑）、跳下箱（挺身跳下、屈腿跳下、分腿跳下、转体跳下）——2017 省纲要限学	
		发展体能的方法	柔韧	跪立后倒挺髋推起成桥、仰卧推起成桥、手扶墙下桥等——省纲要必选	
			综合	爬行、滚翻、倒立、平衡、柔韧动作组合练习——省纲要必选	
小学	水平一	基础体操	队列队形	立正稍息、四面转法、集合解散、看齐、报数、原地踏步、齐步及立定等——省纲要必选	
			简单徒手操	广播操（七彩阳光、雏鹰起飞）、模仿操、拍手操——省纲要必选	
		器械体操	技巧	爬行（模仿爬、不同身体姿势爬、不同方向的爬、合作爬）、滚翻（滚动、前滚翻成坐撑、前滚翻成蹲撑、连续前滚翻等）、平衡（单脚站、模仿动物站姿、各种姿势过独木桥等）——省纲要必选 攀爬（爬体操凳、爬肋木架、爬绳架、爬越横箱障碍物等）、支撑与悬垂（四肢悬垂、直臂屈腿悬垂、膝勾悬垂、仰悬足撑、直臂正撑、杠上跪撑、创意悬垂与支撑）——2017 省纲要限学	
		发展体能的方法	柔韧	压腿、纵叉、横叉、压肩、立位体前屈、坐位体前屈等——省纲要必选	

二、体操运动技能大单元教学

单元是体育课堂教学和课程设计的基本单位。大单元通常贯穿于学期、学年或学段，是实现教材与教材、教学与教学之间相互关联的重要手段，是实现"教会""健康知识+基本运动技能+专项运动技能"，"勤练""享乐趣、增体质"，"常赛""锤意志、全人格"，解决教学内容排列"低质重复"、教学过程"单一断裂"、教学效果"无趣低效"问题的主要举措，是促进学生长期连续系统深入进行运动项目技战术学习和体验的重要桥梁。大单元教学设计的目的不仅仅是让学生掌握教学内容，更要针对学生需要发展的核心素养，明确大单元主题与课程标准要求之间的关系，充分了解学生的基本情况，围绕大单元主题将活动、任务、问题和评价融入设计过程，通过学习检测和反思性活动促进学生能力的发展①。大单元教学从教学内容等多个方面对课程设计提出了更高的要求，教师应多角度选择合适的内容，再进行细化分类，最后按教学计划系统整合，从而达到充实学生知识储备的目的。《义务教育体育与健康课程标准（2022 年版）》指出，体育与健康领域的大单元教学应聚焦于"专项运动技能大单元"，以大主题、大内涵为统领对体育课进行优化。专项运动技能大单元是对某个运动项目或项目组合进行 18 课时及以上相对系统和完整的教学，致力于打破运动项目碎片化教学的现状，确保学生在一段连续的时间内深入学习并掌握一项或多项运动技能，从而提升学生的运动技能水平、激发学生的体育兴趣、培养学生的终身体育意识。为更直观地展示大单元教学设计的实施路径与效果，下面将以具体案例为载体，深入剖析中小学不同水平阶段的大单元教学设计实践，以期为一线教师提供可借鉴的操作模式与策略。

① 崔允漷．如何开展指向学科核心素养的大单元设计［J］．北京教育（普教版），2019（2）：11–15.

第六章　不同体操技术的教学

第一节　基础体操教学

一、基础体操的学科知识

（一）学科价值

基础体操包括队列队形和徒手体操等，作为"身体规训"的内容和手段，以"高度规范、集体协同"为特点，旨在培养个人良好的身体姿态、身体控制、身体协调，以及在练习中所展现出来的毅力、耐心、坚忍的卓越品质和严谨、纪律、协作的集体主义精神。

1. 锻炼价值

基础体操运用身体各部位的动作，比如伸屈、踢摆、转体、绕环等，在不同方位、空间，以不同的节奏完成练习，能够提升个体的协调、灵敏、柔韧、平衡等基本身体素质，也为其他运动项目储备节奏感、空间感、美感等基本运动素养。

2. 育人价值

基础体操能够培养学生的观察思维能力、身体协调能力、空间感知能力、动作审美能力，同时在"令行禁止、集体协同"的过程中塑造学生严谨自律的纪律性、精诚合作的集体主义精神，以及追求卓越的品格风貌。

（二）关键问题

1. 队列队形技术关键问题

队列队形技术关键问题在不同阶段的表现与释义如表 6-1 所示。

表 6-1　队列队形技术关键问题在不同阶段的表现与释义

阶段	初学阶段	提高阶段	应用阶段
重点	动作要领准确	动作协调连贯	动作干净有力

续表

阶段	初学阶段	提高阶段	应用阶段
重点释义	能够正确执行口令对应的规定动作，如出脚、手臂摆动、转头、转体等，身体姿态准确，动作要领正确	能够正确完成连续口令对应的规定动作，动作协调连贯，各个动作之间有明确的过渡，动作衔接自然流畅，没有停顿或突兀，整体协调	能够准确完成连续口令对应的规定动作，动作有力量感和控制力，各个动作之间过渡明确，节奏清晰，整体美观
难点	集体动作完成一致	集体协同整齐有序	集体合作精神饱满
难点释义	能够依据口令正确完成身体动作，无误、无漏，动作统一，集体动作完成一致	能够依据口令有序完成集体动作，动作到位、步伐一致、转身干净利落，集体动作协调有序，展现集体的协调配合	能够依据口令完成集体动作，动作的速度、角度、力度高效一致，整体队形紧凑、有序、美观，展现集体主义精神风貌

2. 徒手体操技术关键问题

徒手体操技术关键问题在不同阶段的表现与释义如表6-2所示。

表6-2 徒手体操技术关键问题在不同阶段的表现与释义

阶段	初学阶段	提高阶段	应用阶段
重点	动作的规范性和准确性	动作的连贯性和流畅性	动作的一致性和整体性
重点释义	动作规范性是指动作要符合标准要求，姿势正确，步骤清晰。动作准确性是指每个动作到位，角度正确，确保每个细节都精确执行	动作连贯性是指各个动作之间衔接自然，没有明显停顿、脱节、重复的情况。动作流畅性是指整个过程连续不间断，没有生硬、僵硬或突然改变的情况，展现出流动和谐的视觉效果	动作一致性是指各个动作在方向、速度、力量、节奏等方面协调统一。动作整体性是指在一致性的基础上，从动作开始到结束的内在协调的整体，展示出和谐统一的视觉效果
难点	身体协调发力	身体控制准确	艺术表现有感染力
难点释义	身体协调发力是身体各部位同步协调完成动作的能力。要求手、脚、躯干等不同部位在同一时间内能够顺畅、和谐地运作，解决初学阶段肌肉不协调、动作不连贯的问题	身体控制准确是对身体各部位精确掌控的能力，包括对动作的力度、方向、速度和节奏的准确调节。良好的身体控制能够提升动作质量和效果	艺术表现包括动作表现和表情表现。通过动作、队形、道具等艺术编排和现场表达，传递情感和气氛，增强艺术感染力

3. 轻器械体操技术关键问题

轻器械体操技术关键问题在不同阶段的表现与释义如表6-3所示。

表 6-3 轻器械体操技术关键问题在不同阶段的表现与释义

阶段	初学阶段	提高阶段	应用阶段
重点	正确使用轻器械	熟练运用轻器械	精巧操控轻器械
重点释义	掌握轻器械的基本握法和操作技巧，确保动作标准、稳定，并与体操动作协调配合	能够在复杂的体操动作中，自如地操作轻器械，使其与身体动作高度协调	精巧操控包括精确控制轻器械的运动轨迹、速度和力度，并能够在复杂动作和快速变化中保持轻器械的稳定性和流畅性
难点	身体动作与轻器械结合	身体动作与轻器械配合	身体动作与轻器械融合
难点释义	难点在于初学者需要协调身体各部位的动作，同时准确控制轻器械的轨迹和力度	难点在于需要在复杂和多样的体操动作中，精确控制轻器械的轨迹、力度和节奏，同时保持身体动作的协调性和流畅性	融合指的是在进行复杂、花样繁多的体操动作时，能使轻器械成为身体动作的自然延伸，二者无缝衔接。确保轻器械与身体同步运动，不出现脱节或不协调的情况

（三）易犯错误与纠正方法

1. 队列队形技术

学生在不同年龄段进行队列队形练习时，会表现出不同的错误，可能是反应不及时，也可能是动作的协调性不足。队列队形易犯错误与纠正方法如下。

（1）原地队列队形变换。

易犯错误：

①学生在队列队形变换过程中出现方位或者方向上的错误。

②学生在队列队形变换过程中动作不齐。

产生原因：可能是学生注意力不集中，也可能是学生对队形变换的步骤不清晰，还可能是教师下达的口令不够清晰洪亮。

纠正方法：

①使学生明确各个口令与对应动作的概念。

②提高学生的注意力。

③教师自身要多多练习，并正确使用队列队形的口令，保证口令准确、清晰、洪亮。

（2）行进间队列队形变换。

易犯错误：

①学生行进间出现同手同脚的情况，或者转向时动作错误。

②学生行进间整体变换不整齐。

产生原因：可能是学生注意力不集中，也可能是学生对行进间队列队形变换的动作概念不明确，还可能是学生在行进间没有听清教师的口令。

纠正方法：

①强化学生对行进间队列队形变换的动作概念。

②教师可以利用"一、二、一"这类口令帮助学生在移动中保持动作节奏与注意力，也可以利用口哨等工具。

③教师在下达口令时要注意根据与学生的距离来调整音量。

2. 徒手体操技术

在进行徒手体操时，常见的错误包括姿势不正确、动作不标准、节奏不一致等。以下是一些常见错误及其纠正方法。

（1）姿势不正确。

表现：在徒手体操中，姿势正确与否直接影响到锻炼效果。不正确的姿势如站立时脚不平行、弯腰时身体前倾过多等。

产生原因：可能是学生刚开始学习，对正确姿势的理解不到位，也可能是学生对自身肌肉的控制还不够精确。

纠正方法：教师应该示范正确的姿势，并引导学生仔细观察。可以通过反复练习和及时纠正，让学生逐渐形成正确的姿势习惯。

（2）动作不标准。

表现：徒手体操的动作应该流畅、标准，但有的学生会出现动作不到位、幅度不够等情况。

产生原因：学生对身体的控制需要反复练习，大脑对肢体的控制总会出现一定的误差，水平再高的体操运动员也需要反复训练。

纠正方法：教师可以通过示范和口头指导来纠正学生的动作，让他们明白标准动作的要领。同时，可以通过放慢节奏、分解动作等方法帮助学生掌握正确的动作技巧。

（3）节奏不一致。

表现：徒手体操的节奏是整齐一致的，但有时可能会因为学生个人差异或者不专注而节奏不一致。

产生原因：学生的身体素质有所差异，在灵敏素质这方面的表现更加明显。

纠正方法：教师可以采用打拍子、使用音乐等方法来帮助学生统一节奏感。同时，可以通过集体练习和提醒来培养学生的注意力，让他们保持一致的节奏。

（4）队形变化混乱。

表现：徒手体操会伴随大量的队形变化，但学生可能会因为配合默契度和场地变化等原因出现位置错误，或者在队形变化过程中产生碰撞。

产生原因：每个学生都是一个独立的个体，有自身的思考，因此对于队形变化的路径或者教师的指示有不同的理解，同时很可能表现出不同的行为。

纠正方法：教师可以提前在场地上做好标记，也可以利用多媒体等软件来演示队形变化的形式与时机，同时反复练习，加深印象，提升学生之间的配合默契度。

3. 轻器械体操技术

在进行轻器械体操时，由于学生的年龄、体力和协调性各不相同，容易出现一些特定的错误。这些错误可能影响锻炼效果，还可能增加受伤的风险。以下是一些常见错误及其纠正方法。

（1）姿势不正确。

表现：学生在使用轻器械（如哑铃、跳绳等）时，常见的错误类型包括背部弯曲、膝盖过度伸直或弯曲、抬举不当等。

产生原因：初学阶段，学生对轻器械的控制不熟练，同时对动作姿势的理解不够深刻。

纠正方法：教师应该示范轻器械正确的使用姿势，并在练习过程中密切观察，对姿势不正确的学生及时进行纠正。可以使用镜子帮助学生观察和调整姿势。

（2）掌握力度不当。

表现：在使用轻器械如哑铃时，学生可能会因力度控制不当而动作执行过猛或过轻。

产生原因：学生在初学阶段并没有习惯使用轻器械，对器械的控制还处于泛化阶段，身体对于力度变化的感知能力不足，无法即时进行调整。

纠正方法：教师应教导学生学习如何控制力度，强调动作的控制比轻器械的重量更重要。初学者应从轻重量开始，逐步增加重量，同时保证动作的准确性和安全性。

（3）动作不协调。

表现：由于轻器械体操需要较高的协调性，学生在执行复杂动作时可能会显得整个身体不协调，特别是在使用跳绳、呼啦圈等轻器械时。

产生原因：学生由于缺乏足够的身体协调能力，或者缺乏足够的体能支持，难以将不同部位的动作协调统一。

纠正方法：通过分解动作和缓慢练习，帮助学生逐步掌握每一个动作步骤。进行足够的热身活动，以提高身体的协调性和灵活性。

二、基础体操的教学法知识

（一）教学内容结构化："教材三个一"设计

1. 单一技术练习方法设计与示例

单一技术练习指向学生的"学"，是实现"学练三个一"教学过程的基础环节。教师通过对学情与教学内容的精准把控，设计单一技术练习、组合技术练习、比赛或游戏运用，实现结构化教学。在体操教学中，教师通常依据体操技术动作结构，设计简单易学的单一的分解练习或同质化练习，让学生一看就懂、一练就会，激发学生的学习兴趣，同时促进学生运动技能的掌握与运用，实现精准的"学"。队列队形单一练习方法设计与示例如表6-4所示。

表6-4　队列队形单一练习方法设计与示例

课时	教学内容	具体练习方法	注意事项
1	队列队形动作方法1：集合、解散、立正、稍息	集合：听到口令后迅速到指定地点排列队形 解散：听到口令后有序离开，保持秩序 立正：听到口令后双脚并拢，抬头挺胸，站直 稍息：听到口令后，左脚顺脚尖方向伸出约全脚的三分之二，重心大部分落于右脚，抬头挺胸，两腿自然伸直	根据口令做出对应动作

续表

课时	教学内容	具体练习方法	注意事项
2	队列队形动作方法2：原地四面转法	听到口令后，向右转、向左转时分别以右脚和左脚为轴转90度，向后转时右脚脚跟左脚脚尖转动，从右侧向后转动180度	快速判断方向，动作及时、准确，身体平稳
3	队列队形动作方法3：看齐、报数	看齐：听到口令后，队员向右看齐，调整位置，与前后左右队员对齐，保持间距一致 报数：听到口令后，依次从前到后、从左到右响亮报数，声音清晰洪亮 通过反复练习，确保动作准确、迅速，队形整齐	反应灵敏，口令与动作准确配合
4	队列队形动作方法4：队列变换	一列横队变两列横队；一列横队变三列横队；一路纵队变两路纵队	动作协调连贯、及时、准确

徒手体操单一练习方法设计与示例如表6-5所示。

表6-5　徒手体操单一练习方法设计与示例

课时	教学内容	具体练习方法	注意事项
1	徒手体操动作方法1：《七彩阳光》预备节~第2节	《七彩阳光》预备节~第2节：预备节、第1节伸展运动、第2节扩胸运动	正面、侧面、镜面示范
2	徒手体操动作方法2：《七彩阳光》第3~5节	《七彩阳光》第3~5节：第3节踢腿运动、第4节体侧运动、第5节体转运动	动作速度与动作规范；口令与节奏
3	徒手体操动作方法3：《七彩阳光》第6~8节	《七彩阳光》第6~8节：第6节腹背运动、第7节跳跃运动、第8节整理运动	动作规范、有节奏

攀爬单一练习方法设计与示例如表6-6所示。

表6-6　攀爬单一练习方法设计与示例

课时	教学内容	具体练习方法	注意事项
1	攀爬动作方法1：攀爬肋木架	在同伴的保护与帮助下或独立完成攀爬肋木架、悬垂过横杆的动作	手握脚踩，异侧手脚交替攀登
2	攀爬动作方法2：攀爬垂直杆	在无人帮助的情况下爬杆坚持3秒以上时间；在有人保护和帮助的情况下，能做出手脚并用爬垂直杆的动作	夹杆蹬直与上引动作协调配合

课时	教学内容	具体练习方法	注意事项
3	攀爬动作方法3：攀爬跳箱（75厘米、90厘米）	用2种以上的方法攀爬跳箱	脚蹬、手撑，动作协调、落地稳定
4	攀爬动作方法4：攀爬跳箱（105厘米、120厘米）	独立完成或在同伴的帮助下爬越不同高度的障碍物	脚蹬、手攀，动作连贯
5	攀爬动作方法5：合作攀爬跳箱（135厘米）	做出3种以上过障碍物的动作	同伴合作，攀爬动作协调、稳定、多样
6	攀爬动作方法6：连续攀爬跳箱（95厘米、120厘米）	独自或者在同伴帮助下选择合理攀爬方式攀爬不同高度的障碍物	快速选择合理的攀爬方式

2. 组合技术练习方法设计与示例

组合技术练习指向学生的"练"，是以单一身体练习为核心的组合练习，是单一身体练习的延伸与拓展，是在学习技术动作的基础上，通过与相关的技能、体能练习进行合理的组合，帮助学生掌握运动技能，提升课堂学习的实用性的途径。通过合理、巧妙、有效的组合设计，不仅能巩固提高技术动作，更能帮助学生在特定的环境中把单一身体练习转化为一种"能力"，促进学生学习运动技能，有效落实体育学科核心素养。

队列队形组合技术练习方法设计与示例如表6-7所示。

表6-7　队列队形组合技术练习方法设计与示例

课时	教学内容	具体练习方法	注意事项
1	集合、解散、立正、稍息	集合+解散；立正+稍息；反口令练习	根据口令做出对应动作
2	原地四面转法	双人合作原地四面转法；反口令练习	快速判断方向，动作及时、准确，身体平稳
3	看齐、报数	看齐+报数+四面转向；向左、右、中看齐+向前看+报数	反应灵敏，口令与动作准确配合
4	队列变换	四面转法+一列横队变两列横队	动作协调连贯、及时、准确

徒手体操组合技术练习方法设计与示例如表6-8所示。

表6-8　徒手体操组合技术练习方法设计与示例

课时	教学内容	具体练习方法	注意事项
1	《七彩阳光》预备节～第2节	预备节+伸展运动；伸展运动+扩胸运动	不同操节名称与动作配合
2	《七彩阳光》第3～5节	踢腿运动+体侧运动；体侧运动+体转运动	连贯做出3节操的动作

课时	教学内容	具体练习方法	注意事项
3	《七彩阳光》第6~8节	腹背运动+跳跃运动；跳跃运动+整理运动	不同节奏操节内容的衔接
4	整套《七彩阳光》	预备节+伸展运动+扩胸运动+踢腿运动+体侧运动+体转运动+腹背运动+跳跃运动	动作规范、有节奏

攀爬组合技术练习方法设计与示例如表6-9所示。

表6-9　攀爬组合技术练习方法设计与示例

课时	教学内容	具体练习方法	注意事项
1	攀爬肋木架+悬垂过横杆+跳下后快速跑	在保护帮助下或者独立完成攀爬肋木架、悬垂过横杆、跳下快速跑的动作	手握脚踩，异侧手脚交替攀登；悬垂时握紧抓牢；落地时注意缓冲
2	爬杆比长+爬杆比高	在无人帮助的情况下比爬杆持续时长；在同伴合作情况下比爬杆高度	夹杆蹬直与上引动作协调配合
3	攀爬跳箱（75厘米、90厘米）+前滚翻+快速跑	用2种以上的攀爬方法越过障碍物，能够迅速完成前滚翻和快速跑的动作	脚蹬、手撑，动作协调，落地稳定，动作连贯
4	爬越105厘米高度跳箱+爬越120厘米高度体操垫	设计不同高度的障碍物，独立完成或在同伴的帮助下爬越不同高度的障碍物	脚蹬、手攀，动作连贯
5	钻过呼啦圈+爬越肋木架	做出3种以上过障碍物的动作	同伴合作，攀爬动作协调、稳定、多样
6	连续攀爬不同高度跳.箱（95厘米、120厘米）	独立或者在同伴帮助下选择合理攀爬方式，攀爬不同高度的障碍物	快速选择合理的攀爬方式

3. 游戏或比赛方法设计与示例

"赛"是以单一或组合身体练习为核心的游戏或比赛，通过游戏和比赛进一步巩固单一或组合身体练习，提高运动技能在实际中的运用。例如攀爬探险。

游戏名称：攀爬探险。

游戏目的：通过体操攀爬类游戏，提升学生的身体协调能力、力量和耐力，培养学生团队合作意识，增强学生对体操运动的兴趣和参与度。

游戏方法：①在体操房或室外场地设置攀爬装置，如攀爬绳、攀爬架、墙壁攀爬网等。②将学生分成几个小组，每个小组在设定的时间内完成一系列攀爬任务，包括攀爬、穿越、跳跃等。

游戏要求：①学生必须穿适合攀爬的运动服和鞋子，并在攀爬时佩戴安全装备，如头盔、护膝等。②学生必须遵守比赛规则和安全指导，确保自己和队友的安全。③学生必须充分准备，保持身体协调和力量，以应对攀爬过程中的挑战。

游戏规则：①比赛分为多个关卡，每个关卡设定不同的攀爬任务和难度。②每个小组在规定的时间内完成一个关卡，然后转移到下一个关卡。③每个关卡完成后，小组将获得相应的得分，根据完成时间和任务难度来评定分值。④在攀爬过程中，学生可以相互帮助和鼓励，但不能互相推搡或干扰其他小组。⑤若学生在攀爬过程中出现安全问题或违反比赛规则的情况，将扣除相应分数或取消该小组的比赛资格。

（二）教学法的运用

1. 游戏法的运用及案例

（1）游戏法的价值。

①增加趣味性。基础体操需要反复练习，对于学生来说可能会觉得单调乏味。而引入游戏元素，可以增强课堂的趣味性，激发学生的学习兴趣，使他们更积极地参与到体操训练中。

②提高技术学习效率。游戏法可以让学生在轻松愉快的氛围中学习体操技术。通过各种游戏形式，如模拟比赛、技术挑战等，学生可以更加专注地练习体操动作，提高学习效率。

③培养团队精神。在基础体操教学中，教师可以设计团队合作的游戏，让学生合作完成体操动作或者技术练习。这样不仅可以增强学生之间的团队意识和合作精神，还可以促进他们之间的互助与交流。

（2）游戏法的应用时机与实例。

①引入新动作或技巧。

时机：在引入新的基础体操动作或技巧时，教师可以通过游戏，让学生更容易地理解和掌握动作或技巧。

例子："动作接龙"的游戏。在学生掌握一个动作后，通过游戏引入下一个相似的动作。例如，学生先学会前滚，接着通过游戏逐步引入侧滚、后滚等动作。

②技能巩固和练习。

时机：通过游戏来巩固和加强学生的技能。

例子："技能挑战"的游戏。在一定时间内，学生要尽可能多地重复已学的基础动作。设立一些奖励或竞赛机制，激发学生的学习积极性。

③团队合作和协作。

时机：希望培养学生的团队合作精神和协作能力时。

例子："体操接力"的游戏。学生分成若干小组，每个小组轮流完成一系列基础体操动作，然后传递接力棒。整个小组需要协作完成所有动作，最快完成的小组获胜。

（3）应用游戏法的注意事项。

①与教学目标对齐。确保选择的游戏与所要教授的基础体操动作或技能相关，并能够促进学生相应能力发展。

②安全第一，并符合学生的年龄和能力水平。避免设计运动过于激烈或可能导致意外伤害的游戏，提前检查场地和设备，确保安全措施得到了有效执行。

③游戏应具有适当的挑战性，并能及时反馈。这样既能激发学生的兴趣和动力，又能

帮助学生理解正确的动作和技能。

④灵活性与调整。教师可以根据实际情况和学生反馈进行调整和修改游戏规则。

2. 纠错法的运用及案例

（1）纠错法的价值。

①提高技能准确性。纠错法可以帮助学生识别和理解他们在体操动作中存在的错误或不足之处。及时发现并纠正这些错误，有助于提高学生的技能准确性，使他们的动作更加规范和标准。

②改善动作质量。通过不断纠正错误，学生可以逐步改善体操动作质量，使动作更加流畅、稳定和优美。这有助于加深学生对动作细节的关注和理解，提高他们的技术水平。

③预防伤害。纠错法可以帮助学生避免因错误动作而导致的意外伤害。及时发现并纠正动作中存在的不良姿势或不合理动作方式，可以有效减少运动伤害的发生。

④培养自我监控能力。纠错法可以帮助学生培养自我监控和自我调整的能力。通过不断发现和纠正错误，学生可以自我评估和自我调整，提高在训练和比赛中的表现水平。

（2）纠错法的运用时机与实例。

①模仿示范时。

时机：教师示范侧滚动作，要求学生模仿。

例子：学生在模仿示范时，有些学生未能完全转体或姿势不稳。教师通过示范和个别指导，纠正学生的姿势，特别强调腰部和肩部的转动，确保学生能够正确地完成侧滚动作。

②动作练习中。

时机：学生进行前滚练习时，教师发现有个别学生姿势不正确。

例子：教师观察到学生在前滚时，身体未能保持一个紧凑的球形，导致滚动不流畅。教师及时纠正并示范正确的姿势，重点强调膝盖和头部的正确位置，以确保学生能够正确完成动作。

③个别指导时。

时机：学生在练习倒立时，教师逐个观察学生的动作。

例子：教师发现有学生在倒立时，身体未能保持一条直线，腿部姿势不正确。教师通过个别指导，纠正学生的姿势，特别强调核心稳定性和身体线条的完整性，以确保学生能够正确地完成倒立动作。

④集体指导中。

时机：教师组织班级进行平衡练习。

例子：教师观察到大多数学生在平衡练习时，身体摇摆幅度较大。教师通过集体指导，提醒学生注意控制身体的重心，强调肌肉力量的协调性，以确保学生能够稳定地保持平衡动作。

（3）纠错法应用的注意事项。

①及时性。纠错应该及时进行，以免学生养成错误习惯。错误应该在学生进行动作时立即指出，并及时进行纠正。

②个性化。教师需要根据学生的不同水平和特点，提供个性化的纠错指导。不同的学生可能会犯不同的错误，教师应该针对性地进行纠正，并给予适当的指导和建议。

③适度性。教师在进行纠错时应该适度，避免过分严厉或过分宽容。教师既要有针对性地指出错误，又要给予学生足够的鼓励和支持，让学生保持积极性和动力。

案例呈现

××小学××学期体操大单元教学设计

单元名称	体操3	设计者	—
单元课时	13：3a—7b—3c	实施学期	二年级第一学期
教材分析	教材中，该单元主要包含基本队列队形动作、简单徒手操、多种形式滚动与滚翻、平衡与爬行、柔韧、攀爬与支撑和悬垂等内容，在一年级学习的基础上，将一些单一、基本的体操动作进行简单组合，在不同组合、不同游戏情境中体验学习，提高调节身体重心、控制肢体协调和克服旋转眩晕的能力，动作表现出较好的稳定性		
学情分析	小学二年级学生表现出好奇、好动、模仿力强的身心特点，在动作的感知和鉴赏、技巧的掌握和理解、基本的节奏感和韵律感等方面有一定的基础，自主探究和合作学习的能力也有了一定的提高。在教学中，教师可以将一些单一、基本的体操动作进行简单组合，结合学生生活经验，采用小组式、游戏化的活动引导学生学练，为后续学习较高难度的体操动作打下基础		
教学目标	1. 能说出所学体操基本动作的名称，能用口诀描述动作要领，建立保持正确身体形态的意识 2. 在滚动、平衡、爬行、悬垂等体操游戏中，根据方位和时空的变化，调节身体的重心，控制肢体，避免旋转眩晕，动作表现出较好的稳定性 3. 能遵守体操活动的练习要求，培养学生克服困难、勇于挑战的精神，形成良好的合作精神		
核心任务	根据方位和时空的变化，调节身体的重心、控制肢体协调、避免旋转眩晕，动作表现出较好的稳定性		

教学过程

课时	教学内容	教学目标	关键问题	学练三个一
1	队列队形练习方法：行进间左（右）转弯走	1. 能说出两路纵队行进间转弯走的方法和要求 2. 在组合练习和游戏中，能根据教师的口令边踏步边改变方向，转至90度时按直线方向前进。发展学生身体的协调性、控制能力等 3. 培养集体观念、集体荣誉感	转弯时，内外侧学生能够协同配合	1. 行进间左（右）转弯走 2. 原地四面转法＋行进间左（右）转弯走 3. 游戏：绕标杆

续表

课时	教学内容	教学目标	关键问题	学练三个一
2	拍手操动作方法1：《拍手操》第1~4节	1. 能说出这四节操的名称和锻炼的身体部位，且知道动作的要领 2. 在游戏或比赛中，能根据口令或音乐节奏，完整做出《拍手操》第1~4节的动作，做到动作准确、衔接连贯 3. 体验集体游戏的乐趣，与同伴能友好合作	动作正确、连贯，路线准确	1.《拍手操》第1~4节：上肢运动、下蹲运动、扩胸运动、提膝运动 2. 上肢运动+下蹲运动；扩胸运动+提膝运动 3. 游戏：大家一起拍拍手
3	拍手操动作方法2：《拍手操》第5~8节	1. 能说出这4节操的名称和锻炼的部位，且知道动作的要领 2. 在游戏中，做出4节操的动作，并能根据不同的口令、音乐，较连贯地完成动作，且有一定的力度，表现出良好的身体姿态和节奏感 3. 体验集体游戏的乐趣，与同伴能友好合作	动作连贯、路线准确	1.《拍手操》第5~8节：体侧运动、体前屈运动、全身运动、跳跃运动 2. 体侧运动+体前屈运动；全身运动+跳跃运动 3. 游戏：照镜子
4	拍手操练习方法3：《拍手操》	1. 通过复习整套《拍手操》的动作，熟知每节操的动作名称及动作要领，并能说出相应的锻炼部位 2. 通过游戏练习，巩固整套操的动作，提高学生喊口令记动作的能力，培养学生良好的节奏感、协调性 3. 通过游戏培养集体的观念，提升集体荣誉感	动作连贯、有节奏，有一定的力度	1.《拍手操》 2. 上肢运动+下蹲运动；扩胸运动+提膝运动；体侧运动+体前屈运动；全身运动+跳跃运动 3. 游戏：闯龙门
5~6	滚翻练习方法：连续滚翻	1. 能说出"连续滚翻"在生活中的运用及其重要性 2. 在游戏中，能快速地做出连续滚翻的动作，提高身体的控制能力和平衡能力，发展综合素质 3. 提高学生对环境的应变能力和自我保护能力	滚动圆滑，连接顺畅，速度快	1. 连续滚翻 2. 前滚翻+前滚翻+前滚翻成蹲撑+前滚翻成直腿坐+跑 3. 游戏：连续滚翻，比一比谁的组合花样多

课时	教学内容	教学目标	关键问题	学练三个一
7	攀爬运用方法：爬越障碍物	1. 能说出 2 种以上爬越过障碍物的方式 2. 在游戏中，从不同的攀爬动作中选择合适地过障碍物方法，达到一定距离和高度，提高爬行能力及上下肢的协调能力，发展平衡性和协调性 3. 培养学生倾听、观察、思考的学习能力和勇于挑战的品质	按不同的障碍物选择攀爬方法	1. 爬越障碍物 2. 爬越障碍物＋快速跑 3. 游戏：勇者闯关
8	攀爬练习方法：攀爬障碍物	1. 能说出攀爬器械的名称（如竖杆、肋木架、双杠、高垫、横箱等） 2. 在攀登肋木架、双杠等不同器械的游戏中，做出不同的攀爬动作，手脚配合协调 3. 乐于挑战，能体验成功的愉悦	攀爬动作多样，手脚协调	1. 攀爬障碍物 2. 连续滚翻＋攀爬障碍物 3. 游戏：森林障碍赛
9~10	支撑与悬垂练习方法：俯卧支撑	1. 能说出俯卧支撑的游戏名称 2. 在游戏中，能做出多种俯卧支撑动作，并能坚持一定时间，发展上肢力量 3. 同伴间能够互相帮助，学会自我保护	手臂伸直	1. 俯卧支撑 2. 俯卧支撑＋移动支撑 3. 游戏：推小车
11	健美操基本步伐的练习方法1：踏步、开合跳	1. 能说出 2 种步伐的名称，知道简单的动作方位，并了解步伐的动作要领 2. 在游戏中，做出 2 种步伐的基本动作，能在游戏图形中完成步伐组合，表现正确的动作姿态以及动作的协调性和连贯性 3. 通过游戏培养学生兴趣，发扬自信拼搏、共同合作的精神	动作协调连贯，姿态挺拔	1. 踏步（踏并步、V字步、交叉步）、开合跳 2. 原地踏步＋踏并步；V字步＋交叉步；原地踏步＋开合跳 3. 游戏：踩方块

课时	教学内容	教学目标	关键问题	学练三个一
12	健美操基本步伐的练习方法2：吸腿跳、弓步跳、后踢腿跳	1. 能说出 3 种步伐的名称，知道简单的动作方位，并了解步伐的动作要领 2. 在游戏中，做出 3 种步伐的动作，能根据教师的口令准确完成，练习时表现出正确的身体姿态和规范的动作 3. 提高学生学习热情，体验与同伴一起学习的乐趣	腰部的控制和节奏的把握	1. 吸腿跳、弓步跳（侧弓步跳）、后踢腿跳 2. 吸腿跳+弓步跳；弓步跳+后踢腿跳；吸腿跳+后踢腿跳 3. 游戏：跳房子
13	健美操基本步伐的练习方法3：踢腿跳、弹踢腿跳	1. 能说出 2 种步伐的名称，知道简单的动作方位，并了解步伐的动作要领 2. 在游戏中，做出 2 种步伐的基本动作，并能在口令指导下连贯完成，表现出正确的动作姿态，提高身体的控制能力 3. 通过游戏培养学生良好的听课习惯及不怕困难的精神	脚背绷直，控制上身姿态	1. 踢腿跳（前踢腿跳、侧踢腿跳、后踢腿跳）、弹踢腿跳 2. 前踢腿跳+侧踢腿跳+后踢腿跳；前踢腿跳+弹踢腿跳 3、游戏：照镜子
评价建议	1. 队列队形动作：能根据教师的指令做出正确的左（右）转弯走和一（二）列横队变成二（四）列横队及还原动作 2. 简单徒手操：能说出 8 节《拍手操》的名称，能够跟着有口令的音乐顺利完成整套拍手操，动作轻快，有节奏，上下肢配合协调 3. 简单健美操：能说出 7 种步伐的名称，并会做 7 种单一的步伐。能够将 7 种单一步伐组合起来，至少能完成 6 种步伐组合，并且在姿态挺拔的状态下做出动作，动作协调连贯 4. 滚动与滚翻：能完成连续滚翻，且动作协调、滚动圆滑 5. 平衡爬行：完成 30 米障碍跑，根据障碍要求匍匐爬行 5 米、后退跑 10 米、走独木桥 5~8 米，用时 18~30 秒 6. 攀爬及支撑和悬垂： （1）多种形式的攀爬：学生能自主模仿 2 种以上动物跳或者跑一定距离，安全爬越多种障碍，能触碰 2.5 米高的悬挂物 （2）多种形式的支撑与悬垂：在教师的安全指导下，能完成从水平俯卧支撑过渡到斜 45 度的俯卧支撑动作，表现出动作的连贯性			

课时计划范例

单元	三	课次	2/13	班级	二年级（4）班	教师	—	日期	—
教学内容	拍手操动作方法1：《拍手操》第 1~4 节								

教学目标	1. 能说出这4节操的名称和锻炼的身体部位，且知道动作的要领 2. 在游戏或比赛中，能根据口令或音乐节奏，完整做出《拍手操》第1~4节的动作，做到动作准确、衔接连贯 3. 体验集体游戏的乐趣，与同伴能友好合作					
关键问题	动作正确、连贯，路线准确					
教学过程	学练内容	学练标准	组织形式与 安全措施	问题设计	练习 次数	练习 时间
准备 部分 （6分钟）	1. 常规 2. 队列练习：四面转法 3. 准备活动：请你跟我这样做	1. 静、齐、快 2. 精神饱满，跟上节奏 3. 跟上口令节奏	1. 四列横队 2. 四列横队 3. 体操队形		≥2	6分钟
基本 部分 （30分钟）	1. 《拍手操》第1~4节 1.1 模仿教师学练 1.2 叠加学练（上肢运动+下蹲基本部分运动；扩胸运动+提膝运动） 2. 上肢运动+下蹲运动+扩胸运动+提膝运动 3. 游戏：大家一起拍拍手	1.1 仔细观察动作路线、拍打部位 1.2 能跟着教师的口令，连贯做出每节操的动作 2. 能跟着教师的口令，连贯完成四节操 3. 在游戏中，做操时身体姿态正确、动作规范	1.8个小组体操队形（安全提示：左右前后间隔1.5米） 2. 同上 3. 保持体操队形	1：模仿教师的动作，小组同伴相互观察记录拍打的身体部位有哪些 2：在动作的组合练习中，是如何做到动作衔接流畅的	≥3 ≥8 ≥8 ≥3	3分钟 10分钟 10分钟 7分钟
结束 部分 （4分钟）	1. 放松操：虫儿飞 2. 小结、养成教育	1. 调整呼吸、充分放松 2. 师生小结	保持体操队形	问题反馈，小结	1	4分钟
场地器材	1片空地					

第二节　技巧类体操教学

一、技巧类体操的学科知识 》》

（一）学科价值

技巧类体操主要包括各种翻腾、倒立、平衡、转体、舞蹈等身体动作，作为"难新美"项目，以"力量、协调、灵活"为特征，以"集体的同步性、身体的控制力、难度完成度、艺术表现力"为评价标准，旨在培养学生的身体控制能力、身体协调能力、艺术表现能力等综合能力，以及在练习过程中展现出来的坚韧不拔、勇于挑战、集体合作等精神。

1. 锻炼价值

技巧类体操具有较高的锻炼价值和实用价值。各种技巧练习，能够发展人体的力量、灵敏、柔韧、协调等素质，提高身体基本活动能力，改善身体机能，塑造健美体形，铸就健康体魄。另外，技巧练习在提高前庭器官功能和培养自我保护能力等方面也有非常重要的作用。

2. 育人价值

技巧类体操不仅能够锻炼参与者的身体素质，提高力量、柔韧性、速度、耐力和协调性，还能够培养学生多方面的能力。在审美方面，能够培养学生对美的感知和创造能力，提升审美能力；在品质方面，能够培养学生坚韧不拔、勇于挑战的心理品质；在集体意识方面，可以培养学生的团队精神。

（二）关键问题

前滚翻关键问题在不同阶段的表现与释义如表6-10所示。

表6-10 前滚翻关键问题在不同阶段的表现与释义

阶段	初学阶段	提高阶段	应用阶段
重点	团身紧	发力巧	滚动圆
重点释义	团身成球形	直膝蹬伸	滚动动作连贯
难点	头后着地	依次触地	完成稳
难点释义	埋头，头后脑勺触地	颈、背、腰、臀依次着地	完成时重心控制稳

侧手翻关键问题在不同阶段的表现与释义如表6-11所示。

表6-11 侧手翻关键问题在不同阶段的表现与释义

阶段	初学阶段	提高阶段	应用阶段
重点	手脚依次着地	直腿挺髋	落点呈一条直线
重点释义	理解手脚前后顺序	髋部、膝盖、脚尖伸直	手脚落点在一条直线上
难点	蹬地摆腿发力	顶肩推手	空中成一面
难点释义	先蹬后摆发力顺序	直臂顶肩推手发力	空中肩髋腿在一个平面上

肩肘倒立关键问题在不同阶段的表现与释义如表6-12所示。

表6-12 肩肘倒立关键问题在不同阶段的表现与释义

阶段	初学阶段	提高阶段	应用阶段
重点	后倒举腿	挺髋立腰直膝	倒立直
重点释义	身体后倒同时举腿，无间断	主动挺髋、立腰，直腿并腿	动作连贯，完成时胸段到脚尖笔直
难点	压垫翻臀	夹肘托腰	完成稳

续表

阶段	初学阶段	提高阶段	应用阶段
难点释义	直臂压垫，同时臀部离开垫子	肩胛收紧，双手托腰部后上方	后倒挺髋支撑及时，完成时稳定迅速

（三）易犯错误与纠正方法

在进行技巧类体操（如翻滚、跳跃等）练习时，学生可能会因为技术掌握不到位或体力、协调性不足而犯下一些错误。这些错误不仅影响技能学习的效果，还可能导致受伤。下面是一些技术类体操中常见的错误及其纠正方法。

（1）平衡能力差。

表现：在进行平衡练习时，学生可能会因为平衡能力不足而频繁摔倒或无法保持稳定。

产生原因：缺乏身体控制和协调性。

纠正方法：增加平衡训练，如单脚站立、眼睛闭着保持平衡等，逐渐提高难度，以增强学生的平衡能力。

（2）翻滚技术错误。

表现：翻滚时手臂和脚步使用不当，如手臂未能有效保护头部，腿部动作不协调等。

产生原因：姿势不正确或缺乏正确的身体控制。

纠正方法：先从基础的翻滚动作学起，确保学生掌握正确的动作要领。通过模仿、分解动作和慢动作演练，帮助学生理解和掌握正确的翻滚方法。

（3）跳跃动作不准确。

表现：在进行跳跃动作时，学生可能会因为起跳力度不足或着地技巧不佳而影响跳跃效果或受伤。

产生原因：技术执行不到位或缺乏足够的力量和灵活性。

纠正方法：强化基本的腿部力量训练，增强起跳的爆发力。教授学生正确的着地方式，强调要用脚掌着地并弯曲膝盖以缓冲。

（4）动作协调性不足。

表现：在进行组合动作时，学生可能因为各个部分的动作不够协调而影响整体效果。

产生原因：缺乏对身体各部分动作配合的掌握或练习。

纠正方法：通过慢速练习和动作分解，逐步教授每个动作，然后逐渐增加速度和流畅度，以提高动作的协调性。

二、技巧类体操的教学法知识

（一）教学内容结构化："教材三个一"设计

1. 单一技术练习方法与示例

技巧类体操单一练习方法与示例如表6-13所示。

表 6-13　技巧类体操单一练习方法与示例

序号	教学内容	具体练习方法	保护与帮助
1	前滚翻的动作练习方法 1：团身前后滚动练习	蹲立开始，团身抱膝，前后来回滚动，详见视频 6-2-1	保护者单腿跪于练习者的前侧方，当练习者前滚时，一手托其颈部随着换托背部，另一手托大腿后部，或者推背帮助起立
2	前滚翻的动作练习方法 2：斜坡前滚翻练习	改变斜坡角度来降低或增加滚翻难度，详见视频 6-2-2	
3	前滚翻的动作练习方法 3：前滚翻直腿坐	前滚翻蹬地后直腿保持至坐姿，详见视频 6-2-3	
4	前滚翻的动作练习方法 4：前滚翻蹲立	前滚翻结束后成蹲立，详见视频 6-2-4	
5	鱼跃前滚翻的动作练习方法 1：有缓冲的前滚翻	从高垫向低垫做前滚翻（高度 40 厘米左右）或由同伴扶脚面做 60°~70° 的直或屈臂倒立，在此基础上做低头屈臂前滚，详见视频 6-2-5	保护者站在练习者起跳点侧方，当练习者起跳后，一手托肩，另一手托腿，顺势前送
6	鱼跃前滚翻的动作练习方法 2：有远度的前滚翻	用标志线调节撑手的远度，详见视频 6-2-6	
7	鱼跃前滚翻的动作练习方法 3：有高度的前滚翻	用海绵标识不同高度的障碍物，详见视频 6-2-7	
8	鱼跃前滚翻的动作练习方法 4：较低的鱼跃前滚翻	降低高度和远度的完整的鱼跃前滚翻练习，详见视频 6-2-8	
9	后滚翻的动作方法 1：后倒插肩练习	团身后倒，双手夹肘，上翻插肩	保护者单腿跪立在练习者侧后方，当练习者后滚至头部时，一手托肩，另一手推背，帮助其翻转，或两手扶其腰的两侧向上提拉，帮助其推手翻转成蹲撑
10	后滚翻的动作方法 2：翻臀举腿	团身后倒，屈腿向后翻臀	
11	后滚翻的动作方法 3：斜坡后滚翻	运用海绵垫、踏板等形成不同角度的斜坡，在斜坡上完成向后滚翻	
12	后滚翻的动作方法 4：后滚翻成跪撑	后滚翻成跪撑	
13	后滚翻的练习方法 5：后滚翻成蹲撑	后滚翻成蹲撑	

续表

序号	教学内容	具体练习方法	保护与帮助
14	肩肘倒立练习方法1：后倒举腿	后倒同时收腹举腿，跷跷板练习	保护者站在练习者的侧面，两手握其小腿踝部向上提拉。如倒立姿势不正确，身体不能充分伸展，可用膝盖顶其背部，使其充分伸直
15	肩肘倒立练习方法2：手压垫臀抬起	在后倒举腿的基础上手臂压垫，臀部抬起	
16	肩肘倒立练习方法3：叉腰蝴蝶振臂	站立或坐立，手托腰后上方（与支撑手型相同），肘关节向后振臂，蝴蝶振臂练习	
17	肩肘倒立练习方法4：屈腿或分腿肩肘倒立	尽可能体会肩和肘支撑，不要求腿部形态	
18	肩肘倒立练习方法5：并腿肩肘倒立	体会完整、标准的并腿肩肘倒立姿势	
19	头手倒立技术练习方法1：靠墙做头手倒立	靠墙做三角支撑的头手倒立	（1）保护者站在练习者侧前方，两手扶其腰部，当练习者成头手倒立时，两手改扶小腿；（2）在头手倒立出现不稳前倒时，低头做前滚翻以自我保护；（3）保护者站在练习者后方，两手扶其腰部，用膝顶住腰部，助其完成头手倒立，然后两手改扶小腿
20	头手倒立技术练习方法2：一腿上举做头手倒立	蹲撑，一腿上举，另一腿蹬地，然后做并腿的头手倒立	
21	头手倒立技术练习方法3：屈腿做头手倒立	蹲撑，两脚蹬地，屈腿做头手倒立	
22	头手倒立技术练习方法4：分腿做慢起头手倒立	由分腿立撑开始做慢起头手倒立	
23	头手倒立技术练习方法5：并腿做慢起头手倒立	由并腿立撑开始做慢起头手倒立	

视频6-2-1

视频6-2-2

视频6-2-3

视频6-2-4

视频6-2-5

视频6-2-6

视频6-2-7

视频6-2-8

2. 组合技术练习方法设计与示例

技巧类体操组合练习方法示例如表6-14所示。

表 6-14　技巧类体操组合练习方法示例

序号	教学内容	具体练习方法	注意事项
1	前滚翻练习方法：前滚翻成蹲撑+前滚翻成直腿坐	前滚翻成蹲撑+前滚翻成直腿坐	（1）两个动作间的连贯性；（2）保护与帮助、安全与监护
2	后滚翻练习方法：后蹲走+"不倒翁"+后倒（插肩）翻臀举腿	后蹲走+"不倒翁"+后倒（插肩）翻臀举腿	（1）体会向后方的动作和发力；（2）保护与帮助、安全与监护
3	远撑前滚翻练习方法1：设置不同远度障碍的远撑前滚翻+前滚翻成蹲撑	由近到远设置不同距离的标志物、标志线等，体会远撑的感觉	
4	远撑前滚翻练习方法2：设置不同远度障碍的远撑前滚翻+交叉转体180度+后倒成肩肘倒立	远撑前滚翻+交叉转体180度+后倒成肩肘倒立	（1）腿部发力和动作连贯；（2）保护与帮助、安全与监护
5	远撑前滚翻练习方法3：由低向高做远撑前滚翻+交叉转体180度+后倒成肩肘倒立+前滚翻成蹲立	远撑前滚翻+交叉转体180度+后倒成肩肘倒立+前滚翻成蹲立	
6	鱼跃前滚翻练习方法1：设置不同远度和高度障碍的鱼跃前滚翻成蹲撑+交叉转体180度+后滚翻	鱼跃前滚翻成蹲撑+交叉转体180度+后滚翻	
7	鱼跃前滚翻练习方法2：设置不同远度和高度障碍的鱼跃前滚翻成蹲撑+交叉转体180度+后倒成肩肘倒立	鱼跃前滚翻+交叉转体180度+后倒成肩肘倒立+前滚成蹲立+挺身跳	（1）鱼跃高度和远度的分层教学，动作连贯；（2）保护与帮助、安全与监护
8	鱼跃前滚翻练习方法3：由低向高做鱼跃前滚翻+交叉转体180度+后倒成肩肘倒立+前滚成蹲立+挺身跳	鱼跃前滚翻+交叉转体180度+后倒成肩肘倒立+前滚成蹲立+挺身跳	
9	肩肘倒立练习方法1：屈腿肩肘倒立+分腿	屈腿肩肘倒立+分腿肩肘倒立	
10	肩肘倒立练习方法2：肩肘倒立+倒立下成蹲立	肩肘倒立+倒立下成蹲立	（1）翻臀举腿挺髋充分，夹肘屈臂支撑及时；（2）保护与帮助、安全与监护
11	肩肘倒立练习方法3：前滚翻并腿坐+肩肘倒立	前滚翻并腿坐+肩肘倒立	
12	肩肘倒立练习方法4：前滚翻+肩肘倒立+倒立下成并腿坐+肩肘倒立+倒立下成蹲立	前滚翻+肩肘倒立+倒立下成并腿坐+肩肘倒立+倒立下成蹲立	

续表

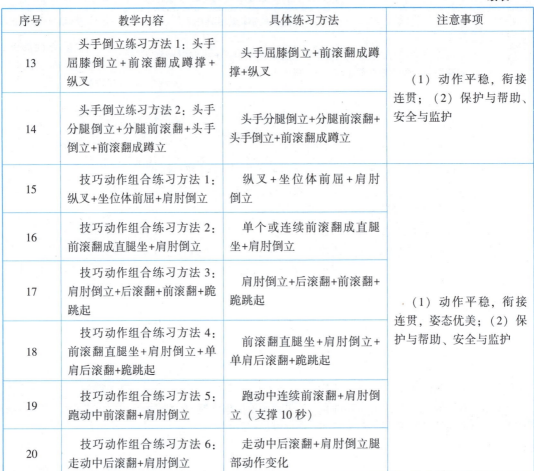

序号	教学内容	具体练习方法	注意事项
13	头手倒立练习方法1：头手屈膝倒立+前滚翻成蹲撑+纵叉	头手屈膝倒立+前滚翻成蹲撑+纵叉	（1）动作平稳，衔接连贯；（2）保护与帮助、安全与监护
14	头手倒立练习方法2：头手分腿倒立+分腿前滚翻+头手倒立+前滚翻成蹲立	头手分腿倒立+分腿前滚翻+头手倒立+前滚翻成蹲立	
15	技巧动作组合练习方法1：纵叉+坐位体前屈+肩肘倒立	纵叉+坐位体前屈+肩肘倒立	
16	技巧动作组合练习方法2：前滚翻成直腿坐+肩肘倒立	单个或连续前滚翻成直腿坐+肩肘倒立	
17	技巧动作组合练习方法3：肩肘倒立+后滚翻+前滚翻+跪跳起	肩肘倒立+后滚翻+前滚翻+跪跳起	（1）动作平稳，衔接连贯，姿态优美；（2）保护与帮助、安全与监护
18	技巧动作组合练习方法4：前滚翻直腿坐+肩肘倒立+单肩后滚翻+跪跳起	前滚翻直腿坐+肩肘倒立+单肩后滚翻+跪跳起	
19	技巧动作组合练习方法5：跑动中前滚翻+肩肘倒立	跑动中连续前滚翻+肩肘倒立（支撑10秒）	
20	技巧动作组合练习方法6：走动中后滚翻+肩肘倒立	走动中后滚翻+肩肘倒立腿部动作变化	

3. 游戏或比赛方法设计与示例

游戏名称：平衡之巅。

游戏目的：通过体操技巧平衡类游戏，培养学生的平衡感、身体控制和专注力，提高学生的体操技巧水平，增强其团队合作意识。

游戏方法：①设置平衡木、平衡球、平衡垫等平衡装置，组成一系列挑战关卡。②将学生分成若干小组，每个小组依次进行平衡技巧的挑战。③每个小组的成员轮流进行平衡动作表演，其他小组成员或评委进行评分。

游戏要求：①学生必须穿适合体操的运动服和鞋子，并在表演时注意安全，如戴头盔、护膝等。②学生必须具备基本的平衡感和身体控制能力，并能够完成各种平衡动作。③学生必须遵守比赛规则和指导，保持专注和自信，展现出优美的姿态和流畅的动作。

游戏规则：①比赛分为多个关卡，每个关卡设定不同的平衡技巧挑战，如站立平衡、行走平衡、动态平衡等。②每个小组的成员轮流进行表演，每位成员有一定的表演时间来展示自己的平衡技巧。③评分标准包括姿势优美程度、动作流畅性、平衡能力等。评委根据表演质量给出相应的分数。学生可以相互鼓励和支持，但不能干扰其他小组的表演。若学生在表演过程中出现安全问题或违反比赛规则，将扣除相应分数或取消该小组的比赛资格。

通过体操技巧平衡类游戏，学生们能够在挑战中提升自己的平衡技巧，增强体操技能，同时体验到团队合作的乐趣。

（二）教学方法的运用

1. 情境教学法的运用及案例

（1）情境教学法的价值。

①提供真实应用场景：情境教学法可以将体操技巧放置于真实的运动情境中，例如，比赛、表演或者日常训练中的场景，使学生更容易理解技巧的实际应用和意义。

②增强学习动机：通过模拟真实情境，学生更容易产生学习的兴趣和动机。

③提升技能应用能力：情境教学法能够让学生在模拟的情景中进行实践，从而培养他们的技能应用能力。

④促进综合能力发展：体操技巧往往需要综合运用身体协调性、柔韧性、力量等多种素质能力。通过情境教学法，学生可以在综合的情境中进行练习，促进多方面能力的发展。

（2）情境教学法的应用时机与实例。

①引入阶段：在介绍新技巧前，教师可以引入一个真实的比赛场景，让学生了解这项技巧的重要性和应用背景。

例子：教师向学生介绍平衡木技巧之前，先播放一段体操比赛的视频，重点为选手在平衡木上展示技巧的精彩瞬间。视频中，选手通过精湛的技艺和稳定的动作赢得观众的掌声和评审的高分。

②示范与解释阶段：教师针对不同学段学生设计不同教学情境，展示正确的技巧，并讲解每个动作的要领和技巧要点。

例子：前滚翻教学中针对水平一的学生可以设计"小刺猬"团身滚动的教学情景，在情景中体会团身紧、滚动圆的动作技巧，教学生前滚翻的动作要领和技术要点。

③练习与实践阶段：在学生开始练习技巧时，教师可以通过模拟比赛场景来提高学生的学习兴趣和参与度。

例子：学生们被分成若干小组，在体操场地周围设置了观众席。每个小组轮流上场表演技巧，其他学生扮演观众角色，为表演者加油鼓劲。这种模拟比赛的情境可以激发学生的竞争心和团队合作精神，提高他们的学习积极性。

④反馈与调整阶段：在学生接受反馈和调整技巧时，教师可以在模拟比赛情境中进行，以便让学生更好地理解和接受反馈。

例子：学生表演完技巧后，教师模拟一个评审会场景。评审提供针对每位学生的反馈和建议，指出优点和需要改进的地方。学生们互相分享经验，共同讨论改进技巧，期望在接下来的比赛中取得更好的成绩。

（3）情境教学法应用的注意事项。

①安全考虑：在模拟比赛或实践技巧时，务必确保学生的安全。确保教学场地符合安全标准，并提供必要的保护设备和指导，以防止意外发生。

②适应学生水平：情境教学法需要根据学生的年龄、水平和体能状况进行适当调整。确保情境的设置和任务内容能够满足学生的实际需求和能力水平。

③明确目标：在创建情境时，教师需要明确教学目标和期望的学习成果。情境应该有助于达成这些目标，并提供学生所需的信息和体验。

④引导和反馈：在模拟比赛或实践中，教师应该及时提供指导和反馈，帮助学生理解技巧要领并不断改进。确保反馈具体、及时且具有建设性。

⑤鼓励合作与竞争：情境教学法可以通过组织合作和竞争的活动来提升学习效果。鼓励学生之间相互支持、共同学习，并适当提供竞争机会，激发学生的积极性和动力。

⑥多样化情境：教师可以设计多种不同的情境来呈现同一技巧，以满足不同学生的学习需求和偏好。多样化的情境可以增加学生的学习兴趣和参与度。

2. 示范教学法的运用及案例

（1）示范教学法的价值。

①直观展示：通过示范，教师可以直观地展示正确的体操技巧动作和执行要领。学生通过观察教师的示范，可以清楚地了解每个动作的姿势、动作路径和节奏，有助于学生理解和模仿。

②激发学习兴趣：优秀的示范可以激发学生的学习兴趣和热情，吸引学生的注意力。学生看到教师演示的精彩动作，会产生学习体操技巧的愿望和动力。

③树立榜样：教师的示范不仅是对技术的展示，同时是学生的榜样。学生通过观察教师的示范，可以树立起自己的学习目标和标杆，努力追求技术的提高和完美的表现。

④纠正错误认识：通过示范，教师可以纠正学生可能存在的错误认识或不正确的动作习惯。学生通过观察教师的示范，可以及时发现并纠正自己错误的技术动作。

（2）示范教学法的应用时机与实例。

①引入阶段：在课程开始前的引入教学内容。

例子：教师可以提前准备好一个小节目，站在场地中心，穿着体操服，用优美的动作示范动作技巧。可以配合音乐，吸引学生的注意力和激发他们的兴趣。教师还可以做出各种动作技巧，如前滚翻、后空翻等，展示出体操的魅力和挑战性。

②示范与解释阶段：介绍新的技巧或动作。

例子：教师可以站在平衡木旁边，详细解释学生将要学习的技巧，如平衡木上的平衡技巧。教师一步一步地示范每个动作的姿势、身体的平衡点和手臂的摆放方式。教师还可以用手势和语言说明关键的技巧要点，以确保学生理解和记忆。

③练习与实践阶段：学生反复练习技巧。

例子：学生站在平衡木上进行练习，教师站在一旁进行实时示范和指导。教师可以示范正确的动作姿势和技巧要领，然后鼓励学生模仿。教师观察学生的表现，并及时给予指导和反馈，帮助他们纠正错误并提高技巧。

④反馈与调整阶段：教师给学生提供反馈和调整建议。

例子：教师观察学生的练习表现后，可以对整个班级进行集体反馈，并为每个学生提供个性化的建议。教师可以再次进行示范，重点展示需要改进的地方，并给予具体的指导和建议。例如，教师示范如何调整身体姿势和重心，以提高平衡木技巧的稳定性。

⑤总结与评价阶段：在课程结束时，对学习成果进行总结和评价。

例子：教师可以安排学生进行小组表演或比赛，展示学生在课程中学到的技巧。在表演或比赛结束后，教师对每个学生的表现进行评价和鼓励。教师可以及时肯定学生取得的进步，并提出改进的建议。例如，教师指出学生表现出色的地方，并鼓励他们继续努力，在技巧上追求更高水平。

（3）示范教学法应用的注意事项。

①示范准确性：示范应该符合技巧的标准要求，并展示出专业水平。错误的示范会误导学生，影响其学习效果。

②适当的示范频率：教师需要根据学生的实际情况和学习进度，控制示范的频率。示范过多可能会降低学生的参与积极性和独立学习能力，示范过少又可能导致学生缺乏足够的指导和范例。

③示范细节：教师在示范时需要注意动作的细节和技巧要点，特别是关键的姿势、身体重心和动作路径等。清晰地展示这些细节可以帮助学生更好地理解和模仿。

单元范例

××小学六年级第一学期技巧类体操大单元教学设计

单元名称	技巧动作组合及综合活动2	设计者	张吕莉
单元课时	8：6b-2c	实施学期	六年级第一学期
教材分析	本单元主要内容是以肩肘倒立为基础的技巧动作组合练习及综合活动，具有发展学生在倒置状态下的空间感知能力和身体控制能力，有促进学生技巧综合活动能力的发展，培养学生的合作意识、审美能力和自信心等作用		
学情分析	水平三阶段学生正值身体形态和机能发展第一个高峰期的前期，也是柔韧、位移速度和协调性发展的敏感期，已初步具备掌握及展示一定难度技巧动作的能力，但他们的力量等素质还较弱，神经系统对运动的支配、调节还不精细，因此，形成动力定型的能力还较弱		
教学目标	1. 能用体操术语说出所学动作技巧的名称和要点，能简述多种增强力量、平衡等素质的锻炼方法 2. 学会2~3种技巧组合动作，如前滚翻直腿坐+肩肘倒立+后滚翻起立、肩肘倒立+后滚翻、跑动中前滚翻+肩肘倒立等，并独立或在合作的游戏与比赛中做出动作，表现出一定的连贯性和稳定性，发展空间感知能力和柔韧、灵敏、协调、力量等素质 3. 学生在活动中表现出积极参与、乐于展示、互帮互助的品质，具有良好的自我保护意识		
核心任务	展示和创编2~3种技巧组合动作，表现出一定的多样性和稳定性，具有一定的美感		

		教学过程		
课时	教学内容	教学目标	关键问题	学练三个一
1	技巧动作组合练习方法1：后滚翻+前滚翻直腿坐+肩肘倒立	1. 能用术语说出组合练习中已学技巧动作的名称及要点，知道安全参与练习的方法 2. 结合已学的单个技巧动作，尝试含多个技巧动作的组合练习，能在练习和游戏中做出各个技巧动作，动作连贯，提高对各个动作的衔接性和身体的控制能力 3. 积极展示自我，体验成功带来的喜悦	动作连贯，支撑稳定	1. 后滚翻+前滚翻直腿坐+肩肘倒立 2. 后滚翻+前滚翻直腿坐+肩肘倒立+接球 3. 运球接力比快

课时	教学内容	教学目标	关键问题	学练三个一
2	技巧动作组合练习方法2：跑动中前滚翻＋肩肘倒立	1. 能说出组合练习中已学技巧的动作名称和要点，知道安全参与练习的方法 2. 在练习和比赛中，能连贯地完成跑动中前滚翻与肩肘倒立的组合动作，提高跑动中前滚翻与肩肘倒立动作的衔接性和对身体的控制能力，发展身体的协调性、上肢及腰腹部力量 3. 敢于挑战，乐于展示	动作连贯，支撑稳定	1. 跑动中前滚翻＋肩肘倒立（支撑10秒） 2. 跑动中连续前滚翻＋肩肘倒立（支撑10秒） 3. 比一比谁的稳定性高
3	技巧动作组合练习方法3：走动中后滚翻＋肩肘倒立	1. 能说出组合练习中已学技巧的动作名称和要点，知道安全参与练习的方法 2. 在练习和比赛中，能连贯地完成走动中后滚翻与肩肘倒立的组合动作，提高走动中后滚翻与肩肘倒立动作的衔接性和对身体的控制能力，发展身体的协调性、上肢及腰腹部力量 3. 敢于挑战，乐于展示	动作连贯，支撑稳定	1. 走动中后滚翻＋肩肘倒立（支撑10秒） 2. 走动中后滚翻＋肩肘倒立腿部动作变化 3. 比一比谁的稳定性高
4	力量平衡练习方法1：俯卧撑＋肩肘倒立	1. 能说出组合练习中的动作名称和要点 2. 在练习与比赛中，能做出俯卧撑＋肩肘倒立、俯卧撑＋前滚翻直腿坐＋肩肘倒立的动作，表现出动作的连贯性，提高身体控制重心的能力，发展身体的协调性、灵敏性和上肢力量 3. 敢于尝试，乐于展示	动作连贯，支撑稳定	1. 俯卧撑＋肩肘倒立 2. 俯卧撑＋前滚翻直腿坐＋肩肘倒立 3. 游戏：挂灯笼
5	力量平衡练习方法2：靠墙手倒立	1. 能说出练习中的动作名称和要点，并能描述其作用 2. 在练习和比赛中，能做出靠墙手倒立动作，并保持动作20秒以上，提高倒置状态下的空间感知能力和身体控制能力，发展上肢及腰腹部力量 3. 敢于挑战，乐于合作	直臂支撑，腰腹部收紧	1. 靠墙手倒立 2. 靠墙手倒立＋推小车 3. 靠墙手倒立比赛

续表

课时	教学内容	教学目标	关键问题	学练三个一
6	力量平衡练习方法3：纵叉+仰卧推起成桥	1. 能说出练习中的动作名称和要点，并能描述其作用 2. 在练习与比赛中，能做出纵叉+仰卧推起成桥的动作，表现出动作的稳定性，提高身体在不同姿势下的控制与平衡能力，发展上肢力量和身体的柔韧性 3. 积极尝试，具有良好的自我保护意识	推蹬挺髋，动作连贯	1. 纵叉+仰卧推起成桥 2. 立卧撑+纵叉+仰卧推起成桥 3. "钻桥洞"比赛
7	技巧动作组合运用方法1：技巧组合动作创编	1. 能用术语说出组合练习中已学技巧动作的名称，知道安全参与练习的方法 2. 能以肩肘倒立为基础，加2~3个技巧动作进行创编，有开始和结束动作，进一步发展协调、灵敏、平衡等素质，展示良好的身体姿态 3. 积极合作交流，乐于展示学习成果	动作前后编排合理	1. 技巧组合动作创编（以肩肘倒立为基础，加2~3个技巧动作） 2. 技巧组合动作展示和讲解 3. 比一比哪组创编的动作最多、最合理
8	技巧动作组合运用方法2：小组创编发展力量、平衡等体能的组合练习	1. 能用术语介绍小组创编的组合练习中的动作名称和作用 2. 能设计2~3个发展力量、平衡等体能的练习方法，并能进行动作展示和讲解 3. 乐于合作，敢于挑战和展示	设计合理，讲解正确	1. 小组创编发展力量、平衡等体能的组合练习 2. 小组展示与讲解 3. 体能加油站
评价建议	1. 评价建议：从学生的课堂参与、情感态度、技能掌握等方面进行综合性评价 2. 评价方法：课堂参与和情感态度可采用学生互评、教师评价相结合的方式；技能掌握情况根据完成技巧组合动作的多样性和稳定性，以及创编的合理性和动作完成的美感进行评价，可采用量性与质性相结合的方式，进行综合性评价，技评为主，量化考核为辅			

课时计划范例

单元	二	课次	7/8	班级	六年级（4）班	教师	张吕莉	日期	
教学内容	技巧动作组合运用方法1：技巧组合动作创编								
教学目标	1. 能用术语说出组合练习中技巧动作的名称，知道安全参与练习的方法 2. 能以肩肘倒立为基础，加2~3个技巧动作进行创编，有开始和结束动作，进一步发展协调、灵敏、平衡等素质，展示良好的身体姿态 3. 积极合作交流，乐于展示学习成果								
关键问题	动作编排合理								

续表

教学过程	学练内容	学练标准	组织形式与安全措施	问题设计	练习次数	练习时间
准备部分（8分钟）	1. 课堂常规 2. 队列练习：齐步走+向右转走+向左转走+向后转走+立定 3. 热身操 4. 专门性练习：用头、肘、臀、脚等部位写字	1. 静、齐、快 2. 反应迅速，步伐整齐 3. 动作舒展、到位 4. 关节活动充分	1~2：四列横队。（安全提示：取掉身上的尖锐物或硬物） 3~4：安全提示：充分活动各关节		>5 1 1	2分钟 2分30秒 2分钟
基本部分（28分钟）	1. 技巧组合动作创编（以肩肘倒立为基础，加2~3个技巧动作） 1.1 组内个人自编 1.2 组内讨论确定 2. 技巧组合动作展示和讲解 3. 比一比哪组创编的动作最多、最合理	1.1 每人想出1个与同伴不同的技巧动作进行创编，要求小组内每人都能做这些动作 1.2 选定动作，编排合理组合，进行练习 2. 小组集体展示动作，组长解说 3. 看哪组学生创编的动作最多且最合理	1. 每人一垫，4人一组 2. 同上 3. 同上 （安全提示：注意与同伴保持安全距离，避免碰撞）	问题1：加入的技巧动作与肩肘倒立的衔接是否连贯、协调 问题2：怎样编排各技巧动作的前后顺序更为合理 问题3：哪组学生展示的组合动作最合理？合理在什么地方	>15 >10 >15	10分钟 10分钟 8分钟
结束部分（4分钟）	1. 放松活动："单双数"游戏 2. 小结本课 3. 师生再见 4. 回收器材	1. 反应迅速，积极放松 2. 师生自评、互评学习效果 3. 学生积极收还器材	1. 围绕垫子进行放松，站、坐在垫子上时注意速度，不移动垫子 2. 排成四列横队			4分钟
场地器材	每人一块体操垫子					

第三节　单杠的教学

一、单杠的学科知识

（一）学科价值

单杠动作源于人类祖先在丛林中进行的各种攀登、爬越、摆动、摆荡等动作。现代体操中单杠成套动作全部由摆动动作组成，不能停顿。动作包括向前、向后大回环，各种换握、腾身回环，各种转体、扭臂握及飞行动作。单杠练习对于培养学生空间判断能力有着特殊的意义和价值。

1. 锻炼价值

单杠在锻炼方面有着不可替代的作用。首先，单杠能够提高上肢力量。在单杠练习过程中，手臂会承受一部分的身体重量，经常用这种方式进行锻炼，能够增强手臂、肩部和腹部等的肌肉力量。其次，单杠能够增强核心力量。单杠训练需要用到腹部、背部和臀部等多个核心肌群，可以增强核心力量。最后，单杠能够促进骨骼和肌肉生长。单杠练习需要使用大量肌肉，因此可以刺激肌肉生长，从而增加肌肉体积。单杠的悬吊能够舒缓腰酸背痛，矫正驼背、含胸，改善脊柱侧弯，且在拉力和自身重力的对抗中，能够促进骨骼生长。

2. 育人价值

单杠运动中的动作需要高度精准和控制平衡，这有助于培养学生的专注力和对身体感知的精细调节。此外，单杠运动能提升学生的审美观和表现力，通过流畅和优美的动作展示身体的力量和灵活性。单杠练习过程中通常需要同伴的鼓励和帮助，这也能培养学生勇敢的精神和相互协作能力。

（二）关键问题

一足蹬地翻身上成支撑关键问题在不同阶段的表现与释义如表 6-15 所示。

表 6-15　一足蹬地翻身上成支撑关键问题在不同阶段的表现与释义

阶段	初学阶段	提高阶段	应用阶段
重点	蹬地举腿	腹部贴杠	抬头挺身
重点释义	一足蹬地，一足向后上方踢，体会蹬地、踢腿、举腿动作	摆动腿积极向后上方伸，蹬地腿积极跟摆，并腿向上，腹部贴杠	以腹部为支点，身体继续后翻时，积极抬头挺胸
难点	屈肘拉杠	倒肩后躺	翻腕支撑
难点释义	双手正握杠，屈肘拉杠，以胸部为支点，积极带动髋部向上	以胸部为支点，形成腿部向上发力、肩背向下发力的一个跷跷板运动	身体向后翻转时，主动翻腕制动或助力，控制身体姿态，完成平稳斜向支撑

单腿前摆成骑撑关键问题在不同阶段的表现与释义如表 6-16 所示。

表 6-16　单腿前摆成骑撑关键问题在不同阶段的表现与释义

阶段	初学阶段	提高阶段	应用阶段
重点	侧摆腿越杠	前摆下压	协调发力
重点释义	单腿侧摆，腿部能够水平越杠	在单腿摆越超过杠面水平位的基础上，单腿积极向前摆，跨杠成骑撑	推手与摆腿连接顺畅，摆动腿发力与顶肩推手协调配合
难点	推杠移重心	顶肩推手	左右换腿
难点释义	身体重心移至单手，体会推杠动作	单腿越杠的同时顶肩推手，重心移至单手	在动作熟练的基础上，尝试左右腿交换做

支撑后摆下关键问题在不同阶段的表现与释义如表 6-17 所示。

表 6-17　支撑后摆下关键问题在不同阶段的表现与释义

阶段	初学阶段	提高阶段	应用阶段
重点	屈髋前摆	后摆发力	挺身展体
重点释义	由支撑开始，稍屈臂屈髋，两腿前摆，身体前屈	腿部向后摆动发力，腹部离杠，身体过水平面，髋高于肩，直臂撑杠，保持重心在杠垂直上	上体抬起，保持挺身落下
难点	肩部前倾	顶肩推杠	落地缓冲
难点释义	腿部前摆同时肩部稍稍前倾，腹部贴杠，为向后发力预留空间和动力	当腿部后摆达到极点时，腿部制动，两臂积极顶肩推杠	双腿积极屈膝，落地缓冲

（三）易犯错误与纠正方法

在体育课堂中，单杠是提高学生体力、协调性和技巧的有效工具。然而，在学习单杠技巧的过程中，学生可能会犯一些错误，这不仅会影响技能学习的效果，还可能导致受伤。以下是一些单杠练习中的常见错误及其纠正方法。

（1）握杠不当。

表现：学生在进行单杠练习时，使用错误的握杠方式，如正握、反握或者正反握，会影响动作的执行，甚至导致滑杠或手部受伤。

产生原因：手部力量不足或姿势不正确。

纠正方法：教授学生正确的握杠方法，手掌应包裹住杠，手指紧握。此外，可以通过握杠练习，让学生记住正确握杠的感觉。

（2）身体控制不佳。

表现：在进行挥动、上翻等动作时，学生可能因为核心力量不足、身体控制不佳而无法完成动作，或动作不标准。

产生原因：缺乏核心肌群的力量和稳定性训练。

纠正方法：增强核心肌群训练，通过地面练习等加强身体控制能力。简化动作，从基本的挂杠、摆动开始，逐步过渡到更复杂的动作。

（3）动作执行过程中的恐惧。

表现：在学习新技巧时，学生可能因为恐惧而无法完全投入，从而影响动作的执行。

产生原因：缺乏自信心、技术不足或过去的负面经验。

纠正方法：在引导学生尝试新动作时，使用安全垫、辅助器材或人工辅助，逐步建立学生的信心。通过模仿和重复练习，帮助学生克服恐惧。

（4）腿部使用不当。

表现：在摆动或转身等动作中，腿部使用不当，影响动作的流畅性和准确性。

产生原因：缺乏正确的动作指导，或腿部肌肉力量和灵活性不足。

纠正方法：强调腿部动作的重要性，通过分解动作，让学生理解腿部如何配合身体其他部分的运动。在地面上进行模拟练习，增强学生对腿部动作的控制。

（5）下落不安全。

表现：在完成动作后，学生可能因为技术不熟练或忽视安全措施，导致下落时姿势不正确，增加受伤风险。

产生原因：缺乏正确的落地技巧或对身体控制的不足。

纠正方法：教授学生正确的下落技巧，例如，如何使用腿部缓解落地的冲击。确保练习区域铺设足够的垫子，并教育学生在完成动作后保持注意力集中，直到完全停稳。

二、单杠的教学法知识

（一）教学内容结构化：教材三个一设计

1. 单一技术练习方法设计与示例

单杠单一技术练习方法设计与示例如表6-18所示。

表6-18　单杠单一技术练习方法设计与示例

序号	教学内容	具体练习方法	保护与帮助
1	跳上成支撑练习方法1：稳定支撑30秒	直臂顶肩，在跳上成支撑后能稳定支撑30秒及以上	教师扶髋帮助学生发力；用垫子抬高脚下高度，以降低难度
2	跳上成支撑练习方法2：稳定斜角支撑30秒	直臂顶肩，独立完成跳上成支撑，支撑时与单杠有一定斜角并坚持30秒及以上	
3	一足蹬地翻身上成支撑练习方法1：支撑单腿摆动触物	支撑单腿摆动触物，屈臂拉单杠，胸部贴杠	
4	一足蹬地翻身上成支撑练习方法2：蹬踏不同高物翻身上	一足蹬踏不同高物助力，体会蹬地腿蹬地后向上并腿动作，详见视频6-3-1	保护者站在杠前侧方，一手托练习者腰部，另一手托其肩，当练习者腹部靠近杠时换成一手托其肩，另一手托其腿
5	一足蹬地翻身上成支撑练习方法3：踢高物翻身上	用标志物作为空间感知辅助物，体会倒肩动作，完整完成一足蹬地翻身上成支撑动作，详见视频6-3-2	

95

序号	教学内容	具体练习方法	保护与帮助
6	单杠支撑后腿摆越成骑撑练习方法1：手持体操棍模仿练习	手握体操棍模仿杠上完整动作，理解动作过程和方法	保护者站在杠前摆越腿的侧方，一手扶练习者上臂，另一手托摆动腿，摆越后及时换成扶其腿，帮助稳定成骑撑和支撑
7	单杠支撑后腿摆越成骑撑练习方法2：支撑推手练习	在单杠支撑基础上，直臂推手，单手轮换握杠	
8	单杠支撑后腿摆越成骑撑练习方法3：低单杠支撑单腿摆越	在低单杠上、垫上、低鞍马或把杆上，完成模仿推手后单腿摆越	
9	单杠支撑后腿摆越成骑撑练习方法4：单杠支撑单腿摆越成骑撑	完整完成单腿摆越成骑撑动作，推手、摆腿、骑撑	
10	单腿挂膝后倒上动作练习方法1：低单杠推杠挂膝	低单杠或持体操棍模仿直臂推杠，身体后跨，将杠推至前膝下方	保护者站在杠前摆动腿一侧，先一手托住练习者膝部帮助身体重心后移、左腿后举。挂膝前摆时，一手扶肩，另一手扶摆动腿的膝部，助其往前上方摆腿送髋。回摆挂膝上时，换一手托背，另一手拨大腿，成骑撑时迅速换成一手扶肩，另一手扶腿，以防前倒
11	单腿挂膝后倒上动作练习方法2：后倒挂膝摆动	屈膝挂杠后倒，挂膝身体前后摆动，要求前摆腿接近杠前水平时，积极制动摆动腿，回摆时肩部靠近握点	
12	单腿挂膝后倒上动作练习方法3：挂膝回摆上	身体回摆过程中，后腿大腿积极向后发力制动，并体会压腿向后发力的时机	
13	单腿挂膝后倒上动作练习方法4：压臂还原成骑撑	在帮助下，完成回摆过程中后摆腿发力制动，同时双臂积极压杠动作，还原成骑撑	
14	单腿挂膝后倒上动作练习方法5：直臂单挂膝后倒摆动上	完整完成直臂单挂膝后倒、后摆腿、压臂还原成骑撑动作	
15	骑撑前回环动作练习方法1：撑杠单腿前跨障碍物	运用低单杠或者体操棍，由两手反握右腿骑撑开始，直臂顶肩撑杠，提高重心，前腿向前远跨	保护者站在单杠后侧，一手从杠下翻握住练习者手臂，当练习者回环至杠的垂直面后，另一手托其腰背部；当练习者到杠上时，一手扶住练习者手臂或肩膀，使其保持平衡
16	骑撑前回环动作练习方法2：保护下杠上提臂远跨	保护者站在单杠前面，托住练习者的脚，帮助其做远跨练习	
17	骑撑前回环动作练习方法3：骑撑前回环制动	在保护的基础上完成完整动作，并体会结束动作时的身体制动	
18	前翻下动作练习1：腹部撑杠	屈体曲臂腹部撑杠练习	保护者站在杠前练习者的一侧，一手托肩，另一手托腿，帮助其稳定重心
19	前翻下动作练习2：低头前翻下	低头后举腿前翻下	

续表

序号	教学内容	具体练习方法	保护与帮助
20	支撑后摆下动作练习方法1：支撑后摆练习	收腹举腿后摆腹部离杠，由单次到多次练习，详见视频6-3-3	保护者站在杠后一侧，一手扶住练习者肩部，另一手顺势向后方托其大腿，助其后摆。落地时，一手扶其上臂，另一手扶其背
21	支撑后摆下动作练习方法2：支撑后摆触标志线或标志物练习	增加后摆练习的高度，运用标志物或标志线使学生感受腿部空间位置，详见视频6-3-4	
22	支撑后摆下动作练习方法3：支撑后摆推手练习	在后摆有一定高度的基础上，运用语言提示，把握推手时机和推手用力，详见视频6-3-5	
23	支撑后摆下动作练习方法4：落地缓冲练习	完整完成支撑后摆下并在落地时积极屈膝缓冲	
24	支撑后摆下动作练习方法5：支撑后摆转体90度下	在支撑后摆下的基础上，转体90度下	

视频6-3-1　　　　视频6-3-2　　　　视频6-3-3　　　　视频6-3-4　　　　视频6-3-5

2. 组合技术设计方法与示例

单杠组合技术设计方法与示例如表6-19所示。

表6-19　单杠组合技术设计方法与示例

序号	教学内容	具体练习方法	注意事项
1	单杠上法练习方法1：一足蹬地翻身上成支撑+支撑移动+跳下	单杠一端一足蹬地翻身上成支撑，支撑移动至另一端，跳下并缓冲	教师指导，学生间相互保护与帮助，并确保单杠和地面设备安全稳固
2	单杠上法练习方法2：一足蹬地翻身上成支撑+支撑后摆+后摆下	一足蹬地翻身上成支撑，可依据不同能力层次蹬踏不同高物助力，支撑后摆3~5次，后摆下，可依据不同能力给予保护与帮助	
3	单杠简单动作练习方法1：杠上支撑移动+后摆下+直线跑	单杠一端跳上成支撑，杠上支撑移动至另一端，接后摆下，接5~10米直线跑	
4	单杠简单动作练习方法2：跳上成正撑+前翻下+前滚翻	跳上成正撑5~10秒，接直腿并腿前翻下，接前滚翻	

序号	教学内容	具体练习方法	注意事项
5	单杠简单动作练习方法3：移动中跳上成正撑+前翻下+支撑跳跃	走动或跑动至杠前，跳上成正撑，接直腿并腿前翻下，支撑跳跃3~5次	教师指导，学生间相互保护与帮助，并确保单杠和地面设备安全稳固
6	单杠简单动作练习方法4：箱上支撑摆越成骑撑+翻越跳箱+直线跑	箱上支撑摆越成骑撑，接翻越跳箱，过箱后接直线跑	
7	多种杠上技术及运用练习方法1：一足蹬地翻身上成支撑+支撑摆越成骑撑+后倒单挂膝摆动	一足蹬地翻身上成支撑，接支撑摆越成骑撑，接后倒单挂膝摆动	教师指导，学生间相互保护与帮助，并确保单杠和地面设备安全稳固
8	多种杠上技术及运用练习方法2：跳上成支撑+支撑摆越成骑撑+后腿向前摆越成支撑+支撑跳下	跳上成支撑，接支撑摆越成骑撑，接后腿向前摆越成支撑，接支撑跳下	
9	多种杠上技术及运用练习方法3：骑撑后倒成单挂膝+单挂膝摆动成骑撑	骑撑后倒成单挂膝，接单挂膝摆动成骑撑	
10	多种杠上技术及运用练习方法4：骑撑前回环+单挂膝摆动成骑撑	骑撑前回环，接单挂膝摆动成骑撑	
11	单杠组合动作练习方法1：一足蹬地翻身上成支撑+支撑摆越成骑撑+支撑后摆下	一足蹬地翻身上成支撑，接支撑摆越成骑撑，接支撑后摆下	教师指导，学生间相互保护与帮助，并确保单杠和地面设备安全稳固
12	单杠组合动作练习方法2：一足蹬地翻身上成支撑+支撑摆越成骑撑+骑撑后倒成单挂膝+单挂膝摆动成骑撑	一足蹬地翻身上成支撑，接支撑摆越成骑撑，接骑撑前倒成单挂膝，接单挂膝摆动成骑撑	
13	单杠组合动作练习方法3：一足蹬地翻身上成支撑+支撑摆越成骑撑+骑撑前回环+单腿向后摆越成支撑+支撑跳下	一足蹬地翻身上成支撑，接支撑摆越成骑撑，接骑撑前回环，接单腿向后摆越成支撑，接支撑跳下	
14	单杠下法练习方法1：跳上成支撑+支撑侧移+前翻下	跳上成支撑，接支撑侧移，接前翻下	教师指导，学生间相互保护与帮助，并确保单杠和地面设备安全稳固
15	单杠下法练习方法2：一足蹬地翻身上成支撑+支撑摆越成骑撑+骑撑后腿向前摆越转体180度成支撑+后摆下	一足蹬地翻身上成支撑，接支撑摆越成骑撑，接骑撑后腿向前摆越转体180度成支撑，接后摆下	

3. 游戏或比赛方法设计与示例

游戏名称：单杠高手挑战赛。

游戏目的：通过体操单杠课上的游戏，提高学生的单杠技术水平，增强他们的身体力量和协调能力，同时增强学生对体操运动的兴趣和参与度。

游戏方法：①将单杠区域划分为不同的挑战关卡，每个关卡设置不同的单杠动作任务。②将学生分成若干小组，每个小组轮流进行单杠动作的挑战。③学生在指导教师的监督下依次进行单杠动作的表演，其他小组成员或评委进行评分。

游戏要求：①学生必须穿合适的体操服和鞋子，确保安全进行单杠动作。②学生必须具备基本的单杠技术基础，包括悬垂、上摆、抓杠、杠上动作等。③学生必须遵守比赛规则和教师的指导，保持专注和耐心，展现出优秀的单杠技术。

游戏规则：①比赛分为多个关卡，每个关卡设定不同的单杠动作挑战，如悬垂、摆杠、旋转、倒立等。②每个小组的成员轮流进行单杠动作表演，每位成员有一定的表演时间来展示自己的单杠技术。③评分标准包括动作准确性、流畅性、力量和稳定性等。评委根据表演质量给出相应的分数。④学生可以相互鼓励和支持，但不能干扰其他小组的表演。⑤若学生在表演过程中出现安全问题或违反比赛规则，将扣除相应分数或取消该小组的比赛资格。

通过单杠高手挑战赛这样的体操课游戏，学生们能够在比赛中挑战自我，提高单杠技术水平，增强团队合作意识，体验到体操运动的乐趣和挑战。

（二）教学方法的运用

1. 分解教学法运用及案例

（1）分解教学法的价值。

①降低学习难度：单杠上的动作涉及多个连续且复杂的步骤，分解教学法将这些复杂动作分解成几个简单的步骤，降低学习难度，使学生更容易掌握技巧。

②增强学生理解：分解教学法帮助学生逐步理解每个步骤的具体要求和技术要点，通过将复杂动作分解成易于理解的部分，使学生能够更清晰地了解整个动作的构成和执行要领。

③减少受伤风险：直接练习复杂的单杠动作可能会导致学生因不熟练或技术不到位而受伤。分解教学法通过分步骤练习，让学生逐步适应每个动作步骤，降低受伤的风险。

（2）分解教学法的应用时机与实例。

①学生第一次学习新的单杠动作时。

例子：后腿向前摆越成骑撑。

握杠：教师示范如何正确握杠，解释手的位置和握力，让学生模仿并练习。

初始摆动：教师讲解并示范初始摆动的动作，强调身体的姿势和摆动的节奏。学生反复练习初始摆动，熟悉身体在空中做动作的感觉。

摆动过杠：教师示范在摆动过程中如何抬膝抬腿摆动过杠，将动作分解并逐步演示。学生练习动作，确保动作标准。

骑撑：教师示范摆越成骑撑动作，强调动作要领和注意事项。学生在初步掌握前几个步骤后，尝试将所有步骤连起来完成摆越成骑撑动作。

②学生在练习中出现错误，需要针对具体问题进行纠正时。

例子：支撑后摆下。

发现问题：教师观察到学生在后摆时高度不足，导致后摆下髋低于肩。

分解纠正：将动作分解为屈髋前摆、后摆发力、顶肩推杠、挺身展体、落地缓冲等部分，重点练习学生在后摆时的身体姿势和力量控制。

逐步改进：通过分解练习和逐步改进，学生逐渐掌握正确的后摆姿势技巧。

③提高动作连贯性时：学生已经掌握各个单独动作，但在连贯性和流畅性方面需要进一步提升时。

例子：挂膝后倒上。

分解练习：教师将挂膝摆动和摆动骑撑动作分解开来，分别进行练习，确保学生完全掌握每个动作。

连接练习：指导学生如何将挂膝摆动和摆动骑撑自然衔接起来，首先通过慢速练习，逐渐增加动作的流畅性。

反复练习：通过多次反复练习，学生能够在保持动作标准的同时，实现挂膝摆动和摆动骑撑的自然衔接。

④强化动作细节时：需要强化某个动作中的细节部分，如手部位置、身体姿态或力度控制时。

例子：骑撑前回环。

手部位置：教师首先重点讲解并示范骑撑前过程中手部的正确位置和握力。

身体姿态：接下来，分别讲解骑撑前时身体的姿态，包括如何保持身体的紧绷和核心的发力。

力度控制：最后，教师分别讲解如何控制身体的动作力度和摆动的幅度，确保骑撑前动作的稳定性和流畅性。

⑤复习和巩固时：在课程结束前或在复习旧动作时，通过分解教学法帮助学生巩固已学动作。

例子：一足蹬地翻身上。

分步骤复习：教师带领学生逐步复习蹬地举腿、屈肘拉杠、腹部贴杠、倒肩后躺、翻腕支撑等步骤，确保每个环节都能够准确完成。

整合练习：指导学生将各个步骤连起来，进行整体练习，确保动作的连贯性和准确性。

反馈与调整：教师观察学生的整体动作，给予反馈并进行必要的调整，确保每个学生都能正确掌握该动作。

（3）分解教学法应用的注意事项。

①动作拆分合理：将复杂动作合理拆分为多个简单的步骤，确保每一步骤之间有明确的联系，且难度逐步加大。每个步骤都应是学生能够理解和掌握的。

②逐步教学：按照由易到难的顺序逐步进行教学，确保学生在掌握前一步骤的基础上进行下一步的学习，避免急于求成。

③示范与讲解：教师应进行清晰的示范和详细的讲解，让学生明确每个步骤的动作要领和注意事项。可以通过慢动作示范和分解动作讲解来帮助学生理解。

④安全保障：体操动作多具有一定的危险性，因此在教学过程中必须重视安全保障。确保场地、器材的安全性，并指导学生正确使用器械。对于高难度动作，应提供适当的保护和辅助。

2. 帮保教学法的运用及案例

（1）帮保教学法的价值。

①提高安全性：体操单杠动作具有一定的高度和复杂性，尤其是一些高难度动作，如转体、翻转和悬垂，存在较高的摔落和受伤风险。通过帮保教学法，教师可以在学生练习时提供必要的保护和支持，减少由失误或技术不熟练导致的意外伤害。

②增强学习效果：帮保教学法使学生能够在教师的帮助下逐步熟悉和掌握单杠动作的技术要领。对于初学者或尝试新动作的学生，教师的帮助和保护可以增强他们的信心，减少因恐惧而产生的动作僵硬或失误，进而更有效地学习和掌握动作。

③促进动作规范：在练习过程中，教师可以通过帮助与保护及时发现并纠正学生动作姿态的错误。

（2）帮保教学法的应用时机与实例。

①一足蹬地翻身上成支撑。

保护：保护者站在杠前侧方，一手托住练习者腰部，另一手托其肩部，当练习者腹部靠近杠时换成一手托其肩部，另一手托其腿部。

帮助：蹬地练习时，利用标志物或者标志线，帮助练习者提升蹬摆高度；初步完整练习时，可利用脚踏垫子等高物，帮助练习者提高身体重心，缩短翻身力矩。

②后倒挂膝上。

保护：后倒时，保护者站在杠前摆动腿一侧，先一手托住练习者膝部，帮助其身体重心后移、左腿后举。挂膝前摆时，一手扶其肩部，另一手扶其摆动腿的膝部，助其往前上方摆腿送髋。回摆挂膝上时，换一手托其背部，另一手拨其大腿，成骑撑时迅速换成一手扶其肩部，另一手扶其腿部，以防前倒。

帮助：运用口令提示后摆发力、撑杠骑撑的时机。

（3）帮保教学法应用的注意事项。

①安全第一，教师必须了解并实施适当的安全措施，包括在学生练习高难度动作时提供必要的辅助和保护，使用安全设备如体操保护垫、安全带等。

②动作标准，教师应准确地示范每个动作，并督促学生在练习中尽力模仿正确的姿势。及时纠正学生的错误动作，避免形成错误习惯。

③个性化辅助，根据学生的能力和学习进度，提供个性化的辅助。

📁 **案例呈现**

××小学第二学期体操大单元教学计划

实施年级	六年级	实施学期	第二学期	设计者	—
单元名称	器械体操：单杠简单技术及组合			课时数	16
教材分析	单杠简单技术及组合是小学器械体操的重要组成部分，主要由上杠动作、杠上动作、下杠动作及多种动作的创编组合等组成。本单元内容是人体在悬垂、支撑、摆动等状态下，利用直臂顶肩、腹部贴杠等结合支撑点的有力支撑和各关节的屈伸，完成各种动力性的动作。学生通过本单元练习，能发展肌肉力量、协调、灵敏、平衡等素质，提高身体在不同状态下的控制能力，促进身体发育，培养刚毅、勇敢、果断等品质				

学情分析	这一阶段的学生喜欢挑战，有较强的竞争意识，但自我保护意识较弱。学生通过水平二多种悬垂、支撑等活动方法的练习，使身体机能得到了锻炼，尤其是上肢有了一定的力量基础。由于生长发育的影响，这一阶段的一些女生体重快速增加，但肌肉力量还较弱，完成动作比较困难
单元目标	1. 能说出所学单杠组合动作中单个动作的名称及动作关键，了解其锻炼价值，知道单杠练习的安全活动措施和方法 2. 能在单杠、跳箱等器械上，做出一足蹬地翻身上、跳上成支撑、支撑前翻下、穿臂回环等悬垂、支撑动作，做到抓杠紧、杠上动作稳，展示出良好的肢体控制能力；能小组合作设计包含3~4个单杠简单技术的组合动作，动作连贯、协调；能运用正确的方法保障自己练习时的安全 3. 克服恐惧，培养勇于挑战，以及同伴间互帮互助的良好品质，乐于表达练习中的身体与心理感受
核心任务	能小组创编并独立完成3~4个包含上杠动作、杠上动作、下杠动作的组合动作

教学过程

课时	教学内容	教学目标	关键问题	学练三个一
1	单杠简单动作技术方法1：跳上成支撑	1. 能说出单杠跳上成支撑的动作要领 2. 在跳上成支撑后能稳定支撑30秒及以上，支撑稳定有力量，发展力量、平衡等素质 3. 克服恐惧心理，体验成功的快乐	直臂顶肩	1. 跳上成支撑10秒+跳下 2. 跳上成支撑30秒+跳下 3. 比谁撑得久
2	单杠简单动作练习方法1：跳上成支撑+身体摆动	1. 能说出单杠跳上成支撑后，支撑摆动身体时控制身体平衡的控制方法 2. 在单杠支撑摆动身体时能够保持身体平衡，支撑有力，表现出良好的身体控制能力，发展力量、协调、平衡等素质 3. 同伴之间互相帮助，克服困难	腹部贴杠，重心前倾	1. 跳上成支撑+身体摆动+跳下 2. 跳上成支撑+分腿平衡+跳下 3. 比谁花样多

续表

课时	教学内容	教学目标	关键问题	学练三个一
3	单杠简单动作练习方法2：跳上成支撑+移动	1. 能说出跳上成支撑后，支撑移动时控制身体平衡的方法 2. 在单杠支撑左右移动时能够保持身体正直、平衡，支撑有力，表现出良好的身体控制能力，发展力量、协调、平衡等素质 3. 同伴之间互帮互助，积极参与练习	控制身体平衡	1. 跳上成支撑+支撑移动+跳下 2. 跳上成支撑+支撑移动+屈撑+跳下 3. 比谁花样多
4	单杠简单动作技术方法2：跳上成支撑+前翻下	1. 能说出跳上成支撑与前翻下的动作要领和自我保护方法 2. 能独立完成跳上成支撑+支撑前翻下的动作，在5次练习中成功3次以上，做到直臂顶肩，贴杠团身，拉杠下落，支撑有力，表现出良好的身体控制能力，发展上肢力量和身体协调能力 3. 克服恐惧心理，体验成功的快乐	直臂支撑稳，前翻落点近，前翻下时身体速度的控制	1. 跳上成正撑+前翻下 2. 跳上成正撑+前翻下+前滚翻 3. 跳上成正撑+前翻下+夹物接力赛
5	单杠简单动作练习方法3：跳上成支撑+前翻下成蹲撑	1. 能说出跳上成支撑后前翻下的保护帮助方法 2. 能在"体操大会"中编排出包括单杠、垫子、山羊三个器械在内的成套动作，做出跳上成支撑+前翻下成蹲撑+连续前滚翻，跳上成支撑+前翻下成蹲撑+连续前滚翻+助跑分腿腾跃山羊等动作，支撑有力，表现出良好的身体控制能力，发展速度、力量等素质 3. 培养学生乐于思考、合作学习、不怕困难、勇于挑战的意志品质，有一定的规则意识		1. 跳上成支撑+前翻下成蹲撑 2. 跳上成支撑+前翻下成蹲撑+连续前滚翻 3. 体操大会

课时	教学内容	教学目标	关键问题	学练三个一
6	单杠简单动作练习方法4：移动中跳上成支撑+前翻下	1. 能说出移动中跳上成正撑+前翻下的动作名称和自我保护方法 2. 能够在移动中完成跳上成正撑+前翻下的动作，做到移动+上杠动作连贯，跳上后撑杠稳，前翻落地轻巧，支撑有力，表现出良好的身体控制能力，发展上肢力量和肢体控制能力 3. 发挥创造力，培养团队合作意识	移动+上杠动作连贯	1. 移动中跳上成正撑+前翻下 2. 移动中跳上成正撑+前翻下+支撑跳跃 3. 移动中跳上成正撑+前翻下+支撑跳跃挑战赛
7	单杠简单动作练习方法5：杠上支撑移动+后摆下	1. 能说出支撑移动时身体平衡的控制方法，懂得它是锻炼上肢力量的一种方法 2. 在跳上成支撑状态下，能做出双手交搭支撑移动、双手同向支撑移动等动作，并能在支撑移动6次后完成支撑摆动后摆下动作，做到移动身体稳、后摆推摆协调、落地平稳，支撑有力，表现出良好的身体控制能力，发展手臂力量和肢体控制能力 3. 同伴间相互帮助，勇于挑战	贴杠紧，推杠快	1. 杠上支撑移动+后摆下 2. 杠上支撑移动+后摆下+直线跑 3. 杠上支撑移动+后摆下+追逐赛
8	单杠简单动作练习方法6：悬垂+单挂膝+摆动	1. 能说出单挂膝时的保护方法 2. 在悬垂状态下，能独立完成单挂膝摆动若干次，表现出悬垂摆动时的身体平衡控制能力，发展上肢力量和协调性等能力 3. 同伴间相互帮助，勇于挑战	紧握单杠	1. 悬垂+单挂膝+摆动 2. 悬垂+双挂膝+摆动 3. 比谁做得好
9	单杠简单动作练习方法7：穿臂前后翻	1. 能说出所学悬垂动作的名称及安全注意事项 2. 在悬垂状态下，能独立完成穿臂前后翻的动作，并能在穿臂前后翻过程中取物、放物，动作稳定有力，反应迅速，发展手臂力量和肢体协调能力 3. 同伴间相互保护，积极参与练习	前后翻动作连贯	1. 穿臂前后翻 2. 垫上坐撑收腹+穿臂前后翻 3. 穿臂前后翻+取物比多

续表

课时	教学内容	教学目标	关键问题	学练三个一
10	单杠简单动作练习方法8：箱上支撑摆越成骑撑+翻越跳箱	1. 能说出支撑摆越成骑撑的动作名称和动作要求 2. 能在跳箱（高100厘米）支撑的状态下，完成摆越成骑撑动作，做到推摆协调、骑撑稳，支撑有力，表现出良好的身体控制能力，发展上肢力量和身体协调能力 3. 积极参与小组讨论，乐于展示	直腿摆动高，重心转移稳	1. 箱上支撑摆越成骑撑+翻越跳箱 2. 箱上支撑摆越成骑撑+翻越跳箱+直线跑 3. 箱上支撑摆越成骑撑+翻越跳箱+直线跑接力赛
11	单杠简单动作技术方法3：支撑摆越成骑撑	1. 能说出支撑摆越成骑撑的动作名称和摆越转体时身体平衡的控制方法 2. 在支撑状态下，能在保护下或独立完成支撑摆越成骑撑的动作，做到支撑稳、摆腿高、换手快，支撑有力，表现出良好的身体控制能力，发展灵敏、力量等素质 3. 能互相帮助、交流，乐于展示	直腿摆动高，重心转移稳	1. 支撑摆越成骑撑 2. 支撑摆越成骑撑+后倒成单挂膝 3. 3个以上动作组合创编、展示
12	单杠简单动作练习方法9：蹬踏跳箱翻身上	1. 能说出蹬踏跳箱翻身上的动作名称和动作要领 2. 在蹬踏跳箱状态下，能独立完成蹬踏跳箱翻身上的动作，引体贴杠、蹬踏快速，发展上下肢力量和身体协调能力 3. 能认真观察同伴的动作，互相交流学习	引体贴杠、蹬摆同步	1. 蹬踏跳箱翻身上+后摆下 2. 蹬踏跳箱翻身上+后摆下+支撑跳跃 3. 蹬踏跳箱翻身上+后摆下+障碍跑接力赛
13	单杠简单动作技术方法4：一足蹬地翻身上	1. 能说出一足蹬地翻身上的动作名称和动作要领 2. 在站立握杠状态下，能在同伴的帮助下或独立完成一足蹬地翻身上的动作，做到引体贴杠、蹬踏快速。能小组合作设计至少一套组合动作，学练要求清晰，动作连贯、快速有力，发展上下肢力量、身体协调能力和空间感知能力 3. 通过小组合作创编单杠组合动作，发展团队合作能力	引体贴杠、蹬摆同步	1. 一足蹬地翻身上 2. 一足蹬地翻身上+前翻下 3. 一足蹬地翻身上+前翻下+直线跑接力赛（或采用小组创编的动作）

课时	教学内容	教学目标	关键问题	学练三个一
14	单杠简单技术运用方法1：小组创编锻炼方法	1. 能小组合作创编锻炼方法，包含锻炼目的、练习方法、练习要求、安全提醒等要素 2. 能小组合作创编锻炼上肢力量、腰腹力量、平衡能力的练习方法；能连贯做出自己小组以及其他小组创编的组合动作，动作连贯、协调，并能帮助同伴完成动作，发展上肢力量、腰腹力量，以及平衡等素质 3. 勇于挑战，积极参与小组学习和讨论	动作前后衔接合理，动作连贯	1. 小组合作创编锻炼上肢力量的练习方法 2. 对应锻炼动作的展示、讲解 3. "勇取'娄山关'"游戏：翻越多架双杠（翻越时，做出2～3种单杠简单技术动作）
15	单杠简单技术运用方法2：多种形式的支撑翻越	1. 能说出在不同器械条件下支撑翻越的运用方法和安全要求 2. 能在跳箱、单杠等器械条件下，做出支撑蹬摆、俯撑并腿腾跃、单/双手支撑翻越等多种支撑翻越动作，支撑有力，通过动作灵活，落地轻巧、平稳，发展灵敏、协调、力量等素质，提高控制身体的能力 3. 培养快速反应能力和决断意识	在各种环境下做出合理的支撑动作	1. 多种形式的支撑翻越 2. 支撑翻越2个不同的障碍物 3. "勇取'娄山关'"游戏：翻越跳箱+翻越双杠+单/双手支撑翻越单杠+前滚翻
16	单杠简单技术成套动作学习评价	1. 能说出单杠简单技术成套动作的多种组合练习方式 2. 能做出单杠简单技术成套动作：一足蹬地翻身上+支撑摆越成骑撑+还原+前翻下（后摆下），表现出单杠成套动作的优美和良好的身体控制能力，发展力量、平衡等素质 3. 同伴之间互相保护帮助	成套动作有力量与美感	1. 一足蹬地翻身上+支撑摆越成骑撑+还原+前翻下（后摆下） 2. 在成套动作基础上加入或替换1～2个动作创新成套动作 3. 游戏"勇敢健将不怕困难"，分组完成并评分
评价方案	素养1：运动能力 评价：通过单杠简单技术成套动作［一足蹬地翻身上+支撑摆越成骑撑+还原+前翻下（后摆下）］的完成情况进行评价 素养2：健康行为和体育品德 评价1：通过学生每日锻炼记录来评价学生是否养成体育锻炼的习惯 评价2：通过测试，评价学生能否表现出遵守规则、敢于拼搏、勇于挑战的品格			

课时计划范例

教学内容	单杠简单技术组合练习方法3：跳上成支撑3秒+前翻下成蹲撑					
教学目标	1. 能说出单杠跳上成支撑后前翻下的保护帮助方法 2. 能在"体操大会"中编排出包括单杠、垫子、山羊三个器械在内的成套动作，做出跳上成支撑+前翻下成蹲撑+连续前滚翻，跳上成支撑+前翻下成蹲撑+连续前滚翻+助跑分腿腾跃山羊等动作，支撑有力，表现出良好的身体控制能力，发展速度、力量等素质 3. 培养学生乐于思考、合作学习、不怕困难、勇于挑战的意志品质，有一定的规则意识					
关键问题	前翻下时身体速度的控制					
教学过程	学练内容	学练标准	问题设计	组织形式与安全措施	练习次数	练习时间
准备部分 （6分钟）	1. 课堂常规 2. 四面转法 3. 准备活动 3.1. 音乐操 3.2. 专项准备活动	1. 静、齐、快 2. 精神饱满，动作整齐 3. 精神饱满，动作到位	—	1. 四列横队 2. 四列横队 3. 组织形式：分小组进行 安全措施：活动保持间距	≥1 ≥4 ≥1	1分钟 2分钟 1分钟
基本部分 （25分钟）	单杠简单技术组合练习方法3： 1. 单一动作：跳上成支撑3秒+前翻下成蹲撑 2. 组合动作：跳上成支撑3秒+前翻下成蹲撑+连续前滚翻 3. 体操大会	1. 跳上成支撑手臂伸直不晃动，前翻下控制身体速度，落地稳定。每人完成5次 2. 跳上成支撑手臂伸直不晃动，前翻下控制身体速度，蹲撑落地稳定接连续前滚翻。每人完成5次 3. 创编包括单杠跳上成支撑3秒+前翻下成蹲撑在内的成套动作，非静止状态下开始跳上成支撑+前翻下成蹲撑，落地稳定，每人至少练习3次	如何控制身体在前翻下时的速度，保持落地稳定 非静止状态下跳上成支撑+前翻下如何控制身体速度，并保持落地稳定	1. 组织形式：分组练习 安全措施：单杠动作上保护；垫子出现滑动及时摆正或轮换踩垫子防止滑动 2. 组织形式：分组练习 安全措施：单杠动作上保护；垫子出现滑动及时摆正或轮换踩垫子防止滑动 3. 组织形式：分组练习 安全措施：单杠动作上保护；垫子出现滑动及时摆正或轮换踩垫子防止滑动	≥5 ≥5 ≥3	3分00秒—3分20秒 4分00秒—4分30秒 15分30秒—17分00秒

续表

结束部分 （4分钟）	1. 针对性放松：手臂拉伸；肩背拉伸 2. 小结、养成教育 3. 师生道别、回收器材	1. 调整呼吸，充分放松 2. 学生积极收还器材	组织形式：组内散点	≥4 ≥1	3分00秒—3分10秒 1分00秒—1分30秒
场地器材	单杠6个，体操垫40张，"山羊"6个				

第四节　双杠的教学

一、双杠的学科知识

（一）学科价值

双杠属于经典的器械体操项目，是竞技体操男子项目之一。人们在双杠上可以完成的动作有易有难，变化多样，选择性大，如各种摆动、摆越、滚翻、转体、屈伸、腾跃等动作，对于培养学生精确的本体感觉、出色的空间感知能力和复杂的动作储备有着重要价值和意义。

1. 锻炼价值

双杠动作练习能有效地发展上肢、躯干、肩带肌和腹肌背肌力量，并对身体各部分的控制能力、协调能力和平衡能力等均有积极的促进作用。双杠锻炼可进行单个动作练习，也可以多个动作巧妙地组合在一起进行套路练习，还可以将静力性动作与动力性动作相结合，进行合理的编排，突出以支撑和摆动为主的双杠练习特征，以达到更好的锻炼效果。

2. 育人价值

双杠具有独特的育人价值。双杠动作多样且具有挑战性，这种挑战性能够培养个体的自信和勇气，双杠动作中的精准动作和流畅配合也要求运动员具备良好的协调性和节奏感，对提升个人的审美意识和艺术表现力大有裨益。此外，双杠训练往往需要同学的协助和教师的指导，这样的互动有助于培养学生团队合作精神和社交能力。

（二）关键问题

支撑前摆下关键问题在不同阶段的表现与释义如表6-20所示。

表6-20　支撑前摆下关键问题在不同阶段的表现与释义

阶段	初学阶段	提高阶段	应用阶段
重点	收腹举腿	挺髋下压	动作衔接连贯
重点释义	支撑前摆，屈髋收腹举腿过杠面	身体摆至最高位后，空中展体腿下压	前摆屈髋与挺髋下压动作自然连贯

阶段	初学阶段	提高阶段	应用阶段
难点	顶肩送髋	推手换握杠	推杠与展髋时机配合
难点释义	积极前摆，撑杠顶肩，向前侧上方送髋	异侧手积极推杠，快速换握杠	前摆下的过程中快速推杠与展髋时机配合恰当

后摆转体 180 度成分腿坐关键问题在不同阶段的表现与释义如表 6-21 所示。

表 6-21　后摆转体 180 度成分腿坐关键问题在不同阶段的表现与释义

阶段	初学阶段	提高阶段	应用阶段
重点	后摆过杠	转体充分	连接流畅
重点释义	后摆时髋部腿部出杠面	以脚尖带动髋部转体 180 度	后摆与转体连接流畅
难点	顶肩收腹	分腿下压	转体时机
难点释义	向后摆动时，顶肩收腹，臀部高于肘	转体后分腿送髋，脚尖下压，两手依次换握杠上体转正	后摆过程中做好转体准备，最高点时完成分腿动作

（三）易犯错误与纠正方法

在体育课堂中，双杠练习是提高学生力量、协调性和动作技巧的良好方式。但是，学生在双杠上练习时，也可能会犯一些错误，这些错误不仅影响技能的学习效果，还可能增加受伤的风险。以下是一些在双杠练习中常见的错误及纠正方法。

（1）握杠姿势不正确。

表现：正确的握杠姿势对于执行双杠动作至关重要。如果握得太松或太紧，都会影响动作的执行，甚至可能导致身体从双杠上滑落。

产生原因：缺乏肌肉力量或灵活性，或者对动作要领理解不清。

纠正方法：教授学生正确的握杆方法，确保他们的手掌完全包裹住杠杆，手指紧握。可以通过简单的挂杠练习，帮助学生熟悉并掌握正确的握杆感觉。

（2）身体控制能力不足。

表现：在做摆动、翻身等动作时，学生可能会因为核心力量不足或身体控制能力差而无法准确完成动作。

产生原因：缺乏对身体动作的准确感知，控制技巧的训练不足。

纠正方法：加强核心肌群的训练，提高身体的整体控制能力。可以从基础的支撑、摆动开始，逐步向更复杂的技巧过渡，同时确保学生了解如何使用核心力量来控制动作。

（3）动作协调性差。

表现：在双杠练习中，动作的流畅性和协调性非常重要。学生可能因为手、腿和身体的动作不协调而动作执行不准确。

产生原因：身体各部分之间的协调训练不足，或者对动作执行顺序和配合不熟练。

纠正方法：通过动作分解和慢速训练，帮助学生理解每个动作的要点，并逐渐提高动作的协调性和流畅性。重复练习是提高协调性的关键。

（4）技术动作理解不足。

表现：学生可能因为对技术动作的理解不足，导致动作执行不标准或无法完成。

产生原因：缺乏对动作要领和基本原理的理解，导致执行时出现困难或错误。

纠正方法：通过视频示范、动作分解和逐步指导，帮助学生深入理解技术动作的细节和要领。教师可以利用慢动作视频或逐步演示，帮助学生更好地理解和模仿动作。

（5）下落技术不当。

表现：在完成双杠动作后，正确的下落技术同样重要。错误的下落姿势可能会导致受伤。

产生原因：缺乏对正确的落地姿势的理解，失去平衡控制，或误判下落时机。

纠正方法：教授学生正确的下落技巧，比如弯曲腿部来吸收落地时的冲击力。确保练习区有足够的安全垫，并教育学生即使在完成动作后也要保持注意力集中，直至完全稳定。

二、双杠的教学法知识

（一）教学内容结构化："教材三个一"设计

1. 单一技术练习方法设计与示例

双杠单一技术练习方法设计与示例如表 6-22 所示。

表 6-22　双杠单一技术练习方法设计与示例

序号	教学内容	单一练习方法	保护与帮助
1	支撑移动练习方法 1：低位直臂支撑移动	低双杠上完成直臂支撑移动	保护者站在杠侧，手握练习者上臂以稳定支撑
2	支撑移动练习方法 2：杠上支撑移动	在保护帮助下或独立完成双杠上支撑移动	
3	支撑移动练习方法 3：支撑换位	在保护帮助下或独立完成双杠上支撑换位	
4	支撑练习方法 1：杠端跳上成支撑	杠端跳上成支撑坚持 10 秒，对于臂力较弱的可托髋帮助，或者在下方置踏板	保护者站在杠侧，手握练习者上臂以稳定支撑，或者扶其髋部帮助其跳上支撑
5	支撑练习方法 2：杠端跳上成分腿坐	杠端跳起的同时收腹举腿成分腿坐，对于臂力较弱的可托髋帮助，或者在下方置踏板	
6	支撑练习方法 3：杠端跳上成外侧坐	杠端跳起的同时收腹举腿，一腿屈曲，另一腿伸直成外侧坐	

续表

序号	教学内容	单一练习方法	保护与帮助
7	分腿坐前进练习方法 1：跳上成分腿坐练习	在踏高物、保护帮助下逐步过渡到独立完成跳起收腹举腿成分腿坐	保护者站在练习者侧前方，待其前倒撑杠、两腿压杠后摆时，一手扶其上臂，另一手托送其膝部后摆并腿进杠。在练习者前摆时，保护者要一手保护者托送其腰骶部成分腿坐
8	分腿坐前进练习方法 2：俯撑杠至分腿坐	分腿坐开始经立髋俯撑在杠上，两腿并收向前摆动至分腿坐杠	
9	分腿坐前进练习方法 3：连续分腿坐	从杠端跳上成支撑后，连续完成多个分腿坐前进	
10	支撑摆动练习方法 1：屈腿支撑摆动	在支撑基础上，屈腿感受身体前后摆动	保护者站在杠侧，一手握练习者上臂以稳定支撑，另一手在前摆时托其腰背部，后摆时托其腹部或大腿，助其摆动
11	支撑摆动练习方法 2：支撑摆动抛物	双脚夹物，支撑摆动向前抛物，体会远端发力	
12	支撑摆动练习方法 3：连续支撑摆动	在助力下做小幅度的连续支撑摆动，体会前摆收腹举腿，后摆甩腿远伸	
13	支撑前摆下练习方法 1：支撑前摆屈髋举腿	杠中或杠端做支撑前摆屈髋举腿练习，体会前摆髋部过杠动作，详见视频 6-4-1	保护者站在练习者下杠一侧，一手扶练习者上臂，另一手托其腰部帮助出杠
14	支撑前摆下练习方法 2：低双杠杠端做跳起支撑前摆下练习	低双杠杠端做跳起支撑前摆下练习，体会两臂用力顶肩推杠，左手换握右杠动作，详见视频 6-4-2	
15	支撑前摆下练习方法 3：前摆踢标志物展髋练习	在杠上方设置标志物，提示支撑前摆动作高度和展体方向，帮助练习者提升前摆下动作质量，详见视频 6-4-3	
16	支撑前摆下练习方法 4：支撑摆动前摆转体下	在前摆下动作熟练的基础上，练习前摆转体 90 度下，详见视频 6-4-4	
17	支撑后摆下练习方法 1：支撑摆动练习	在支撑摆动练习基础上，体会后摆过程中顶肩塌腰动作	保护者站在练习者下杠一侧，一手握其上臂，另一手从杠中托其腹部帮助出杠
18	支撑后摆下练习方法 2：支撑后摆成杠上俯撑	支撑后摆成杠上俯撑，体会身体摆动水平过杠高度	
19	支撑后摆下练习方法 3：杠端支撑后摆下	杠端腿部向外，做支撑后摆下模仿练习，体会推手换杠	
20	支撑后摆下练习方法 4：支撑后摆下完整练习	从保护帮助、小幅度后摆下、逐步过渡到脱保增幅练习	

序号	教学内容	单一练习方法	保护与帮助
21	支撑后摆转体 180 度成分腿坐练习方法 1：俯撑跳起转髋剪腿落垫	俯撑在垫子上，从双脚并拢开始，蹬腿向上跳起一定高度，最高点转髋空中剪腿，保持分腿落下	保护者站在练习者转体的另一侧，当练习者后摆过垂直位后两手扶其髋部，待其后摆腿出杠后用搓的方法帮助转体成分腿坐
22	支撑后摆转体 180 度成分腿坐练习方法 2：支撑摆动练习	直臂支撑摆动，向后摆动时直臂顶肩，后摆过杠	
23	支撑后摆转体 180 度成分腿坐练习方法 3：一端高一端低杠上练习	将双杠一端降低，降低完成难度，在此基础上帮保结合辅助完成初步练习，此后逐步还原杠面高度	

视频 6-4-1　　　　视频 6-4-2　　　　视频 6-4-3　　　　视频 6-4-4

2. 组合技术练习方法设计与示例

双杠组合技术练习方法设计与示例如表 6-23 所示。

表 6-23　双杠组合技术练习方法设计与示例

序号	教学内容	组合练习方法	保护与帮助
1	支撑移动练习方法 1：杠上支撑移动+悬垂移动+直线跑	杠上支撑移动，接悬垂移动，接直线跑	1. 教师在练习前进行详细的动作示范和讲解，确保学生理解正确的技巧和要领 2. 在双杠下方放置足够厚的安全垫，以减少学生跌落时的冲击，并确保他们的安全
2	支撑移动练习方法 2：支撑摆动坐杠+弹腿回杠成支撑+支撑前摆下	支撑摆动坐杠，接弹腿回杠成支撑，接支撑前摆下	
3	双杠基本技术及运用的练习方法 1：分腿坐前进+支撑摆动前摆下	跳上成分腿坐，接分腿坐前进，接支撑摆动前摆下	
4	双杠基本技术及运用的练习方法 2：支撑后摆成俯撑+依次换腿转体 180 度成分腿坐+弹杠并腿前摆下	支撑后摆成俯撑，接依次换腿转体 180 度成分腿坐，接弹杠并腿前摆下	
5	双杠基本技术及运用的练习方法 3：支撑后摆 5 次+转体 180 度成分腿坐	支撑后摆 5 次，接转体 180 度成分腿坐	
6	双杠基本技术及运用的练习方法 4：后摆转体 180 度成分腿坐+分腿坐前进+弹杠并腿前摆下	后摆转体 180 度成分腿坐，分腿坐前进，接弹杠并腿前摆下	

续表

序号	教学内容	组合练习方法	保护与帮助
7	双杠基本技术及运用的练习方法5：杠端跳上成分腿坐+弹杠并腿后摆转体180度成分腿坐+弹杠并腿前摆挺身下	杠端跳上成分腿坐，接弹杠并腿后摆转体180度成分腿坐，接弹杠并腿支撑摆动3~5次，接前摆挺身下	3. 教师应在双杠旁指导，及时纠正学生的动作，并提供必要的支持，同时鼓励学生相互协作和监督，以促进他们的技能提升和身心发展
8	双杠组合技术练习方法1：杠上前滚翻成分腿坐+弹杠后支撑摆动	杠上前滚翻成分腿坐，接弹杠后支撑摆动	
9	双杠组合技术练习方法2：跳上成分腿坐+杠上前滚翻成分腿坐+弹杠后摆挺身下	杆端跳上成分腿坐，接前滚翻成分腿坐，接弹杠后摆挺身下	

3. 游戏或比赛方法设计与示例

游戏名称：双杠冠军挑战。

游戏目的：通过体操双杠课上的游戏，提高学生的双杠技术水平，增强他们的身体力量和协调能力，培养团队合作精神，并提升学生对体操运动的兴趣和参与度。

游戏方法：①将双杠区域划分为不同的挑战关卡，每个关卡设置不同的双杠动作任务。②将学生分成若干小组，每个小组轮流进行双杠动作的挑战。③学生在教师的监督下依次进行双杠动作的表演，其他小组成员或评委进行评分。

游戏要求：①学生必须穿合适的体操服和鞋子，确保安全进行双杠动作。②学生必须具备基本的双杠技术基础，包括支撑、旋转、转体、摆动等动作的技术基础。③学生必须遵守比赛规则和教师的指导，保持专注和耐心，展现出优秀的双杠技术。

游戏规则：①比赛分为多个关卡，每个关卡设定不同的双杠动作挑战，如支撑、旋转、转体、摆动等。②每个小组的成员轮流进行双杠动作表演，每位选手有一定的表演时间来展示自己的双杠技术。③评分标准包括动作准确性、流畅性、力量和稳定性等。评委根据表演质量给出相应的分数。④学生可以相互鼓励和支持，但不能干扰其他小组的表演。⑤若学生在表演过程中出现安全问题或违反比赛规则，将扣除相应分数或取消该小组的比赛资格。

通过这样的体操课游戏，学生能够在比赛中挑战自我，提高双杠技术水平，增强团队合作意识，体验到体操运动的乐趣和挑战。

（二）教学方法的运用

1. 示范教学法的运用及案例

（1）示范教学法的价值。

①发展视觉学习能力。示范教学法通过视觉传递信息，帮助学生理解动作要领。在体操双杠教学中，学生可以通过观察教师或者其他优秀运动员的示范动作来理解正确的动作技巧和姿势。

②激发动力。看到别人成功完成某项动作，会激发学生的动力和兴趣，促使他们努力学习和模仿。这种潜移默化的影响可以帮助学生更加专注学习双杠动作。

③纠正错误。示范教学法不仅可以展示正确的动作，还可以帮助学生识别和纠正错误。通过比较自己和示范者的动作，学生更容易发现自己的问题并改正。

（2）示范教学法的应用时机与实例。

①引入新动作：当学生首次接触一个新的技术动作时。

例子：教师可以先向学生讲解这个动作的名称、要领和注意事项，然后示范标准的动作。例如，示范一个前摆转体动作。演示时，可以分解动作过程，让学生更清楚地看到每一个动作环节。

②纠正技术错误：当学生在练习过程中出现技术错误，需要进行纠正时。

例子：如果学生在做支撑动作时，手臂弯曲度不够或身体姿态不正确，教师可以通过示范正确的姿态和动作纠正学生的错误。教师可以一边示范一边讲解错误的原因及正确动作的要点。

③强调关键点：当教学过程中需要强调某个动作的关键技术要点时。

例子：在教学悬垂前摆到支撑动作时，教师可以特别示范手臂和肩膀的配合，以及如何利用身体的摆动达到支撑位置。通过慢速示范，学生可以仔细观察和记忆关键点。

④进行动作组合练习：当学生需要练习一系列连续的动作组合时。

例子：教师可以先完整示范一遍动作组合，例如，从后摆到前摆再到腾越支撑的一系列动作。在演示结束后，逐步分解每一个动作，示范每个环节的衔接和过渡，帮助学生掌握整体动作。

（3）示范教学法应用的注意事项。

①确保示范动作的准确性。教师在示范时必须确保动作标准、准确。在示范之前，教师应进行充分的热身和准备，以确保自身状态良好。

②分解动作步骤。对于复杂的动作，教师可以将其分解为多个简单的步骤逐步示范，让学生逐步理解每个动作环节。在示范每个步骤时，要清楚地讲解动作要点和注意事项。

③选择适当的示范时机。应在学生集中注意力、专注于学习的情况下进行示范，避免在学生疲劳或注意力分散时进行。根据学生的学习进度，选择合适的时机进行示范，以便学生能够及时理解和消化所学内容。

④强调关键技术要点。在示范过程中，教师应特别强调动作的关键技术要点和易犯的错误，帮助学生注意细节。可以结合慢速示范和正常速度示范，让学生更清楚地看到动作的不同细节。

⑤使用多角度示范。为了让学生全面理解动作，教师可以从不同的角度进行示范，例如，从正面、侧面和背面进行演示。这样可以帮助学生更好地理解动作的空间位置和身体的姿态。

2. 分层教学法运用及案例

分层教学法的核心理念在于"因材施教"，即根据学生的能力、兴趣、学习背景、学习态度和学习风格等因素，将学生划分在不同的层次或小组，并为每个层次制定相应的教学目标、教学策略和评价标准。这种教学方法有助于满足不同学生的学习需求，促进每位学生的全面发展。

（1）分层教学法的价值。

①促进学生有效学习。将学生按照学习能力和特点进行分类，教师可以为不同层次的

学生提供更加贴近其实际水平的教学内容和方法，从而激发学生的学习兴趣，提高其学习积极性，使每个学生都得到更有效的教学指导。

②促进学生互动合作。在分层教学中，同一层次的学生可以组成学习小组，共同解决问题、分享经验、互相学习，这样有助于建立良好的师生关系和课堂氛围，培养学生的合作精神和团队意识。

③满足学生个性发展需求。分层教学有助于激发学生的潜能，促进其个性发展。学生在适合自己学习能力和兴趣水平的层次中学习，有利于其全面发展和成长。

④促进学生发展。分层教学通过差异化的教学策略和评价标准，激发学生的学习兴趣和动力，培养学生的自主学习能力和探究精神，为他们未来的学习和生活打下坚实的基础。

⑤提升教师教育能力。分层教学要求教师具备较高的教学能力和教育素养，能够灵活运用各种教学方法和手段，推动教师的专业发展。

（2）分层教学法的应用时机与实例。

①学生分层：根据学生的能力水平、学习兴趣、学习背景、学习态度和学习风格等因素进行分层教学。

例子：学习杠上前滚翻成分腿坐时，可以依据学生能力水平将学生分成同质或异质组别。

②确定目标：确定有针对性和差异化的教学目标、练习目标等。

例子：依据不同层次学生的能力水平和学习需求，确定不同层次的目标，如第一层是学生了解杠上前滚翻成分腿坐技术动作环节；第二层是学生掌握杠上前滚翻成分腿坐关键技术；第三层是学生能够在他人帮助下熟练完成杠上前滚翻成分腿坐。

③分层教学：采用多样化的教学策略。

例子：依据学生的不同能力水平设计分层教学，对于能力较强的学生，可以提供更具挑战性的学习内容和任务；对于能力较弱的学生，则注重基础知识的巩固和基本技能的训练。如设置垫上练习、斜杠上练习、低杠上练习等有针对性的教学指导，以适应不同层次学生的学习需求。

④互动合作：鼓励学生之间的互动与合作，促进知识的共享与交流。

例子：异质分组基础上实施组内互动和合作，确保每个层次的学生都能得到适合自己的教学指导。在杠上前滚翻成分腿坐技术学习过程中，可以运用相互保护与帮助、不同层次的学生分工合作等方式促进学生学习和发展。

⑤差异评价：采用差异化的评价标准和方法，对不同层次的学生进行客观、公正的评价。

例子：运用差异化的评价标准和方法进行评价，根据评价结果及时给予学生反馈，并调整教学策略和教学目标，以适应学生的学习进展。在杠上前滚翻成分腿坐技术学习过程中，以不同练习条件下完成的动作为标准，依据不同教学目标进行评价，促进学生技能水平的提升和自信心的培养。

（3）示范教学法应用的注意事项。

①科学分层。分层教学要基于学生的实际情况，包括学习能力、兴趣特点、学习风格等，确保分层的科学性和合理性。

②动态调整。学生的学习情况是动态变化的，因此分层教学也要根据学生的学习进展

和反馈进行动态调整。

③保护学生自尊心。分层教学可能会给学生带来一定的心理压力，因此教师需要关注学生的心理状态，避免使用过于敏感或歧视性的语言，保护学生的自尊心。

④加强师生沟通。分层教学需要教师和学生之间的密切沟通和合作，教师需要了解学生的需求和困惑，及时给予指导和帮助。

⑤注重综合评价。在评价学生的学习成果时，需要采用多元化的评价方式，注重学生的全面发展和个性差异，避免使用单一的评价标准对学生形成不公正的评价。

案例呈现

××高中下学期体操大单元教学计划

模块名称	双杠组合技术与运用	设计者	—
课时分配	18：1-14-3	实施学期	高二下学期
教材分析	体操是技能主导类表现难美性的运动项目，是高中体育与健康必修选学中的重要内容之一，主要包括垫上技巧、器械体操（单双杠、支撑跳跃）等。本模块的制定适用于高二男生。在不同环境条件中（如不同材质的器械、不同标准的场地），通过单人/多人、轮流/集体等不同形式，让学生敢于在观众面前进行展示，鼓励多样的动作表现，以达成会在实际生活场景中运用（如避险、平衡、紧急支撑、翻跳等）。发展学生的力量、协调、灵敏、柔韧等身体素质，在追求与塑造形体美、力量美以及培养学生坚韧不拔、勇于挑战、克服心理恐惧等方面具有不可替代的作用		
学情分析	高二学生身体整体发育趋于成熟，能力不断增强，自我意识较强，能够通过观察、听讲、练习去掌握各项技术；男生力量大，柔韧性相对偏弱，存在个体差异性较大的情况，因此在课堂教学过程中，应注重分层教学，以及采用团队协作的形式进行练习，从而让学生互相帮助，提升教学效果。经过水平一到初中体操内容的学习，学生已经掌握滚翻、倒立、支撑、腾跃等体操的基本动作，为本阶段学习打下了一定的基础		
教学目标	1. 能说出双杠组合技术中3个以上的动作名称与动作要点，能描述双杠动作的基本特征与锻炼价值；能说出体操组合技术、成套动作设计与编排的原则，能对自己与他人的完成动作质量进行评价；能说出保护与帮助、针对性热身以及消除运动疲劳的方法 2. 在成套展示中做出杠端支撑摆动、摆动成分腿坐、杠上前滚翻成分腿坐、弹杠后摆挺身下成套双杠动作；表现出动作的完整、流畅、稳定、幅度等特性，充分展示体操运动特有的魅力；会组合技术的设计与编排方法，发展滚翻、支撑、摆动等动作，以及体操相关的柔韧、协调、平衡与力量等素质；能展示保护与帮助的方法、专门性热身方法，以及消除运动疲劳的方法 3. 主动利用学校、社区等自然环境进行锻炼，表现出不怕困难、敢于挑战、乐于探索、追求卓越的精神和相互尊重、互帮互助的品格		
核心任务	展示一套双杠组合动作，表现控制力与美感		

续表

教学过程（男）				
课时	教学内容	教学目标	关键问题	学练三个一
1~3	双杠组合技术练习方法1：杠端跳上成支撑+支撑摆动成分腿坐	1. 能够说出杠端跳上成支撑+支撑摆动成分腿坐练习方法的技术要领及练习价值 2. 在比赛中做出杠端跳上成支撑+支撑摆动成分腿坐，抬头挺胸，摆动自然，前摆超过杠面；发展上肢及核心力量 3. 表现出勇敢自信、挑战自我的优良品质	直臂，抬头挺胸	1. 杠端跳上成支撑+支撑摆动成分腿坐 2. 杠端跳上成支撑+支撑摆动成分腿坐+弹杠后支撑摆动 3. 个人展示，比比谁做得稳
4~5	双杠组合技术练习方法2：杠端跳上成支撑+支撑摆动成分腿坐+弹杠后支撑摆动	1. 能够说出杠端跳上成支撑+支撑摆动成分腿坐+弹杠后支撑摆动练习方法的技术要领及练习价值 2. 在展示中做出杠端跳上成支撑+支撑摆动成分腿坐+弹杠后支撑摆动，前摆过杠面，幅度大；发展上肢及核心力量 3. 表现出勇敢自信、挑战自我的优良品质	分腿坐接弹杠	1. 杠端跳上成支撑+支撑摆动成分腿坐+弹杠后支撑摆动 2. 杠端跳上成支撑+支撑摆动成分腿坐+弹杠后支撑摆动+支撑移动 3. 个人展示，比比谁做得稳
6	双杠组合技术的技术方法：杠上前滚翻成分腿坐	1. 能够说出双杠前滚翻成分腿坐的技术要领及项目练习价值 2. 在保护与帮助的情况下，做出提臀低头前滚、换握迅速、撑杠顶肩、并腿后摆的动作；发展上肢及核心力量 3. 表现出勇敢自信、挑战自我的优良品质	撑杠提臀，低头前滚，换握迅速	1. 杠上前滚翻成分腿坐 2. 跳上成分腿坐+前滚翻成分腿坐+弹杠后摆挺身下 3. 个人展示，比比谁滚动得最圆滑
7~9	双杠组合技术练习方法3：杠上前滚翻成分腿坐+弹杠后支撑摆动	1. 能够说出杠上前滚翻成分腿坐+弹杠后支撑摆动练习方法的技术要领及练习价值 2. 在比赛中做出杠上前滚翻成分腿坐+弹杠后支撑摆动，抬头挺胸，摆动自然，前摆超过杠面，撑杠顶肩，并腿后摆；发展上肢及核心力量 3. 表现出勇敢自信、挑战自我的优良品质	分腿坐接弹杠	1. 杠上前滚翻成分腿坐+弹杠后支撑摆动 2. 杠上前滚翻成分腿坐+弹杠后支撑摆动+支撑移动 3. 集体展示，比比哪组做得稳、一致性好

课时	教学内容	教学目标	关键问题	学练三个一
10~12	双杠组合技术练习方法4：杠上前滚翻成分腿坐+弹杠后摆挺身下	1. 能够说出杠端跳上成支撑+支撑摆动成分腿坐练习方法的技术要领及练习价值 2. 在比赛中做出杠端跳上成支撑+支撑摆动成分腿坐，撑杠顶肩，并腿后摆；发展上肢及核心力量 3. 表现出勇敢自信、挑战自我的优良品质	分腿坐接弹杠	1. 杠上前滚翻成分腿坐+弹杠后摆挺身下 2. 支撑摆动成分腿坐+前滚翻成分腿坐+弹杠后摆挺身下 3. 集体展示，比比哪组做得稳、一致性好
13~15	双杠组合技术练习方法5：跳上成分腿坐+杠上前滚翻成分腿坐	1. 能够说出跳上成分腿坐+杠上前滚翻成分腿坐练习方法的技术要领及练习价值 2. 在分组展示中做出跳上成分腿坐+杠上前滚翻成分腿坐，蹬撑有力，杠上前滚翻换手快，弹杠撑杠顶肩有力；发展协调、灵敏素质及空间感知能力 3. 在展示中表现出勇敢、自信、果断的状态	滚动圆滑，撑杠有力，动作连贯	1. 跳上成分腿坐+杠上前滚翻成分腿坐 2. 跳上成分腿坐+前滚翻成分腿坐+弹杠后摆挺身下 3. 分组展示，比比谁的动作流畅
16~18	双杠组合技术运用方法：杠端跳上成支撑+支撑摆动成分腿坐+杠上前滚翻成分腿坐+弹杠后摆挺身下	1. 能说出双杠成套组合动作中各个动作名称与动作要点，能对自己与他人的完成动作质量进行评价 2. 在小组展示中做出成套动作，动作规范，姿态优美；发展本体感知能力，提高上下肢及核心力量 3. 表现出积极练习、乐于展示、客观评价的优秀品质	动作连贯，姿态优美，身体有控制，落地稳	1. 杠端跳上成支撑+支撑摆动成分腿坐+杠上前滚翻成分腿坐+弹杠后摆挺身下 2. 小组展示编排动作组合 3. 分组轮流演练各种编排动作组合并评价
模块考核	评价建议： 　　素养1：技能评价以双杠组合技术运用能力为主，从创编能力、演练表现和技术赏析三方面综合评价，着眼于学生的核心素养和综合能力，突出解决问题的能力。其中，创编能力注重动作种类、动作难度衔接的合理流畅性；演练表现注重技术动作的完成情况、动作衔接度、难与美的程度；技术赏析主要考查学生对支撑技术要点的理解、对动作质量的赏析与评判能力等。体能评价以展示2~3种发展体能的练习方法为主，考查方法的合理性与完成的质量。 　　素养2：主要采用笔试、口述、观察、过程记录等方式，将自评和互评相结合，考查学生对双杠运动的特征与价值、技术动作要领与原理等方面的认知程度，以及在学练中表现出的情感态度、心理品质、行为表现等。评价标准可以体现学生的差异性，建议设定A、B、C三个等级评价。			

课时计划范例

教学内容	双杠组合技术练习方法2：杠端跳上成支撑+支撑摆动成分腿坐+弹杠后支撑摆动					
教学目标	1. 学生能够说出杠端跳上成支撑+支撑摆动成分腿坐+弹杠后支撑摆动练习方法的技术要领及练习价值 2. 在展示中做出杠端跳上成支撑+支撑摆动成分腿坐+弹杠后支撑摆动，前摆过杠面，幅度大，发展上肢及核心力量 3. 表现出勇敢自信、挑战自我的优良品质					
关键问题	分腿坐接弹杠					
课时部分	学练内容	学练标准	组织形式与安全措施	问题设计	练习次数	练习时间
准备部分 （6分钟）	1. 课堂常规 2. 准备活动 2.1 列队、并队跑 2.2 双杠热身操	1. 集合快、静、齐 2. 精神饱满，步伐整齐，动作到位	1. 排成四列横队 2. 二列纵队绕器械场地体操队形		≥5 4×8	3分钟 3分钟
基本部分 （30分钟）	1. 杠端跳上成支撑+支撑摆动成分腿坐+弹杠后支撑摆动 1.1 跳上成支撑、支撑摆动 1.2 杠端跳上成支撑+支撑摆动成分腿坐 1.3 杠端跳上成支撑+支撑摆动成分腿坐+弹杠后支撑摆动 2. 杠端跳上成支撑+支撑摆动成分腿坐+弹杠后支撑摆动+支撑移动 3. 比赛：个人展示，比比谁更稳	1. 支撑稳定，分腿坐时大腿后侧压杠，不砸杠，脚尖绷直、直腿、挺髋；支撑摆动，摆动自然，以肩关节为轴；弹杠时脚尖绷直、自然；摆动自然，挺髋制动下压，推杠时机合理，屈膝缓冲，动作连贯。分组统计成功率 2. 同上 3. 同上	1. 组织队形：6人一副双杠 安全提示：掌握保护与帮助的方法，杠下铺设垫子。1人练习，2人保护帮助，保证安全距离 2. 同上 3. 分4个小组进行比赛	问题1：如何支撑摆动会轻松一些？ 问题2：怎样才能在杠上保持稳定？ 问题3：下杠时重心如何移动，才更容易下杠？	≥10 ≥15 ≥10 ≥15 ≥5	3分钟 3分钟 4分钟 10分钟 10分钟
结束部分 （4分钟）	1. 放松操：静力拉伸 2. 课后小结，布置作业	1. 跟随音乐调整呼吸，充分放松身体 2. 小结本次课，客观评价	保持体操队形	问题反馈与总结	≥1	4分钟
场地器材	场地：体操场地 器材：双杠4副，音响1个					

第五节　跳跃的教学

一、跳跃的学科知识

（一）学科价值

跳跃是体操教学的主要内容。跳跃包括一般跳跃和支撑跳跃两大类。一般跳跃有跳上、跳下、跳越障碍等动作，是支撑跳跃的基础。支撑跳跃由助跑、上板、踏跳、第一腾空、推手、第二腾空、落地七个技术环节组成。

1. 锻炼价值

经常从事跳跃练习，能够全面提高人体运动器官、血液循环器官、呼吸器官及前庭分析器官的功能，对增强下肢、腰腹、肩带肌和上肢肌群的爆发力有明显效果，对发展空间定向判断能力和控制身体平衡能力有积极的影响，对培养练习者勇敢、顽强、果断的意志品质具有积极的作用。

2. 育人价值

体操中的跳跃项目对育人具有重要价值。跳跃动作的练习能够有效提升参与者的爆发力、敏捷性和身体控制能力。在完成跳跃动作的过程中，参与者需要克服恐惧心理，挑战自我，这有助于培养他们的勇气和坚毅精神。同时，跳跃动作的流畅性和优雅性也能够提升参与者的审美情趣和艺术表现力。此外，团体跳跃项目需要团队成员之间的默契配合和协作，这有助于培养参与者的团队合作精神和社交能力。

（二）关键问题

支撑分腿腾跃关键问题在不同阶段的表现与释义如表 6-24 所示。

表 6-24　支撑分腿腾跃关键问题在不同阶段的表现与释义

阶段	初学阶段	提高阶段	应用阶段
重点	踏跳有力	提臀分腿	挺身展髋
重点释义	助跑、上板、踏跳阶段，应踏跳有力，提升第一腾空高度	分腿腾跃阶段，提臀过肩；分腿过箱或者过羊是完成支撑跳跃第二腾空的基础技术	推手后积极挺身展髋，保持空中姿态
难点	单跳双落	快速推手	缓冲落地
难点释义	单脚上板，双脚落板踏跳是上板的基础技术	双手领肩前伸，垫上、羊上或者箱上直臂顶肩推手，助力第二腾空	落地时，屈膝缓冲，平稳落地

（三）易犯错误与纠正方法

在课堂上教授跳跃技能时，学生可能会犯一些常见的错误。这些错误不仅可能会影响他们的表现，还可能会导致受伤。以下是一些跳跃中常见的错误及纠正方法。

（1）起跳力量不足。

表现：学生未能充分利用腿部力量来进行起跳，导致跳跃高度或远度不足。

产生原因：肌肉力量发育不足，缺乏正确的起跳技术，或者身体灵活性不足。

纠正方法：强调腿部力量的重要性，并通过蹲跳等练习来增强腿部肌肉，提升起跳力量。

（2）起跳前倾或后仰。

表现：起跳时身体前倾或后仰，影响跳跃的稳定性和效率。

产生原因：执行起跳动作时身体姿势不正确，缺乏正确的身体控制。

纠正方法：教授学生在起跳时保持身体直立，核心紧绷，以保证起跳的稳定性和方向性。

（3）落地技巧不当。

表现：不正确的落地姿势（如膝盖过度伸直或内翻）可能导致膝盖或踝关节受伤。

产生原因：缺乏正确的落地姿势，身体失去平衡，或误判落地时机。

纠正方法：指导学生在落地时应先用脚尖接触地面，然后过渡到脚掌，最后是脚跟，同时膝盖微弯，吸收冲击力。

（4）跳跃时动作协调性差。

表现：学生在空中的动作协调性差，可能会影响跳跃效果和落地稳定性。

产生原因：缺乏对身体各部分动作配合的掌握或缺乏练习。

纠正方法：通过空中动作的练习（如空中摆动手臂和腿部的协调动作），提高学生的空中协调能力。

二、跳跃的教学法知识

（一）教学内容结构化：“教材三个一”设计

1. 单一技术练习方法设计与示例

山羊分腿腾越单一技术练习方法设计与示例如表6-25所示。

表6-25　山羊分腿腾越单一技术练习方法设计与示例

序号	教学内容	具体练习方法	保护与帮助
1	山羊分腿腾越动作方法1：一步踏跳，详见视频6-5-1	原地上一步单跳双落 踏板上一步单跳双落	保护者站在练习者落地点侧方，一手抓住练习者上臂，另一手扶其腰部帮助其过山羊，也可以站在山羊正前方，当练习者支撑山羊时，两手抓其臂顶肩并顺势上提，同时后退帮助其完成过山羊动作
2	山羊分腿腾越动作方法2：3~5步助跑上板跳，详见视频6-5-2	助跑3~5步上板踏跳单跳双落	
3	山羊分腿腾越动作方法3：原地踏跳提臀分腿跳（海豚摆尾），详见视频6-5-3	直臂支撑，原地提臀跳 直臂支撑，原地提臀分腿跳 直臂支撑，原地提臀分腿横箱立	

续表

序号	教学内容	具体练习方法	保护与帮助
4	山羊分腿腾越动作方法4：3~5步助跑踏跳提臀分腿跳，详见视频6-5-4	助跑3~5步上板踏跳，直臂支撑提臀分腿	
5	山羊分腿腾越动作方法5：3~5步助跑上板推墙练习，详见视频6-5-5	助跑3~5步上板后直臂推墙，体会顶肩推手技术	
6	山羊分腿腾越动作方法6：过山羊，详见视频6-5-6	原地起跳，腾越快速推手过山羊；上一步起跳，腾越快速推手过山羊；连续过山羊	
7	山羊分腿腾越动作方法7：支撑跳上成分腿立向前挺身跳下	支撑跳上成分腿立，接向前挺身跳下	
8	山羊分腿腾越动作方法8：由近到远助跑下支撑跳跃	由近到远、由低到高逐步完成山羊分腿腾越完整练习	

视频6-5-1　　视频6-5-2　　视频6-5-3　　视频6-5-4　　视频6-5-5　　视频6-5-6

2. 组合技术练习方法设计与示例

山羊腾越组合技术练习方法设计与示例如表6-26所示。

表6-26　山羊腾越组合技术练习方法设计与示例

序号	教学内容	具体练习方法	保护与帮助
1	屈腿腾越练习方法1：跪跳起+跳上跪撑+跪跳下	原地垫上跪跳起，接直臂支撑山羊或横箱跳上成跪撑，接跪跳下	保护者站在练习者落地点侧方，一手握其上臂，另一手扶其腰部，帮助其越过山羊
2	屈腿腾越练习方法2：抱膝跳+助跑起跳屈腿过器械	抱膝跳，接助跑起跳屈腿过器械，接落地之后再接抱膝跳	
3	屈腿腾越练习方法3：助跑起跳屈腿腾越+落地后接滚翻	助跑起跳屈腿腾越，落地后接滚翻	
4	山羊分腿腾越练习方法1：3~5步助跑+提臀跳3~5次	3~5步助跑原地或踏板上起跳，接提臀3~5次	保护者站在练习者落地点侧方，一手握其上臂，另一手扶其腰部，帮助其越过山羊
5	山羊分腿腾越练习方法2：3~5步助跑+提臀分腿立于横箱+挺身跳	3~5步助跑起跳，接提臀分腿跳，分腿立于横箱后接挺身跳	
6	山羊分腿腾越练习方法3：3~5步助跑+过山羊+挺身跳	3~5步助跑起跳过山羊，接挺身跳	

3. 游戏或比赛方法设计与示例

游戏名称：山羊跳跃挑战赛。

游戏目的：通过体操山羊跳跃类游戏，提高学生的跳跃技术和柔韧性，增强他们的身体力量和协调能力，同时提升学生对体操运动的兴趣和参与度。

游戏方法：①在体操场地设置一系列障碍物或器械，如平衡木、垫子等，形成一个跳跃挑战赛道。②将学生分成若干小组，每个小组依次进行跳跃挑战。③学生在教师的指导下，依次进行跳跃动作的表演，其他小组成员或评委进行评分。

游戏要求：①学生必须穿适合跳跃的体操服和鞋子，确保安全进行跳跃动作。②学生必须具备基本的跳跃技术基础，包括起跳、落地等。③学生必须遵守比赛规则和教师的指导，保持专注和耐心，展现出优秀的跳跃技术。

游戏规则：①比赛分为多个关卡，每个关卡设定不同的跳跃动作挑战，如高度跳跃、长度跳跃、障碍跳跃等。②每个小组的成员轮流进行跳跃动作表演，每位选手有一定的表演时间来展示自己的跳跃技术。③评分标准包括跳跃高度、跳跃长度、动作的准确性和流畅度等。评委根据表演质量给出相应的分数。④学生可以相互鼓励和支持，但不能干扰其他小组的表演。⑤若学生在表演过程中出现安全问题或违反比赛规则的情况，将扣除相应分数或取消该小组的比赛资格。

通过这样的体操课游戏，学生们能够在挑战中提升自我，提高跳跃技术水平，增强团队合作意识，体验到体操运动的乐趣和挑战。

（二）教学方法的运用

1. 游戏法运用及案例

（1）游戏法的价值。

①增强参与度。游戏法可以使学习过程更具吸引力和趣味性，激发学生的兴趣，提高他们的参与度。通过引入有趣的游戏元素，学生更愿意积极参与课程学习，从而更加专注于学习内容。

②促进技能习得。游戏法可以通过设置各种有趣的挑战和任务，让学生在玩中学、学中玩，从而促进技能的习得和发展。学生在游戏中不仅能够提高跳跃的技术水平，还能够培养协调性、灵活性和提高反应能力等。

③增强自信心。通过游戏法进行体操跳跃教学，学生可以在愉快轻松的氛围中逐步掌握技能，增强自信。成功完成游戏任务和挑战会让学生感到满足和自豪，进而更加积极地参与学习，提高自信。

④培养团队精神。一些团队性的游戏可以促进学生之间的合作和培养团队精神。通过与同伴一起参与游戏，学生可以互相鼓励、协作，共同解决问题，培养团队合作意识和能力。

（2）游戏法的应用时机与实例。

①引入新技能：介绍跳跃基础技能。

时机：在学生初次接触跳跃动作时，教师可以通过游戏引入基础跳跃技能，以激发学生对跳跃动作的兴趣，加深学生的理解。

例子：教师可以设置一个跳跃游戏，比如"跳跳乐"，让学生在游戏中学习基础的跳跃动作，如直跃、半转身跳等。通过游戏中的竞争和趣味性，激发学生的学习兴趣，让他们在愉快的氛围中掌握基础技能。

②纠正技术错误：调整跳跃动作姿势。

时机：当学生在跳跃动作中出现明显的技术错误时，可以通过游戏来纠正他们的错误姿势，以增加学习的趣味性和吸引力。

例子：教师可以设计一个"跳跃形象大赛"，要求学生模仿动物的跳跃姿势来完成跳跃动作。例如，要求学生模仿猫咪跳跃时的优美动作，即猫步跳跃。通过模仿动物的跳跃姿势，学生可以更直观地感受到正确的跳跃姿势，从而纠正错误的技术动作。

③提高技能水平：综合跳跃技能训练。

时机：学生已经掌握基础跳跃技能后，教师可以通过游戏来提高他们的技能水平，加强技能训练和巩固。

例子：教师可以组织一个"跳跃挑战赛"，设置不同难度和要求的跳跃任务，让学生在游戏中挑战自己，逐步提高技能水平。例如，要求学生在限定的时间内完成尽可能多的跳跃动作，或者挑战更高的跳跃高度和距离。通过游戏的竞争和挑战，激发学生的竞争意识和学习动力，提高技能水平。

④培养团队合作精神：团队跳跃游戏。

时机：在团队跳跃训练中，可以通过游戏来促进学生之间的合作和培养团队精神。

例子：教师可以设计一个"跳跃接力赛"，将学生分成若干个小组，要求每个小组成员接力完成跳跃动作。通过团队合作完成跳跃任务，学生可以互相鼓励、协作，提高团队精神和合作意识。

（3）游戏法应用的注意事项。

①保障安全。教师需确保设置的游戏环境和设备符合安全标准，同时提供适当的保护措施，以防止学生在游戏过程中发生意外。

②明确目标。游戏应该有明确的学习目标和规则，让学生清楚地知道他们在游戏中要学习什么，以及如何达到目标。这有助于确保游戏的教学效果和学习成果。

③平衡竞争与合作。游戏可以有竞争性的元素，但需要确保游戏中的健康竞争，并且要强调团队合作的重要性。

2. 探究教学法运用及案例

探究教学法以学生为中心，又称"做中学"。比如教师在学生学习概念和原理时，主要提供一些事例和问题，然后引导学生通过阅读、观察、实验、思考、讨论、听讲等途径去主动探究，自行发现并掌握相应的原理和结论。

（1）探究教学法的价值。

①促进学生主动学习。探究教学法是在教师的指导下，学生自觉、主动地探索，掌握认识和解决问题的方法和步骤，从而形成自己的认知模型和学习方法。探究教学法能够有效激发学生的学习兴趣和好奇心，使他们在探究过程中体验到学习的乐趣和成就感，从而促进学生主动探索和学习。

②促进学生深度学习。探究教学法通过引导学生亲身探索、主动参与和深入思考，让学生深入地理解相关概念、原理和规律，促进知识的理解和记忆，形成更为牢固的知识基础，进一步将所学知识应用于实际问题，促进学生深度体验和学习。

③培养学生创新能力。探究教学法鼓励学生提出自己的见解和解决方案，并通过探究进行对比、分析、评价、验证，最终解决问题。这一过程提升了学生的创新思维，培养了学生的创新意识和创新能力。

④促进团队合作能力。在探究过程中，学生往往需要与他人合作完成任务，通过团队沟通协作、合作探究、深入思考，主动探究学习过程和意义，这有助于培养学生的团队合作精神和沟通能力。

（2）探究教学法的应用时机与实例。

①引入新动作：学习山羊分腿腾越助跑。

时机：当学生无法准确判断起跳脚和助跑距离时，可以用探究法来逐步引导学生。

例子：在助跑练习中，教师可以通过越障碍、单脚上板等方法让学生探索自己的惯用脚，确定起踏脚，在确定起踏脚的基础上探索脚步数和距离的关系，以及起踏脚置前置后问题。

②纠正技术错误：纠正山羊分腿腾越前栽后倒。

时机：当学生在学习山羊分腿腾越时，出现身体前栽或后倒，可以使用探究教学法来针对性地调整和纠正错误。

例子：教师引导学生探究推手时机、推手力度、挺身展体动作之间的关系，依据不同水平和层次的学生能力进行个性化的总结和指导，帮助学生逐步纠正错误，改善技术。

③提高技能水平：学习山羊分腿腾越踏跳。

时机：学生已经掌握基础原地跳跃技能后，教师可以通过探究教学法来引导学生学习上板起跳动作。

例子：教师可以引导学生从原地跳跃技术转化为行进间上板跳跃技术，引导学生体会无支撑的跳跃和有支撑的跳跃，引导学生探究支撑跳跃时先提臀还是先分腿等，让学生逐步理解和掌握整个起跳动作。

（3）探究教学法应用的注意事项。

①确保学生的主体地位。教师应明确学生在课堂上的主体地位，通过提出问题、设计情境等方式，激发学生的主动学习欲望，让学生成为知识的探索者和建构者。

②保证教师的有效引导。在探究过程中，教师应密切关注学生的探究进展，适时给予点拨和指导，注重科学方法的传授，引导学生掌握正确的探究方法和步骤，培养学生的科学探究能力。

③注重过程与结果的结合。教师应引导学生关注探究过程中的每一个环节，通过强化问题的提出、分析和解决过程，培养学生的科学思维方法和探究能力。在得出探究结果后，教师应引导学生通过实验验证等方式对结果进行检验和修正，确保探究结果的准确性和可靠性。

④关注个体差异与全面发展。教师应关注学生的个性差异和学习需求，为不同层次的学生提供适宜的探究任务和指导策略，促进每个学生的全面发展。探究教学法不仅培养学生的知识掌握能力，还注重培养学生的观察能力、思维能力、创新能力、合作与交流能力等综合素质。

⑤合理控制探究时间与空间。探究教学法需要充足的时间来保障探究过程的深入和全面。教师应合理安排教学时间，确保探究活动的有效进行。除了课堂内的探究活动外，教师还可以引导学生利用课外时间进行自主探究和实践操作，拓展探究空间和学习资源。

单元范例

××中学上学期跳跃大单元教学计划

单元名称	侧腾越技术及运用	设计者		陈鑫
单元课时	10：1a-7b-2c	实施学期		九年级上学期
教材分析	侧腿腾越是通过助跑、踏跳、支撑推手并以侧腾越的姿态过器械的一种身体练习，主要通过两腿短促有力的踏跳和手臂的推撑器械，使身体在短暂的腾空时间里，运用侧腾越过器械。本单元重点是通过侧腾越发展学生的四肢力量、弹跳力，培养学会选择、敢于挑战的优秀品质			
学情分析	九年级学生在学习前两个单元之后，已经有了扎实的能力基础，能够完成多种支撑跳跃技术。现阶段要在此基础上，运用支撑推手、后提臀、并腿技术，提升侧摆幅度和落地的稳定性，从而增强学生上下肢力量及身体协调能力			
教学目标	1. 认知目标：知道多种支撑跳跃的动作名称和动作要点，清晰描述侧腾越技术的特征与价值 2. 技能目标：能够在保护下完成侧腾越，熟练运用至少2种支撑跳跃技术；支撑跳跃动作多样，有力度、幅度，姿态控制好。发展力量、协调性、平衡等素质 3. 情感目标：在活动中勇于挑战，乐于表达身体与心理感受			
核心任务	展示侧腾越的动作幅度与姿态			

教学过程

课时	教学内容	教学目标	关键问题	学练三个一
1	侧腾越练习方法1：支撑移动	1. 能说出所学侧腾越的练习方法，知道支撑顶肩 2. 在多种侧腾越的辅助练习中，能做出支撑顶肩动作，支撑有力；发展上肢、腰腹力量，增强身体控制能力 3. 敢于挑战，积极尝试	支撑顶肩	1. 支撑移动 2. 支撑移动+支撑旋转 3. 支撑移动+支撑旋转接力比赛
2~3	侧腾越练习方法2：支撑侧摆	1. 能说出所学动作的练习方法，知道踏跳充分、支撑侧摆 2. 在多种侧腾越的辅助练习中，踏跳充分；发展上下肢力量，增强身体控制能力 3. 克服困难，积极参与学习	踏跳充分，支撑侧摆	1. 支撑侧摆 2. 高抬腿20次+支撑侧摆 3. 高抬腿20次+支撑侧摆比赛
4	侧腾越技术方法：3步助跑起跳过跳箱	1. 能说出侧腾越的技术方法和保护方法 2. 在同伴保护下，做出3步助跑下的侧腾越动作，动作协调、支撑稳、侧摆高；发展上肢力量和身体控制能力 3. 克服恐惧，积极参与学习	助跑起跳和支撑侧摆的配合	1. 3步助跑起跳过跳箱 2. 挺身跳+3步助跑起跳过跳箱 3. 挺身跳+3步助跑起跳过跳箱比稳

续表

课时	教学内容	教学目标	关键问题	学练三个一
5	侧腾越练习方法3：3步助跑起跳侧摆触标志物	1. 能说出所学侧腾越的练习方法和锻炼价值 2. 在多种侧腾越的辅助练习中，能做出3步助跑起跳侧摆触标志物，支撑有力，侧摆幅度大；发展上肢、腰腹力量，增强身体控制能力 3. 乐于练习，积极尝试	支撑侧摆	1. 3步助跑起跳侧摆触标志物 2. 立卧撑+3步起跳侧摆触标志物 3. 小组展示：立卧撑+3步起跳侧摆触标志物（3个不同高度的标志物）比成功率
6~7	侧腾越练习方法4：3步助跑起跳侧腾越过器械	1. 能说出侧腾越的练习方法和锻炼价值 2. 在多种侧腾越的辅助练习中，能独立做出3步助跑起跳侧腾越过器械，动作连贯、推手充分、侧摆幅度大；发展上下肢力量和柔韧性，培养身体控制能力 3. 敢于挑战，同伴间互相帮助	单手支撑侧摆过器械	1. 3步助跑起跳侧腾越过器械 2. 收腹跳15次+3步起跳侧腾越过器械 3. 收腹跳15次+三步起跳侧腾越过器械（两个不同高度的器械）比成功率
8	侧腾越练习方法5：5步助跑起跳侧腾越过器械	1. 能说出侧腾越的动作要领和锻炼价值 2. 在多种侧腾越的辅助练习中，能做出正确推手和单手侧摆的动作；发展上下肢力量和身体协调性，培养身体控制能力 3. 敢于挑战，同伴间互相帮助	侧摆高度	1. 5步助跑起跳侧腾越过器械 2. 5步助跑起跳侧腾越过器械+双脚落地接挺身跳 3. 5步助跑起跳侧腾越过器械（3个不同高度的器械）比成功率
9	侧腾越运用方法：横箱侧腾越+屈腿腾越	1. 能说出多种腾越在生活中运用的例子 2. 在同伴的保护下，利用不同的器械或障碍物，用侧腾越搭配其他支撑跳跃技术完成组合动作，动作合理、连贯、协调；发展腿部和上肢的爆发力 3. 勇于挑战，体验成功的愉悦	动作连贯、腾空明显	1. 横箱侧腾越+屈腿腾越 2. 分腿腾越+屈腿腾越+侧腾越 3. 小组展示：助跑起跳分腿腾越+屈腿腾越+侧腾越组合

课时	教学内容	教学目标	关键问题	学练三个一
10	侧腾越运用及考核	1. 能评价侧腾越动作质量和说出安全运动的知识 2. 采用正确技术完成侧腾越的考核，动作协调、连贯，有力度、幅度，姿态控制好 3. 乐于探究，能和同伴一起展示练习成果	合理创编、运用，动作协调、连贯，体态优美	单元考核：5步助跑侧腾越，以成功率、器械高度及体态优美度为考核标准
评价建议	素养1：运动能力 1. 技能评价主要通过个人展示和小组展示进行评价 1.1 个人展示：从能够掌握和运用侧腾越技术，表现出助跑与动作的连贯、协调性，从具备一定的腾空高度、远度及掌握保护与帮助方法四个方面评价，设定A、B、C三个等级 1.2 小组展示：从成套动作完成度、难度系数和整体表现力三个方面评价，设定A、B、C三个等级 2. 体能评价分别从学生实际跳跃物的高度、远度以及技术动作完成效果三个方面进行评价，设定A、B、C三个等级 素养2：健康行为和体育品德 健康行为和体育品德分别通过自评、互评小组来完成 1. 自评形式：以"自我学习目标""参与程度""学习效果""学习兴趣"为评价内容，设定A、B、C三个等级 2. 学生互评：以"同伴的学习目标""参与程度""学习效果""学习兴趣"为评价内容，设定A、B、C三个等级 3. 小组评价：以"学习态度""团队意识""和谐关系""学习兴趣"为评价内容，设定A、B、C三个等级			

课时计划范例

单元	三	课次	9/10	班级	九年级(8)班	执教	—
教学内容	侧腾越运用方法：横箱侧腾越+屈腿腾越						
教学目标	1. 能说出多种侧腾越在生活中运用的例子 2. 在同伴的保护下，利用不同的器械或障碍物，用侧腾越搭配其他支撑跳跃技术完成组合，动作合理、连贯，有一定的幅度、力度，姿态控制好；发展腿部和上肢的爆发力 3. 勇于挑战，体验成功的愉悦						
关键问题	动作连贯，腾空明显						

教学过程	学练内容	学练标准	组织形式与安全措施	问题设计	练习次数	练习时间
准备部分（8分钟）	1. 课堂常规 2. 队列练习：稍息、立正 3. 准备活动 3.1 热身跑3分钟 3.2 徒手操 3.3 辅助性练习：纵跳、支撑侧摆等	1. 静、齐、快 2. 精神饱满，动作整齐 3.1 两两对应，注意调整呼吸，有节奏地跑 3.2 跟口令有节奏完成，动作正确 3.3 支撑有力，侧摆高，在教师指挥下积极完成	1. 排成四列横队 2. 排成四列横队 3.1 排成二路纵队行进 3.2 排成四列横队体操队形 3.3 同上	正面和侧面两腿不同发力有何区别	若干 >1 4×8拍 >10	2分钟 3分钟 2分钟 1分钟
基本部分（34分钟）	1. 单一练习 1.1 横箱侧腾越+屈腿腾越+侧腾越 1.2 分腿腾越+侧腾越 2. 组合练习：分腿腾越+屈腿腾越+侧腾越 3. 小组展示：重新摆放障碍物，分小组练习并展示面对不同障碍所选择的过障碍方式	1. 组合动作衔接连贯，有腾空高度、幅度，落地控制稳。记录是在保护下还是在帮助下完成的 2. 合理运用已掌握的技术完成3种器械的组合练习，小组相互评价完成组合的成功次数与动作质量 3. 以小组为单位，一起重新摆放障碍物，讨论过障碍的方法并轮流展示，小组间相互评价	1. 四路纵队，依次跳过（安全提示：在保护与帮助下练习） 2. 分成4组完成练习 3. 分组完成展示（安全提示：注意展示安全，提高完成质量）	如何根据器械摆放的高度、远度，合理选择过障碍的方法	>10 >10 >8 >6	5分钟 5分钟 10分钟 14分钟
结束部分（3分钟）	1. 放松：放松操 2. 师生小结 3. 送还器材 4. 师生道别	1. 调整呼吸，充分放松 2. 客观真实，肯定激励 3. 爱惜器材，有序安全	四列横队	不同过障碍方式的优势总结	>1	3分钟
场地器材	体操垫4块、横箱4个、山羊4个、体操软区1片					

××小学第二学期体操大单元教学计划

单元名称	支撑跳跃简单技术及组合		设计者	—
单元课时	8：1a-5b-2c		实施学期	五年级第二学期
教材分析	支撑跳跃简单技术及组合是小学器械体操的重要组成部分，主要由支撑翻越、支撑跳跃分腿腾越及多种动作的创编组合等组成。支撑跳跃简单技术及组合是人体在原地、助跑等状态下，利用踏跳、支撑推手通过器械的动力性动作。学生通过本单元练习，能发展肌肉力量及协调、灵敏、平衡等素质，提高身体在不同器械条件下的支撑跳跃能力，培养刚毅、勇敢、果断等品质			
学情分析	这一阶段的学生喜欢挑战，有较强的竞争意识，但自我保护意识薄弱。五年级学生在水平二阶段进行了多种形式的支撑跳跃练习，能独立完成2个以上的连续跳背动作，动作连贯、落地平稳，具有一定的力量基础和身体控制能力			
教学目标	1. 能说出多种支撑跳跃练习方法的名称，明确不同练习内容的自我保护方法、锻炼价值及安全活动措施 2. 在多种支撑跳跃练习中，能做出至少3种在不同器材条件下的支撑跳跃动作，如连续跳背、单双手支撑翻越障碍、低山羊分腿腾越、横跳箱分腿腾越等，能分腿腾越高90厘米及以上的横箱，动作协调、撑跳有力、落地平稳，并能保护、帮助同伴完成动作 3. 在练习中敢于挑战、不怕困难，乐于承担各种角色，培养互帮互助、积极探索的学习品质。能积极表达练习中的各种身体与心理感受			
核心任务	展示支撑腾越动作的多样性与力度、幅度			
教学过程				

课时	教学内容	教学目标	关键问题	学练三个一
1	支撑跳跃练习方法1：俯撑并腿摆越	1. 能说出俯撑并腿摆越的练习方法 2. 在俯撑状态下，能利用小栏架做出并腿纵向摆越、并腿横向摆越、并腿四向摆越等动作，并能连续完成4次以上，直臂顶肩，腹部收紧；发展上肢力量和肢体控制能力 3. 积极有序参与，体验成功的喜悦	直臂顶肩，腹部收紧	1. 俯撑并腿摆越 2. 俯撑并腿左右摆越20厘米横向小栏架+障碍跑 3. 游戏：飞跃地平线
2	支撑跳跃练习方法2：连续跳背	1. 能说出连续跳背的练习方法和注意事项 2. 在不同移动路线状态下，能连续完成4个以上跳背动作，动作连贯，落地轻巧；能在1分钟内完成7次以上跳背动作；发展上肢力量 3. 敢于尝试，体验合作的乐趣	助跑、踏跳动作连贯	1. 连续跳背（不同方向、数量） 2. 自由连续跳背（一半做山羊、另一半自由跳背，限时1分钟）+跑跳 3. 连续跳背小组赛

续表

课时	教学内容	教学目标	关键问题	学练三个一
3	支撑跳跃练习方法3：支撑跳跃上跳箱	1. 能说出支撑跳跃上跳箱的练习方法和要求 2. 能在高70~100厘米的软式跳箱上，独立完成支撑跳跃成蹲撑、支撑跳上分腿立等动作，蹬摆有力，动作协调；发展上肢力量及身体控制能力 3. 克服恐惧心理，对同伴负责，同伴之间互相保护	蹬地、推手动作协调有力	1. 支撑跳跃上跳箱 2. 支撑跳跃上跳箱+花样跳下+蚂蚁爬 3. "步步高升"游戏：连续跳上成蹲撑
4	支撑跳跃练习方法4：俯卧撑击掌	1. 能说出俯卧撑击掌的练习方法 2. 能利用不同高度的软式跳箱，做出俯卧撑击掌、俯卧撑击掌+支撑跳上+跳下直线跑等动作；能连续完成俯卧撑击掌10次以上，推撑时做到直臂顶肩，有一定的高度；发展上肢力量 3. 敢于尝试，体验成功的喜悦	直臂顶肩、推撑有力	1. 俯卧撑击掌 2. 俯卧撑击掌+支撑跳上+跳下直线跑 3. 俯卧撑击掌+支撑跳上+跳下直线跑接力赛
5	支撑跳跃技术方法：山羊分腿腾越	1. 能说出山羊分腿腾越的动作名称和练习要求 2. 能在无障碍和跨越障碍助跑的状态下，独立完成不同高度、不同宽度的山羊分腿腾越动作，起跳有力，支撑推手及时，落地平稳；发展肢体控制能力和平衡能力 3. 在练习过程中，克服困难，积极思考和体会动作，并能和同伴合作学习	蹬撑动作协调、推手有力	1. 山羊分腿腾越 2. 多种助跑方式+山羊分腿腾越 3. 障碍跑+山羊分腿腾越接力赛
6	支撑跳跃练习方法5：横跳箱分腿腾越	1. 能说出横跳箱分腿腾越的动作名称和练习要求 2. 能在4~6级横跳箱上，独立完成支撑跳跃分腿腾越动作，起跳有力，支撑推手及时，落地平稳；发展肢体控制能力和平衡能力 3. 在练习过程中，克服恐惧心理，敢于挑战	蹬撑动作协调、推手有力	1. 4~5级横跳箱分腿腾越 2. 4~5级横跳箱分腿腾越+连续跨小栏架 3. 挑战6级横跳箱分腿腾越

课时	教学内容	教学目标	关键问题	学练三个一
7	支撑跳跃运用方法1：多种形式支撑翻越障碍	1. 能说出多种支撑翻越的动作名称和练习方法 2. 能利用跳箱、山羊、单杠等器材，做出2种以上单/双手支撑翻越动作，直臂支撑，动作连贯，落地平稳；能支撑翻越高100厘米以上的障碍物；发展上肢力量和身体协调能力 3. 积极参与练习，能主动展示所学动作	合理选择支撑翻越动作	1. 多种形式支撑翻越障碍 2. 支撑翻越2个不同的障碍物 3. 支撑翻越追逐赛
8	支撑跳跃运用方法2：箱上前滚翻	1. 能用自己的语言描述"助跑—踏跳—支撑滚动"的完整箱上前滚翻动作过程 2. 能在高60~90厘米的软式跳箱上完成助跑踏跳箱上前滚翻动作，踏跳、支撑动作连贯，滚翻方向正，团身紧；发展上下肢力量和身体协调能力 3. 相互帮助，树立信心，敢于挑战，有自我保护意识	踏跳、支撑动作连贯，推手有一定力度	1. 箱上前滚翻（软式跳箱） 2. 箱上前滚翻+障碍跑 3. 箱上前滚翻+障碍跑接力赛
评价建议	1. 技能体能评价内容：跳箱分腿腾越+支撑跳跃；跳箱高度为100厘米。评价标准：横箱分腿腾越时脚不触碰箱体，落地平稳；支撑跳跃时身体不触碰皮筋 2. 评价方法：随堂评价，以学练标准为依据，采用师评、自评、互评等多种评价方式。比赛采用定量、定性评价相结合的方式进行综合评价			

课时计划范例

教学内容	支撑跳跃练习方法1：俯撑并腿摆越
教学目标	1. 能说出俯撑并腿摆越的练习方法 2. 在俯撑状态下，能利用小栏架做出并腿纵向摆越、并腿横向摆越、并腿四向摆越等动作，并能连续完成4次以上，直臂顶肩，腹部收紧；发展上肢力量和肢体控制能力 3. 积极有序参与，体验成功的喜悦
关键问题	直臂顶肩，腹部收紧

教学过程	学练内容	学练标准	组织形式与安全措施	问题设计	练习次数	练习时间
准备部分（6分钟）	1. 课堂常规 2. 准备活动：定点打卡	1. 集合静、齐、快 2.1 注意观察，选择最佳路线和任务点 2.2 组内分工，按任务卡要求完成任务	排成六路纵队（安全提示：游戏时注意观察，避免相撞）		1	6分钟
基本部分（30分钟）	1. 俯撑并腿摆越 1.1 俯撑并腿左右摆越20厘米纵向小栏架 1.2 俯撑并腿左右摆越20厘米横向小栏架 1.3 俯撑并腿四向摆越20厘米横向小栏架 2. 组合动作：俯撑并腿左右摆越20厘米横向小栏架+障碍跑 3. 游戏：飞跃地平线	1.1 直臂俯撑，摆越时脚不碰到栏架 1.2 能连续完成左右摆越动作4次 1.3 能连续完成四向摆越动作2次 2. 俯撑并腿摆越后起跑速度快 3. 支撑摆越时直臂顶肩，脚不触碰皮筋，落地时屈膝缓冲	六路纵队（安全提示：完成练习后，按规定线路返回）	问题1：在完成动作时，你有怎样的身体感受 问题2：怎么样才能提高摆越的高度	≥4 ≥4 ≥4 ≥6 ≥4	4分钟 4分钟 4分钟 10分钟 8分钟
结束部分（4分钟）	1. 针对性放松：两人合作拉伸 2. 小结、养成教育	1. 调整呼吸，四肢充分拉伸；说出落地轻的方法 2. 积极收还器材	散点站位		≥1	4分钟
场地器材	场地：足球场 器械：小栏架24个、皮筋6条					

第七章 体操课程思政

第一节 体操课程思政元素

一、体操课程思政概述

体育课程思政的本质是"立德树人"，核心在于将体育教学与"立德树人"的教育理念深度融合。通过体育教学，培养学生体育技能，提升学生身体素质，更重要的是引导学生树立正确的价值观，锤炼品德修为，培养具有社会责任感、创新精神和实践能力的时代新人。将体操运动中展现出来的坚韧不拔、顽强拼搏、团队合作、集体主义、国家荣誉、民族精神与体操教学相结合，确立"以体育人，以德立身"的教育目标，实现体育课程思政的育人价值。

首先，体操教学可以培养学生的爱国主义与国家认同。体操教学中的动作演示、竞赛和表演等活动，可以激发学生的民族自豪感和爱国情怀。体操项目中的规则、历史和文化遗产的传承，可以让学生了解体操在国家发展中的重要地位，从而增强对国家的认同感和归属感。其次，体操教学可以培养学生团结合作与集体主义精神。体操是一项集体活动，要求学生之间互相配合、协同作战，以达到最佳效果。在体操教学过程中，教师可以通过团队协作的项目，如团体操、多人平衡动作等，培养学生的集体主义精神，使他们学会相互支持、相互帮助，增强团队合作能力。再次，体操教学可以培养顽强拼搏与追求卓越的精神。在体操训练过程中，学生需要面对各种挑战和困难，如动作技巧的掌握、身体能力的提高等。教师可以通过激励学生克服困难、挑战自我，培养他们的顽强拼搏精神和追求卓越的品质。这种精神不仅有助于体操技艺的提升，还可以迁移到学习和生活中，成为学生成长道路上的宝贵财富。最后，体操教学可以培养创新精神，引导学生超越自我。体操教学鼓励学生在掌握基本动作的基础上，发挥创意，进行动作创新。教师可以引导学生通过观察、思考和实践，不断提高体操技艺，实现自我超越。这种创新精神有助于培养学生的独立思考能力和实践能力，激发他们不断探索、追求卓越的动力。由此可见，体操项目在体育课程中的育人功能极其重要。

二、体操课程思政元素梳理

（一）爱国主义与国家认同

体操运动的观赏性、高难性，能够激发观众的情绪，凝聚民众意识，提高民众的爱国意识。通过历史传承介绍中国体操运动的发展历程，特别是中国体操运动员在奥运会、世界锦标赛等国际赛事中取得的成就，让学生了解国家体育事业的辉煌，激发学生的爱国情感。介绍名将榜样，讲述中国体操运动员的励志故事，如李宁、李小鹏等体操名将的奋斗历程和为国争光的事迹，树立榜样的力量，增强学生的国家认同感。在体操比赛和训练中，强调国旗国歌的庄严，让学生在升国旗、奏国歌的仪式中感受国家的尊严和荣耀，培养对国家的尊重和热爱之情，借此提高学生的爱国主义和国家认同。

（二）团结合作与集体主义

体操比赛中有团体操和团体比赛，需要队员团结合作来完成。在体操学习中，团结互助、互相保护也是不可或缺的。在团体体操项目中，学生必须协同动作，共同完成复杂的编排动作，这种合作过程可以强化团结合作精神。在训练中，学生之间相互帮助，互相保护，共同克服技术难题，这种互助行为培养了团结合作意识。在团体比赛中，每个成员的表现都直接关系到团队的成绩，这种集体荣誉感激励学生为团队贡献自己的力量，为了集体荣誉去克服困难，不畏艰难。通过这些方式，体操课程不仅锻炼了学生的体操技能，还培养了他们的团队合作能力和集体主义精神。

（三）顽强拼搏与追求卓越

体操是一项对技术要求极高的运动，学生在学习新动作和技巧时，会经历失败和挫折。在遇到失败时坚持训练，有助于培养学生顽强拼搏的精神。在体操比赛中，比的是每位体操运动员的动作完美性，需要体操运动员不断提高自己，不断地去突破自己的极限，追求卓越；在观看比赛过程中也可以学习体操运动员追求卓越的精神。通过介绍体操运动员的励志故事和成功经历，特别是那些克服伤病、坚持不懈最终取得优异成绩的运动员的事迹，激励学生向运动员学习，克服困难，顽强拼搏。通过这些方式，体操课程不仅能够提升学生的体操技能，还能够培养学生顽强拼搏和追求卓越的品质。

（四）创新精神与超越自我

体操需要创新动作，教师可鼓励学生在掌握基本体操技能的基础上，尝试创新和编排新的动作组合，培养他们的创新意识和能力。在体操教学中，教师可以引入新的训练方法和技术，帮助学生提高训练效率，鼓励学生在实践中不断探索和尝试。教师可以在课程中设置难度更高的训练目标，鼓励学生挑战自己的极限，通过不断尝试和练习，实现技术上的超越和突破。体操比赛因为评分的特殊性，需要运动员不断去提高技术动作的难度和稳定性，创新技术动作，在比赛中不断地挑战自我、突破自我、超越自我，追求卓越，而在观看比赛的过程中学生会受比赛的影响，将比赛中学到的意志品质运用在生活中。通过这些方式，体操不仅能够提升学生的体操技能，还能够培养学生创新精神和不断超越自我的追求。

第二节　体操课程思政渗透策略与案例

体操课程是大中小学体育课程的重要组成部分。体操不仅仅是一项体育运动，更是一种教育方式和教育载体。体操课程在培养学生的爱国主义和国家认同、团队合作和集体主义、顽强拼搏和追求卓越、创新和开拓精神等方面发挥着积极的作用。

一、体操课程思政渗透原则

（一）时代性原则

体操课程思政的时代性原则，是指在体操教学中融入思想政治教育时，要紧密结合当代中国的社会发展和时代要求，培养学生的时代责任感和使命感。具体来说，这一原则体现在以下几个方面：将社会主义核心价值观与当代中国的发展目标相结合，通过体操教学活动，让学生理解和践行爱国、敬业、诚信、友善等核心价值观；体操运动中体现的拼搏进取、自强不息的精神，与当代中国的时代精神相契合，教学中应强调这些精神的传承和发展；随着社会的发展，体操运动也在不断创新，教学中应引入新的体操理念和技术，培养学生的创新意识和适应时代变化的能力；在体操教学中引入社会热点和时代问题，如健康中国战略、全民健身运动等，引导学生思考个人发展与社会进步的关系。通过体现时代性原则，体操课程不仅能够提升学生的体育素养，还能够帮助学生树立正确的历史观、民族观、国家观、文化观，成为担当民族复兴大任的时代新人。

（二）情感性原则

体操课程思政的情感性原则，是指在体操教学中融入思想政治教育时，要注重激发和培养学生的情感，通过情感体验来深化学生对社会主义核心价值观的认同。这一原则体现在以下几个方面：通过体操运动中的体验活动，让学生在亲身实践中感受团队合作、坚持不懈等正面情感，从而内化为个人的道德情感；在教学中讲述体操运动员克服困难、追求卓越的故事，引起学生的情感共鸣，增强他们的社会责任感和集体荣誉感；利用体操运动中的正面情感体验，引导学生形成积极向上的人生态度，培养他们面对挑战时的乐观精神和坚韧品质；结合体操运动的特点，进行情感教育，如尊重、友爱、公平竞争等，使学生在参与体操活动的同时，学会理解和表达这些积极的情感。通过情感性原则的运用，让体操课程能够更加生动、有效地促进学生全面发展，帮助他们在情感上认同社会主义核心价值观，并在日常生活中践行这些价值观。

（三）发展性原则

体操课程思政的发展性原则，强调在体操教学中融入思想政治教育时，要注重学生个体的发展和成长，以及他们思想道德水平的提升。这一原则体现在以下几个方面：关注每个学生的个性发展和潜能挖掘，鼓励学生在体操学习中挑战自我，实现自我超越；在体操训练和比赛中强调诚信、公正、尊重等道德规范，引导学生形成良好的道德品质；通过体操课程的学习，培养学生的批判性思维和创造性思维，使他们能够独立思考和解决问题；在教学中融入社会主义核心价值观，引导学生理解和践行富强、民主、文明、和谐等价值目标；培养学生终身参与体育锻炼的习惯和意识，强调体育对于个人全面发展的重要性。通过发展性原则，体操课程在帮助学生提升体育技能的同时，促进其思想道德和身心素质的全面发展，为他们成为社会主义建设者和接班人奠定坚实的基础。

（四）榜样性原则

体操课程思政的榜样性原则，是指在体操教学中融入思想政治教育时，通过榜样的力量来引导学生形成正确的价值观和道德观。具体来说，可以通过以下几个方面来体现：介绍体操运动中的优秀运动员，特别是那些在比赛中展现出高尚体育精神、坚强意志和积极生活态度的运动员，作为学生学习的榜样；在教学过程中强调公平竞争、团队合作、尊重对手等体育精神，让学生在实践中体验和模仿这些积极的行为模式；通过讲述体操运动员克服困难、战胜伤病、坚持不懈追求梦想的真实故事，激励学生树立远大理想，培养坚强的意志力；将社会主义核心价值观融入体操教学，通过榜样的力量，引导学生理解和践行富强、民主、文明、和谐等价值目标。通过榜样性的原则，体操课程不仅能够提升学生的体育技能，还能够在思想道德层面对学生进行积极的引导和教育。

二、体操课程不同思政元素渗透策略与案例

（一）以情感激发为契机，培养学生的爱国主义与国家认同

以体操中的前滚翻教学为例，教学目标、方法与评价方面具体案例如下。

1. 教学目标

（1）认知目标：学生能说出前滚翻动作的基本动作要领，如"团身""滚动""平衡"等，理解团身紧、滚动圆滑等关键要素及其对成功完成前滚翻动作的作用，建立前滚翻动作概念。

（2）技能目标：85%~90%的学生能顺利完成前滚翻动作，团身紧、滚动圆滑、上下肢协调配合，并能展示保护与帮助的方法。通过前滚翻的练习，发展学生的灵敏性、协调性、平衡能力和控制身体的能力。

（3）情感目标：引导学生在练习和游戏中认知和理解龙的传人及龙图腾；培养学生的爱国主义和国家认同。

2. 教学方法

讲解示范法：教师教学前通过视频介绍中国竞技体操夺金史。我们的民族和国家曾经处在低谷期，发展速度慢，实力落后。由于各方面条件艰苦，竞技体操的发展也受到了一定的限制，但中国的体操健儿不畏艰苦、敢于拼搏，为了能够给祖国争得荣誉而不断苦练技术，一步一步将中国体操零金牌的局面打破，如今，中国已成为世界体操强国。

教学时教师对前滚翻动作进行完整示范，并告诉学生前滚翻的重点与难点，前后两人为一组进行练习，一人练习时另一人进行保护。

游戏比赛法：腾龙出征。把学生分为4人一组，每组取一个组名，如青龙、黄龙、红龙等，4人同时进行前滚翻的动作表演，教师为其打分，得分最高的组获得一张龙图腾。

3. 教学评价

前滚翻教学评价示例如表7-1所示。

表 7-1　前滚翻教学评价

评价维度		教师评价	学生评价	自我评价
动作质量	好			
	中			
	差			
学练态度	好			
	中			
	差			
保帮能力	好			
	中			
	差			
自练能力	好			
	中			
	差			
观察交流	好			
	中			
	差			
国家认同	好			
	中			
	差			
总评				

（二）以体操规训为手段，培养学生的团结协作与集体主义

以体操中的头手倒立教学为例，教学目标、教学方法与教学评价方面具体案例如下。

1. 教学目标

（1）认知目标：学生能够理解头手倒立时身体的重心位置、支撑点的选择及保持平衡的关键要素，理解头手倒立的基本原理。了解头手倒立对于增强上肢力量、核心稳定性、身体协调性和平衡能力的重要性。

（2）技能目标：学生能够正确做出头手倒立的姿势，包括头部、手臂和身体的定位，以及腿部的控制。学生能够展示保护与帮助的方法并能在保护与帮助下完成头手倒立。通过头手倒立的练习，有效发展学生的上肢力量和核心稳定性。

（3）情感目标：通过不断练习和克服困难，学生可以逐渐培养自信和面对挑战的勇气。在集体练习互相帮助的情境下培养互帮互助、团结协作的意识和集体主义精神。

2. 教学方法

讲解示范法：教师对头手倒立技术进行讲解并示范，并组织学生进行两人一组练习。

在练习过程中，教师吹哨之后一名学生开始练习，另一名学生进行保护，再次吹哨两名学生互换，教师下达休息指令后统一休息。

游戏与比赛法：学生分为两队，两名学生为一组，在同伴的保护与帮助下进行头手倒立，比较哪组学生头手倒立的时间长，时间最长的学生获胜，最后累计每队成绩。比赛时必须按照教师规定的标准的头手倒立动作进行比赛，须有另一名学生用正确的保护方法进行保护，否则取消比赛成绩。

3. 教学评价

头手倒立教学评价示例如表7-2所示。

表7-2　头手倒立教学评价

评价维度		教师评价	学生评价	自我评价
动作质量	好			
	中			
	差			
学练态度	好			
	中			
	差			
保帮能力	好			
	中			
	差			
自练能力	好			
	中			
	差			
观察交流	好			
	中			
	差			
集体一致	好			
	中			
	差			
总评				

（三）以精益求精为目标，培养学生的顽强拼搏与追求卓越

以山羊分腿腾越教学为例，教学目标、教学方法与教学评价方面具体案例如下。

1. 教学目标

（1）认知目标：学生能够说出山羊分腿腾越的动作流程，包括助跑、起跳、腾空、分腿、推手及落地等各个环节，以及各环节之间的衔接要点。学生能够识别并掌握山羊分腿

腾越的关键技术要点，如助跑的速度与节奏、起跳的时机与力度、腾空时的身体姿态、分腿的时机与高度、推手的力度与方向，以及落地的稳定性等。学生能够认识到在进行山羊分腿腾越练习时的注意事项，了解山羊分腿腾越的安全知识。

（2）技能目标：通过练习，学生能够独立完成山羊分腿腾越的基本动作，且动作规范、连贯、流畅。学生能够掌握在练习山羊分腿腾越时如何自我保护，以及在同伴练习时如何给予正确的保护帮助。

（3）情感目标：通过练习，学生可以逐渐培养起勇于面对挑战、不畏困难、追求卓越的精神品质。在练习过程中，学生之间互相帮助、鼓励与交流，促进团队合作意识的增强，同时有助于建立良好的人际关系。

2. 教学方法

讲解法示范法：教师对山羊分腿腾越进行讲解示范，并对分解动作助跑踏跳、踏跳过山羊、落地缓冲练习进行示范，学生模仿。在练习中教师鼓励学生克服恐惧心理，大胆做出完整动作。在学生练习之后，教师及时做出评价与纠正，学生改正错误动作；对于掌握动作的学生，可增加踏板距离和山羊高度。

3. 教学评价

山羊分腿腾越教学评价示例如表 7-3 所示。

表 7-3　山羊分腿腾越教学评价

评价维度		教师评价	学生评价	自我评价
动作质量	好			
	中			
	差			
学练态度	好			
	中			
	差			
保帮能力	好			
	中			
	差			
自练能力	好			
	中			
	差			
观察交流	好			
	中			
	差			

续表

评价维度		教师评价	学生评价	自我评价
精益求精	好			
	中			
	差			
总评				

（四）以创编创意为路径，培养学生的创新精神和开拓精神

以体操中的广播体操教学为例，教学目标、教学方法与教学评价方面具体案例如下。

1. 教学目标

（1）认知目标：学生能了解广播体操对于增强体质、促进健康、培养良好体态的重要性，了解广播体操的历史背景、发展演变及不同节拍的动作意义。学生能够掌握广播体操的基本动作名称与顺序，准确记忆并说出广播体操每一节的动作名称，以及整套体操的完整顺序，形成对体操结构的清晰认知。学生能够理解动作要领与规范要求，理解每个动作的技术要点、发力方式、身体姿态等，明确动作的标准规范。

（2）技能目标：学生能够掌握广播体操每一节的基本动作，包括手臂的摆动、腿部的踢跳、身体的转体等，确保动作准确到位。学生能够在掌握基本动作的基础上提高动作的协调性与节奏感，使各部位动作配合默契，同时增强对音乐节奏的感知能力，使动作与音乐节拍相协调。经过反复练习，学生能够流畅地完成整套广播体操的表演，动作连贯、节奏准确、姿态优美，展现出良好的体育风貌。

（3）情感目标：通过广播体操的学习与练习，激发学生对体育锻炼的兴趣，培养参与体育锻炼的兴趣与习惯。广播体操作为集体项目，通过广播体操的学习与练习，让学生在练习过程中相互配合、协调一致，培养学生的集体荣誉感和团队合作意识。通过广播体操音乐美、动作美的体验，培养学生审美能力和创新能力。

2. 教学方法

讲解法示范法：教师对广播操进行镜面示范讲解，学生模仿教师的动作进行学习。

游戏与比赛法：6名学生为一组，每组学生创编一节广播体操并在小组内进行练习，每组依次进行展示。

3. 教学评价

广播体操教学评价示例如表7-4所示。

表7-4 广播体操教学评价

评价维度		教师评价	学生评价	自我评价
动作质量	好			
	中			
	差			

续表

评价维度		教师评价	学生评价	自我评价
学练态度	好			
	中			
	差			
保帮能力	好			
	中			
	差			
自练能力	好			
	中			
	差			
观察交流	好			
	中			
	差			
创新能力	好			
	中			
	差			
总评				

案例呈现

以健育体 以艺育心 以美育德
——师范教育健美操课程思政价值与创生性构建研究

[摘要] 党的十九大报告中强调，教育的目的是培养德智体美全面发展的社会主义建设者和接班人。"完善人格，首为体育"，体育作为教育的手段，是实现德育、美育结合的天然载体，将体育与德育、智育、美育相结合，可以提高感受性、丰富创造性、增强思维能力和活动能力，完善人的品性，这对于实现人的全面发展具有重要的意义。围绕健美操课程"健身健心"特点，突出"科学的锻炼、饱满的精神、和谐的身心"方面的引导，实现生命健康教育；围绕健美操项目"艺术性"特征，突出"节奏美""表现美""意境美""精神美"的培养，实现健康审美教育；围绕健美操实践"思想性"特征，突出以身心和谐发展促进人格完善，突出竞赛顽强拼搏、积极进取、奋发向上、不畏艰难、勇于吃苦、团结友爱、服从大局等品德之美，从而引起心灵的震撼，以美育德，实现思想的升华。

[关键词] 生命健康教育；健康审美教育；以美育德；健美操

[教学背景] 2020年5月28日，教育部印发了《高等学校课程思政建设指导纲要》，明确提出要把思想政治教育贯穿人才培养体系，全面推进高校课程思政建设。"课程思政"理念以"培养什么人"这个教育的首要问题为根本导向，以促进学生成长发展为出发点和

落脚点，课程思政实施是育人的重要环节。健美操课程作为体育专业课程，是引导学生树立科学健身、健康审美意识的体育艺术性课程，具有集育体、育心、育德于一体的独特育人价值，是实现"立德树人"的重要内容和手段。本案例中健美操课程涉及体育教育专业、民族传统体育专业、休闲体育专业学生，这些专业的学生是体育重要人才资源。健美操课程以培养"健康的人、审美的人、完全人格的人"为终极目标，着力培养符合社会需要的新时代体育人才。

一、适用范围

本案例主要适用于体育专业健美操等体育艺术类课程。

二、教学目标

本课程教学目标分为知识、技能、情感与思政目标。

目标1：知识目标

通过本课程的教学，学生了解健美操基本知识理论和项目发展的趋势，扎实掌握健美操运动的专业术语、动作的练习方法，掌握健美操基本步法、手臂、成套创编和教学，健美操基本常规难度动作的技术要领和示范、讲解、纠错等基本教学能力。

目标2：技能目标

通过本课程的教学，学生掌握健美操基本技术、基本技能。在提高运动技术水平的同时，注重培养学生的创新和编排能力、教学训练能力，以及适应社会需求的综合应用能力，为学生今后从事专项运动训练和体育研究奠定基础。

目标3：情感目标

培养学生坚韧、刻苦、团结、热爱体育等优秀品格，使学生拥有顽强的意志品质、强烈的责任心，以及团结协作、拼搏进取的体育精神。

目标4：思政目标

运用美学视角围绕健美操课程培养"健康的人、审美的人、完全人格的人"。挖掘健美操课程中身体美、健康美、运动美、精神美、人文美、文化美的内容，运用教学方法和过程培养学生体育美的意识、增进体育美的感受、陶冶体育美的情操；同时注重挖掘体育中顽强拼搏、公平竞争、诚实守信、团队精神、爱国奉献等体育精神，增进学生的规则感、责任感、爱国情怀、奉献精神，实现健美操美育到德育的教育转化过程。

三、教学重点与难点

本课程思政目标实现的教学重点在于如何将美的理念贯彻在教学中；难点是如何将审美培养转化为人格培养，即将美育转化为德育。在不同的教学内容中，思政目标教学重难点侧重有所不同，课程设计过程中形成了以下几个维度：

（一）围绕"健康观"挖掘健美操项目健康教育价值

教学重点是了解健美操项目的健身性、审美性、创造性特点，理解健美操在健康的三个方面，即身体健康、心理健康、社会健康方面的作用。

教学难点是了解健美操运动合理的运动负荷、动作变化多样、广泛的锻炼人群等，掌握健身方法、健身设计、负荷评价等，培养正确的健康观。

（二）围绕"审美观"挖掘健美操项目审美教育元素

教学重点是了解健美操项目艺术元素如动作、音乐、服饰、道具等，了解健美操项目所蕴含的美的元素，如身体美、健康美、动作美、技术美、音乐美、装饰美等，培养学生对美的感受、美的鉴赏、美的体验。

教学难点是通过"技能美"培养学生动作的幅度、力度和节奏感，提升动作美感、韵味，培养良好审美情趣；通过"情感美"培养学生兴趣、情绪、意向等形成的积极心理，增强美的认识、感受和修养，使精神愉快，性格开朗，意志坚强。通过"创造美"培养学生的套路编排、成套展示能力，培养学生形象性思维方法、创造性思维习惯，培养学生美的创造能力；通过个人或集体展示的形式，增强学生美的表现，如挺拔、矫健的身姿、舒展、刚柔并济的动作，神采飞扬、活力无限的情绪、气质，坚韧不拔、积极向上的精神、风度。

（三）围绕"人格观"挖掘健美操项目德育教育元素

教学重点是发挥健美操课程艺术性特征，提升学生审美能力，培养学生正确的身体观、生命观及发现和感受美的能力，从而"知美丑而辨善恶"，积极引导学生形成"完满人格"。

教学难点是发挥健美操课程展示项目特征，提升学生集体主义精神，从而爱集体、爱学校、爱祖国。

四、教学组织

教学组织围绕将"美的理念"贯彻到课程教学的各个阶段来实施。在教育内容和手段上，应注意选择那些具有形象美的动作，注意培养学生的体型美、姿态美、动作美和心灵美，培养学生审美感受力；在教法运用上，要做到示范动作熟练、准确，舒展、大方。讲解时，要语言生动形象，给学生以美的感受；在教学形式上，着重对音乐进行选择和剪辑，使学生学会聆听音乐，培养学生的节奏感、韵律感，陶冶学生的情操，发展学生感知美、鉴赏美、表现美和创造美的能力；在教学过程的安排和组织上，要做到严密紧凑，一环扣一环，引人入胜，使人产生热烈追求美的愿望；在场地器材的布置上，要整洁、安全、方便、美观，着力构成一种美的场景，以便给学生以美的感染。

五、教学方法：实践类课程德育的实现路径

运用多维教学方法实现"知识""技能""情感""思政"多元目标。

（一）采用情景教学方法

情景模拟策略是充分利用小班特有的时空优势，创设典型场景，激起学生的学习情绪，把认知活动与情感活动结合起来的一种教学模式。在教学中，以"角色"情景引导学生积极参与健美操学习。例如：（1）创设"音乐"情景。选取不同年代感的音乐、不同地域风格的音乐、不同年龄阶段的音乐分配给学生，让学生剪辑、创编健美操音乐。运用音乐情景使学生了解健美操的特点，增强学生理论到实践的运用能力，提升学生的审美创造力。（2）创设教学"比赛"情景，引导学生学习健美操评分标准、评分过程、评分注意事项等，提高学生评价及执裁能力，培养学生审美感受力。

（二）小组互助合作式教学

小组互助合作式教学是健美操教学的一个重要的手段和方法。通过异质同组分组方式，教师将班级成员分为实力相对平衡的3~4组，并通过布置相同或不同教学任务，来促进小组之间的发展以及小组内部成员的各自发展。在小组互助合作过程中，有效解决健美操教学过程的能力差异问题，也可给予优秀同学以责任感、荣誉感，培养其团队精神。例如：（1）集体配合互动。在热身组合部分常常选用集体配合互动形式进行，队列队形按"绕场行进—对角线行进—分队合队"以及健美操热身组合队形变换，并击掌互动等，增进集体情感。（2）小组合作学习。采用组长负责制，顺序为"分组—推选组长—分配练习任务—组内互帮互助—一致性展演"。（3）小组集体展演。小组合作学习后进入各组展演阶段，展演后对胜出的小组进行评星及口头嘉奖。

（三）采用主动探究式教学

在选择教学内容同时，积极挖掘教材自身特点，从提出问题出发，引导学生主动探究学习过程，例如：（1）在教授动作时，通常教授正方向后，引导学生对反方向动作主动探究学习，这样一方面能够促进学生学习的深度，另一方面能培育学生的动作方向感。（2）正误对比时，让学生自己观察、总结动作的正与误、美与丑，提出问题、解决问题，达到主动探究的效果。

（四）采用创新模式教学

创新是健美操的艺术生命力的体现。例如：（1）内容创新。教学内容中融入思政时政题材，结合时事、激昂的音乐进行创编。（2）方法创新。如采用线上线下结合式教学，完成动作技能教学，实现创新。（3）评价创新。运用"个人展示""艺术创编""小组合作""集体展演"等方式和手段，培养学生创造美、感受美的能力，增加过程性评价。

六、条件保障

保证健美操课程教学有充足的场地、设备与师资。

七、目标达成

本课程制定了详细的目标达成度评价方法，从"学生自评"和"教师评价"两个维度进行描述。学生自评以形成性评价为主，依据是学生对课程学习情况的调查问卷，根据问卷调查结果计算课程目标达成度；教师评价以过程性评价和终结性评价为主，依据是教师对学生平时成绩和期末成绩评分的成绩分布情况，根据评分情况计算课程目标达成度，如下表所示。

基于定量评价与定性评价的健美操课程目标达成情况汇总表

课程代码	065235001	**任课教师**	王静	**学期**	2021—2022-2
专业	体育教育	**班级**	2019级体育教育、民族传统体育专业各班	**人数**	32
课程名称	健美操	**考核方式**	考试	**成绩构成**	平时成绩+期末技能成绩
基于问卷调查的达成度	知识目标	技能目标	情感目标	基于问卷的课程目标达成度	
	0.945	0.943	0.945	0.943 88	
基于考试成绩的达成度	知识目标	技能目标	情感目标	基于成绩的课程目标达成度	
	0.88	0.90	0.88	0.891 2	
课程目标总达成度	知识目标	技能目标	情感目标	课程目标总达成度	
	0.893	0.908 6	0.893	0.901 7	

续表

知识目标达成情况分析	达成情况	从学生编排过程来看，大部分学生能运用健美操运动的专业术语、动作进行练习，有基本的示范、讲解、纠错等能力。这说明学生健美操相关知识如健美操发展史、健美操技术、健美操编排等知识掌握情况良好，知识目标的达成度良好
	存在问题	从学生课堂表现来看，学生对健美操技能的学习更感兴趣，由于健美操相关理论知识抽象名词多，要求理解记忆内容多，且需要精准记忆，学生的学习积极性和自觉性不够，学习上暴露知识点零碎、记不清的问题
	改进措施	在今后的教学中，可利用"学习通"等网上教学资源布置课下作业，课上检查学习情况，督促学生更多地认识和理解健美操相关知识
技能目标达成情况分析	达成情况	从技能考核情况和期末技能考核情况来看，学生健美操各项技术都有一定程度的提高。在期末技能考核成绩中，尽管各项技能得分在不同区间的分布上存有差异，但中等成绩以上的比例达到了70%，这说明学生在健美操课程技能目标方面的达成度较好。此外，通过分组创编，学生的创新和编排能力、教学训练能力以及适应社会需求的综合应用能力都有极大的提升，为学生今后从事专项运动训练和体育研究奠定了基础
	存在问题	由于学时所限，课上给学生真正进行分组编排的机会有限，导致学生在结合健美操技术与实践时不够深入；而如果给学生更多时间组队编排，必然减少学生健美操技能的练习时间
	改进措施	进行合理分组，除了课上合作，增加学生平时的线下合作，提升学生分工组织、合作学习、解决问题、创新编排等方面的综合能力。形成"课上教、课下练"的课内外一体化模式
情感目标与思政目标达成情况分析	达成情况	从课堂表现来看，大部分学生能做到认真听课和练习技术，小组活动时较积极，少部分学生偶有玩手机、迟到的情况
	存在问题	小组合作学习时有些同学偶尔参与，不够积极
	改进措施	运用小组合作学习、多维教学评价等手段，提升学生分工合作意识、团结合作意识，鼓励学生创新，并依此引导学生积极参与课堂，发展学生合作解决问题的能力、语言表达能力

八、教学小结与建议

（一）教学内容方面

进一步梳理与完善健美操课程内容中的德育元素。虽然我们梳理了一部分健美操课程内容中可以与德育相结合的元素，并在理论课与实践课上予以渗透，但在理论课上如何让学生对中国健美操的过去、现在与未来有更为清晰的认识，现在看来做得还不够。因此，今后有必要进一步梳理和完善健美操课程内容中的德育元素。

进一步整理与增减健美操技战术方面的教学内容。如果按照教材上的学科体系，健美操技战术包含的内容很多，无法在现有的学时下完成教学，尽管这两年随着教学的深入，我们也在不断地修改健美操教学内容，以便学生既能吃得饱，又能嚼得烂，而且要考虑到学生今后进入中学后的健美操教学问题。从近几个学期健美操教学情况来看，学生只能算是基本达成技能目标，还无法达到良好及以上的水平。因此，需要充分考虑学生水平、今后教学、学科知识之间的关系，进一步增减相关的健美操技战术教学内容。

（二）教学方法方面

进一步完善教学模式，给学生更多的时间。当前学生的主体地位体现并不明显，今后，除了准备活动、小组合作以外，还可以考虑加入更多的健美操技术讲解、示范，甚至组织练习的机会，以便学生的教学能力发展得更加全面。

（三）教学评价方面

制定学生过程性评价档案袋，为评价成绩的考核提供更加科学的依据。学生在进行代课与小组合作学习时，过程性评价表格实时记录了学生的表现，但是对于学生课堂上表现出的与德育内容相关的一些情况，还没有给予实时的记录，今后需要在过程性评价表格中增加这样一栏内容，形成过程性评价档案袋，以便更加全面真实地记录学生的课堂表现，为平时成绩的考核提供更为科学真实的依据。

增加模拟上课考核，为教学能力目标的达成度评价提供更加直观的数据。当前健美操的考核虽然实现了形成性评价、过程性评价与终结性评价的多元综合评价，但不足之处在于，对于教学能力，还没有科学的、切实可行的手段予以评价，接下来，可以考虑增加模拟上课考核，由学生自己录制健美操教材模拟上课的视频，发送给老师作为对教学能力评价的依据，由此，也能更好地反映教学能力这一培养目标的达成情况。

第八章　体操专项体能与练习方法

第一节　体操专项体能概述

体操专项体能是指体操这项运动所需要的身体素质，包括力量、柔韧性、协调性、平衡性、速度等。体操专项体能训练是指针对以上方面的训练。体操专项体能训练是体操训练中重要的一部分，可以有效提高运动员在比赛中的表现和竞技状态，还能预防受伤和提高运动员的恢复能力。体操专项体能训练对于体操运动员而言具有重要意义。其一，提高动作表现。体能训练增强了运动员的力量、柔韧性、协调性和平衡能力，这些都是完成高难度技巧和动作的基础。其二，预防伤害。通过增强肌肉和骨骼强度的体能训练，减少训练和比赛中受伤的风险。其三，提升身体耐力。体操运动需要长时间地集中注意力和消耗大量体力，体能训练有助于提高运动员的耐力，保持比赛中的体能水平。其四，增强身体恢复能力。良好的体能素质有助于运动员更快地从训练和比赛中恢复，保持长期良好的训练和比赛状态。其五，增强自信。随着体能素质的提高，运动员在完成难度动作时会更加自信，这有助于提升比赛时的心理状态。其六，适应不同比赛条件。体能练习能够帮助运动员适应不同的比赛环境和要求，提高适应不同比赛条件的能力。

因此，体操专项体能训练是运动员提高技术水平、保持良好竞技状态和预防受伤的重要组成部分。通过系统的体能训练，运动员可以在体操运动中取得更好的成绩。

第二节　体操专项体能准备活动设计与示例

体操专项体能准备活动是指专门为体操运动员设计的一系列热身和准备练习，旨在提高运动员的体温、心率和肌肉弹性，为接下来的训练或比赛做好充分的身体准备。以下是一些简单常用的热身练习。

体操专项体能准备活动内容与方法

（一）速度类教学示例

（1）练习内容：图形跑。

教学方法：在区域中用标志盘摆出各种图形，如三角形、梯形、六边形或者各种动物的形状，然后围绕着图形跑。

教学要求：确保活动空间安全，没有尖锐物品和危险障碍物，保持学生的间距，速度由慢至快，逐渐提速。

（2）练习内容：音乐"椅子"。

教学方法：在地上画出几个热身区域，每个区域代表一个"椅子"，音乐响起时，参与者在热身区域之间移动，音乐停止时，参与者需要迅速找到一个"椅子"坐下，没有找到椅子的参与者受到体能惩罚。

教学要求：学生在游戏中应遵守规则，不得抢夺他人已经获得的"椅子"。

（二）协调类教学示例

练习内容：热身操韵律操。

教学方法：将学生根据人数分为若干组并按体操队形散开，教师带领学生进行热身，可以加入音乐增强节奏感。

教学要求：确保所有的动作都在安全的范围内进行；根据学生的年龄和能力，逐渐加大动作的难度；根据学生的年龄和动作特点来选择适合的音乐。

（三）柔韧类教学示例

练习内容：柔韧游戏。

教学方法：将学生分为4人一组，组长选择一个拉伸动作，组内其他学生进行模仿。

教学要求：确保所有的动作都在安全的范围内进行，避免过度拉伸导致受伤。教师应密切观察学生的动作执行情况，及时指导和纠正。

（四）平衡类教学示例

（1）练习内容：单脚站立。

教学方法：学生尝试单脚站立，另一脚抬起，双手可以放在两侧保持平衡，最低完成时间从30秒开始，逐渐增加难度到1分钟。

教学要求：难度循序渐进，刚开始在平地上进行，然后在软垫或不稳定的表面上进行。

（2）练习内容：走平衡木。

教学方法：教师示范平衡木步行的正确动作，在行走过程中需要双臂张开或者来回摆动来帮助身体平衡。

教学要求：难度循序渐进，学生熟练后在平衡木上摆上一些障碍物让学生跨过。

第三节　体操专项体能练习方法设计与示例

课课练部分是提高学生体操体能的重要手段，在课课练部分，教师可以从力量训练、速度训练、柔韧训练、耐力训练、平衡训练五个方面进行练习方法的设计，如图 8-1 所示。

图 8-1　课课练

一、力量训练示例

（一）教学示例一

训练内容：爬行训练。

教学方法：把学生分成若干组，按照顺序进行爬行，爬行动作多样，如蜘蛛爬、熊爬、婴儿爬、毛毛虫爬、螃蟹爬等。

教学要求：教师注意观察学生的动作；学生认真完成爬行动作。

（二）教学示例二

训练内容：倒立训练。

教学方法：将学生分为若干组，进行倒立训练，根据能力选择手倒立、头手倒立、靠墙倒立等项目。

教学要求：确保安全，在保护下训练；确保学生使用正确的姿势，循序渐进，在训练前进行充分热身。

二、速度训练示例

（一）教学示例一

训练内容：跳绳比赛。

教学方法：把学生分为两人一组，互相为对方计数 1 分钟跳绳，全班进行比赛。

教学要求：要求跳绳动作统一；比赛中控制学生间距，确保安全。

（二）教学示例二

训练内容：高抬腿跑。

教学方法：按体操队形散开，进行 15 秒的高抬腿训练。

教学要求：学生认真完成，动作标准。

三、柔韧训练示例

（一）教学示例一

训练内容：劈叉挑战赛。

教学方法：先充分热身，之后进行多次劈叉练习，比赛时每人进行 3 次劈叉，记录最好成绩并排名。

教学要求：比赛前必须充分热身，用正确的劈叉姿势进行劈叉；教师进行现场监督，并对成绩较差者进行鼓励。

（二）教学示例二

训练内容：看谁踢得高。

教学方法：先充分热身之后进行多次踢腿练习，悬挂一个羽毛球，腿能踢到羽毛球为通过，每人 3 次机会，也可逐渐提高羽毛球高度。

教学要求：比赛前必须充分热身，用正确的踢腿姿势进行踢腿，教师进行现场监督，并对成绩较差者进行鼓励。

四、耐力训练示例

（一）教学示例一

训练内容：极限俯卧撑。

教学方法：所有学生一起开始，教师吹一声哨，学生做一个俯卧撑，力竭即淘汰，剩下的最后一个人获胜。

教学要求：赛前热身，所有人保持一定间距，俯卧撑要求动作标准，教师循环监督。

（二）教学示例二

训练内容：屈体分腿跳大赛。

教学方法：4~6 人一组，每组学生数相同，在半分钟内进行屈体分腿跳，每组所有人的个数相加，决出最后获胜的小组。

教学要求：大家保持一定间距，动作标准，积极参加。

五、平衡训练示例

（一）教学示例一

训练内容：七手八脚。

教学方法：8 名学生一组，教师说出手脚数量，一组同学只允许有规定数量的手脚着地，并坚持 3 秒，直到决出第一名。

教学要求：学生按照教师要求做出动作。

（二）教学示例二

训练内容：团队过河。

教学方法：3 人一组，起点线处每名队员手持一块"小地毯"，由第一名队员向前放

"小地毯"，第三名队员不断地把"小地毯"传给第一名队员，3 人踩着"小地毯"前进 30 米，要求脚不能触地，全员通过终点线即结束。

教学要求：学生的脚不能触地，触地需要重新出发。

第四节　体操专项体能放松活动设计与示例

体操专项体能放松活动是指在进行体操训练和比赛后，通过特定的方法帮助身体和心理放松，以促进恢复和提高后续训练表现的一系列活动。这些放松方法旨在减少肌肉紧张、缓解关节僵硬、降低心率和血压，以及减轻心理压力。这些放松对于预防运动损伤、提高柔韧性和恢复身体机能都至关重要。体操专项体能放松活动的作用如图 8-2 所示。

图 8-2　体操专项放松活动的作用

（一）教学示例一

放松内容：站立反吊前牵拉（上半身）。

教学方法：学生双脚前后站立在压腿杆的前侧，双手反握住压腿杆，缓慢向前牵拉，放松上半身的肌肉。

教学要求：学生认真完成，缓慢向前牵拉，防止受伤。

（二）教学示例二

放松内容：体前屈（腹部）。

教学方法：学生双腿分开一定距离后进行站立体前屈，刚开始双手摸向一只脚并静止不动 10 秒，后换另一只脚静止 10 秒，最后双脚并拢进行体前屈并静止 10 秒。

教学要求：学生听从教师安排，循序渐进，认真完成。

（三）教学示例三

放松内容：横叉牵拉（腿部）。

教学方法：学生在垫子上双腿横叉，尽可能分开，双手五指分开着地，上体前倾。

教学要求：学生听从教师安排，不可蛮力进行。

（四）教学示例四

放松内容：睡鸽式放松。

教学方法：学生一腿向后伸直并且绷紧脚背，另一腿大小腿折叠在腹部，上半身前倾，双手自然前伸，目视地面，坚持 10 秒后两腿互换。

教学要求：学生积极模仿教师动作，认真完成。

（五）教学示例五

放松内容：下犬式放松。

教学方法：学生双脚着地，两腿伸直，臀部翘起，上半身挺直，双手着地，目视地面，身体呈一个三角形，坚持数秒。

教学要求：学生积极模仿教师动作，认真完成。

第三部分

游泳教学

第九章　游泳教学概述

第一节　游泳教学理念

　　游泳是一种凭借自身肢体动作和水的作用力，在水中活动或前进的技能活动。人类的游泳是一种有意识的活动，一直与人类的生存、生产、生活紧密相关，是体育运动的重要项目①。游泳教学是师生的双向活动，是教师充分主导，有目的、有计划地指导学生自觉积极地学习和进行各种练习，掌握游泳的知识和技能的过程。在游泳教学中，要以项目特有的教学理念为指导，以便更好地完成教学任务，提高教学质量。教学理念是指教学实践中具有普遍意义的认识，具有概括性、客观性、逻辑性、深刻性等特征。

一、安全教育理念

　　安全教育是健康教育的一部分，应当引起全社会的重视，在游泳教学中安全教育必须贯穿全过程。首先，要强调水中安全的知识，树立安全意识，只有在安全的前提下游泳才能达到增进身心健康的目标。对于教师而言，要加强组织纪律，克服麻痹思想，只有确保安全才能培养好学生。其次，要建立良好的水中安全态度，上课配合老师，听从指挥，不私自行动，不盲目自信，有自我保护的意识。积极态度的养成是确保安全的重要因素。再次，养成良好的健康行为，除了进行安全知识、安全态度的教育外，还要使学生掌握基本的安全技能。遇到意外落水，需要冷静的头脑和正确的应急措施。最后，安全教育要经常渗透，反复强化，以引起足够的重视，培养学生的安全意识。

二、生存教育理念

　　我们生活在一个水域面积广阔的地球上，人类的生活离不开水，溺水事故也成了威胁

---

　　①　全国体育院校教材委员会. 游泳运动［M］. 北京：人民体育出版社，2003：19.

人类生命安全的杀手之一。长期以来，生存教育被视为教育中的基本问题①，它是生命教育的本位回归，而教育部也三令五申要求做好学生的防溺水工作。游泳作为一项基本的生存技能，普及游泳学习才是预防溺水的有效方法。在很多发达国家，为保证少年儿童的生命安全，很多中小学会把游泳列为学生必须掌握的技能。游泳是涉水安全的重要技能，在发生涉水险情时，会游泳的人生存概率大大提高。基于生存教育的理念，游泳教学的重要价值之一是学会自救和救生，提高自我保护意识和生存技能。因此，游泳教学不应仅仅局限在对学生进行技能传授层面，而且要将生存教育贯穿其中，明确规定生存技能教学的课时数，并在考核中突出生存教育考核指标，提高教师对生存教育的重视程度。

三、强身健体理念

科学运动可以促进人的身心健康，这一观念已被广泛认同。游泳是一项集生存、健康促进、娱乐休闲与发展教育于一体的运动，具有较好的强身健体功能，深受不同群体的喜爱。首先，游泳是在水环境中进行的活动，水特有的物理属性，使人呼吸更加费劲，经常进行游泳锻炼，可以增强呼吸肌的力量，增大肺的容量。游泳是一项能提高呼吸系统机能的有效运动。其次，经常进行游泳锻炼，心脏功能会得到明显的改善，表现在人在安静状态下的心率徐缓，这是其他项目锻炼无法达到的效果。最后，经常进行游泳锻炼，可以改善体温调节机能，提高对外界温度变化的适应性，增强身体的抵抗力。除此之外，游泳是一项全身运动，对体格均衡发展有很大的帮助。

第二节 游泳教学与大中小学教育

游泳教学对于游泳运动的普及和提高都具有重要意义。由于游泳是在水环境中开展的教学活动，有别于一般运动项目的教学，因此，作为教师要了解游泳项目特征，深谙教学的一般规律和游泳教学特点，再根据学生的情况和教学的不同阶段灵活运用不同的教学方法，使游泳教学成为一个生动活泼、安全有趣的过程，从而激发学生学习兴趣、发展学生运动能力，促进学生身心健康发展。

一、游泳教学特点

游泳教学有着与其他体育项目教学一样的规律，教学要遵循动作技能的形成规律和人体身心发展的变化规律。但游泳项目要在特殊环境中开展，所以了解游泳教学的特点，对于顺利开展游泳教学活动十分必要。

（一）水环境的特点

水是无形的、流动的介质，是可以产生力的流体，水的浮力、阻力、压力都给沉浸在水中的物体带来陆地环境无法体验到的刺激，这是所有水环境运动项目都具有的自然特性。首先，浸没在水中的物体，受到方向相反的两个力：浮力与重力。在陆地上，人不会

---

① 张腾，陈洁星. 生存教育理念下游泳专项教学：问题反思与改革探索 [J]. 福建体育科技，2022，41（5）：87-92.

受到浮力的影响，所以在游泳教学中要充分利用浮力，使身体重心与浮心靠近而达到在水中平衡漂浮的目的。其次，任何物体在水中活动都要受水的阻力，这种完全与肢体动作方向相反的力阻碍人的前进，由于水的密度比空气大许多，水可产生比空气大很多的阻力，因此与陆地的运动相比，在水中前进更加吃力，教学游泳技能中要尽可能减少水的阻力，更有效地推动身体前进。最后，人站在水中会明显感受到水的压力。压力的作用使人在水中的呼吸感到费力，人需要适应水的压力并形成一种新的呼吸节律。水的流动性又使人在水中得不到固定支撑，使人的动作冲量受水流动性的影响而达不到陆地上动作用力的效果，给所有水中工作的肌群提出更高的稳定要求。由于水环境的自然特性，在水中活动需要改变身体的姿势，如采用俯卧、仰卧等姿势，改变陆地直立运动的方式，增加学习的难度①。因此，初学者先要进行水环境的适应，要在学会漂浮、呼吸、滑行等基本技能后才能进行各泳式的学习。

（二）呼吸的特点

人在陆地上的呼吸是自然的、无意识的，通常是用鼻呼吸，运动时呼吸与动作的配合方式也比较简单。而游泳时的呼吸相对复杂，要用口在水面上吸气，用口、鼻在水中呼气直到出水吸气，在吸气和呼气之间有一个短暂的闭气阶段。在游进中，呼吸还必须与肢体动作密切配合有节奏地进行。游泳的呼吸是游泳技术动作的重要组成部分，这是其他运动项目很少涉及的。因此，呼吸是游泳教学的重点也是难点之一，呼吸不得法，不仅技术动作不协调，还容易呛水。可见，呼吸问题的教学必须贯穿教学过程的始终。

（三）水陆结合的特点

由于初学游泳者对水环境多不适应，不能有效地控制水中身体活动，所以游泳教学中很多技术的教学都会先经过陆地模仿练习再转为水中练习②。陆地练习是简化条件下的练习，对于帮助学生明确动作结构、掌握正确技术起着良好的作用，是水中练习的必要准备。由于陆地练习缺少了水环境的刺激，即使陆地动作做好了也不代表水中就能做好，所以水中练习依然是主要的练习，教学的大部分时间依然应该在水中进行。因此，在游泳教学中我们应该秉持从陆到水、以水为主、水陆结合、陆为水用的原则，努力提高教学质量。

二、游泳教学与大中小学教育

游泳不仅可以锻炼身体、强化体质，还是一门基本的生存技能，是时下热门的运动项目。无论从强身健体角度，还是从响应"人人学会游泳"的倡议来说，大中小学都有必要开展游泳教学。游泳教学的质量对全民健身的践行和人才培养都将起到重要的作用。在游泳教学中，面对不同的教学对象，教师应提前备课，切实掌握学生的情况，如性别、年龄、该阶段学生身心发育特征、游泳基础、身体状况等，既要掌握教学班的一般情况，也要了解学生的个体特征，以便采用不同的教学方法，因材施教。

无论是大学生还是中小学生，在游泳教学中都应该注意以下几点。

---

① 张腾. 游泳学习对幼儿粗大动作发展和感知身体能力的影响［D］. 北京：北京体育大学，2019.
② 梅雪雄. 游泳［M］. 4 版. 北京：高等教育出版社，2016：73.

1. 集中安排游泳教学

游泳课的安排尽可能集中，每周至少 2 节课，持续一个周期，以利于运动技能的巩固，避免因课的间隔太久而遗忘运动技能。

2. 反复练习，勿操之过急

游泳的学习与其他项目学习的规律一样，需要反复练习，从量变到质变，建立稳定的技能动作。而对于怕水、接受能力弱、基础条件差的学生切勿操之过急，采用粗暴手段进行教学，而应该耐心引导，适当放慢学习速度，降低练习难度，多进行基础动作的教学，使其在反复练习中积累经验。

3. 选择恰当的教学顺序

初学者首先进行熟悉水性的练习，掌握水中必备的技能后转入各泳式的学习。教师应根据学生的年龄、学习时间、游泳基础、身体素质等多方面安排教学。

先学蛙泳：一般学校的游泳教学时数有限，同时出于保证学生安全并尽可能有所成效考虑，宜先学蛙泳。

先学爬泳：如果想以系统地掌握四种泳式为目的，则可以先从爬泳学起。由于爬泳的动作结构与仰泳类似，利用技术的相互迁移原理，学完爬泳后可以学仰泳，接着学蝶泳，最后学蛙泳。

先学仰泳：少年、儿童学游泳可以从仰泳开始，因为仰泳的呼吸方式简单，臂腿配合也较容易掌握。

无论先学哪一种泳式，安全是游泳学习的第一要素，必须把安全知识、行为、态度贯穿于教学的始终。

4. 选择适宜的教学方法

随着教学改革的深入，以往简单粗暴的教学方法已不适应新时代育人的要求。2022 年新课标的颁布进一步明确了培养学生核心素养，突出学生主体地位的重要性，提出教学内容结构化、教学组织小组化、教学方法问题化、教学评价精准化的"四化"转型。因此，进行游泳教学时，一定要以培养学生核心素养的目标为引领，以"四化"转型为指导，选择适宜的教学方法。

第十章 游泳基本技术教学

游泳基本技术常见的有熟悉水性、蛙泳、爬泳（自由泳）、仰泳、蝶泳等技术。高等师范院校体育专业教学需要考虑所学运动技术能否满足今后中小学体育教师这一职业需要，在有限的学时里将学生应知应会的技术教给学生，避免出现教得多而学生消化不了的情况。因此，结合《义务教育体育与健康课程标准（2022版）》与具体学时情况，高等师范院校体育专业在游泳基本技术教学内容上安排了熟悉水性、蛙泳、爬泳、仰泳技术。

第一节 熟悉水性

一、学科知识

水具有浮力、压力、阻力及流动性等自然属性，水环境的特殊性给游泳者带来了陆地环境无法体验的刺激。学习者可通过一些基本动作体验水环境，逐渐消除对水的恐惧，适应水环境。熟悉水性又可称为游泳准备技能，是进行水中活动最基本的技能，也是游泳学习初始阶段要掌握的技能。在游泳教学中，熟悉水性是重要的教学环节，也是游泳教学的第一步，是各泳式学习和培养游泳兴趣的基础，只有打下了扎实的基础，才能在水中漂浮和移动，因此，它具有基础性、条件性地位。熟悉了水性就是开启了进入游泳世界的大门，做好了各泳式学习的准备。熟悉水性教学一般包括水中行走、呼吸控制、漂浮、滑行等简单动作教学。

（一）动作方法

1. 水中行走

水中行走是熟悉水性的第一步，在行走中感受水的浮力、阻力、流动性，逐渐控制身体在水中的平衡。水中行走一般在水面低于肩高的水中进行。行走时，大腿稍抬起，小腿和脚提起来向行进方向伸出，下踏站稳后再换另一只脚，身体应略向行进方向倾斜，身体重心的移动与脚的动作协调，两手臂在体侧轻轻拨水或配合脚行进向后拨水。

2. 呼吸控制

呼吸控制是熟悉水性教学中的关键点，学游泳就要学会在水中呼吸。游泳时要用口在水面上吸气，脸浸入水中稍憋气，然后用口鼻在水中慢慢吐气，口露出水面时用力吐气，接着立即快速吸气。吸气要用力深吸气，呼气要慢，水中吐气和抬头吸气之间不能停顿。呼吸按照"快吸—稍闭—慢吐—猛吐"的节奏进行。

3. 漂浮

漂浮就是借助水的浮力抵消部分重力，使身体悬浮起来。漂浮是自救技术之一①。漂浮的动作众多，比如抱膝浮体、海星漂、一字式俯漂、仰卧漂等，不管哪种漂浮，都要求身心放松，深吸气、水下闭气后再慢吐气，使身体漂浮在水面上。站立时，收腹屈膝腿下沉，两臂向下压水，再抬头。

4. 滑行

滑行就是在掌握了漂浮的基础上借助蹬池壁或蹬池底向前滑出，滑行时，臂腿伸直并拢，头在两臂之间，使身体成一条直线，腰腹部肌肉适度紧张，不要屈髋、屈膝或挺腹部。

（二）关键问题

对于初学者来讲，熟悉水性是入门课程。游泳初学者在进入水环境后会有一个适应和克服恐惧的过程，通常而言，动作序列的发展会经过形成、提高、应用三个阶段。教师介绍某项技能或概念，学生参与针对性练习任务，获取技能和知识的阶段，称为形成阶段。教师不断强调动作关键问题，布置练习任务，学生通过练习改进，能展示出动作技能关键要素的阶段，称为提高阶段。随着技能水平的不断提高，学生可以将技能应用于其他情景，并同其他技能结合使用，这个阶段称为应用阶段。

熟悉水性形成阶段各动作执行关键问题如表 10-1 所示。明确关键问题，有助于针对性地安排教学内容。

表 10-1　熟悉水性形成阶段各动作执行关键问题

动作	关键问题
水中行走	1. 身体重心与方向：身体略前倾，与腿的动作协调 2. 身体平稳：抬腿幅度小，落地稳，速度慢 3. 臂部动作辅助：两臂拨水，与腿的动作相协调
呼吸控制	1. 吸气：嘴巴吸气，深而有力 2. 吐气：鼻子吐气，吐气要尽且慢 3. 憋气：水中稍憋气，水下睁眼
漂浮	1. 呼吸：身心放松，吸气充分 2. 身体动作：动作伸展，漂浮后稍憋气，站立时先收腿，两臂下压，然后站立，再抬头
滑行	1. 呼吸：适度延长憋气时间，增加滑行距离 2. 身体动作：心理放松，头部位于两臂之间，身体略收紧，与身体在同一个平面内，身体姿势平直

熟悉水性提高阶段各动作执行关键问题如表 10-2 所示。

---

① 方千华，陈安平，张辉. 游泳与救生［M］. 北京：高等教育出版社，2022.

表 10-2　熟悉水性提高阶段各动作执行关键问题

动作	关键问题
水中行走	1. 步幅速度控制 2. 方向、路线变化时身体平稳
呼吸控制	1. 吸气动作快，短暂憋气后呼气 2. 呼吸后接着吸气，中间不宜停顿 3. 连贯且有节奏
漂浮	1. 漂浮的质量与时间 2. 呼吸的控制 3. 自如地站立
滑行	1. 身体充分伸展，成流线型贴近水面 2. 蹬力充分、滑行距离延长

熟悉水性应用阶段各动作执行关键问题如表 10-3 所示。

表 10-3　熟悉水性应用阶段各动作执行关键问题

动作	关键问题
水中行走	不同类型的水中行走时身体的稳定
呼吸控制	不同身体状态下换气的流畅
漂浮	不同类型的漂浮状态下身体的放松和漂浮质量
滑行	不同类型的滑行中身体的流线型和平稳

（三）易犯错误与纠正办法

熟悉水性动作虽较为简单，但在不同的阶段也有较多常见错误，教师要善于发现并及时纠正，为掌握高质量的水中技能奠定基础。

1. 形成阶段易犯错误及纠正办法

（1）水中行走。

易犯错误：身体重心后倒，行走不稳。

产生原因：身体紧张，单步迈得大，落地不稳，手臂无辅助。

纠正办法：一是通过语言引导让学生放松下来，强调身体重心前倾与脚的动作协调一致，教师可让学生先进行扶边行走，或两人和多人合作手拉手或前后搭肩练习；二是原地用手在体侧拨水练习，再过渡到手脚配合行走。

（2）呼吸控制。

①易犯错误 1。

表现：吸的气留在口腔，未深吸气。

产生原因：紧张，未理解吸气的要义。

纠正办法：通过语言引导使学生放松身体，强调用嘴巴深吸气；教师可先进行示范，然后由学生模仿练习，观察学生吸气时胸廓是否轻微鼓起，口腔是否鼓起。

②易犯错误 2。

表现：水下呼气大且快。

产生原因：紧张，水下没有憋气，吐气用力。

纠正办法：一是教师先示范，建立正确的动作形象；二是强调水中稍憋气，接着慢吐气。

③易犯错误3。

表现：起来吸气时呛水，吸不到气。

产生原因：水下嘴巴未合拢，起来吸气瞬间没有用力吐气。

纠正办法：一是教师示范，建立正确的动作形象；二是强调吸完气后嘴巴合拢，头浸没后先短暂憋气，再缓慢吐气，起来吸气时用力吐气，吐完就紧接着吸气，中间不要有停顿。

（3）漂浮。

①易犯错误1。

表现：动作僵硬，下沉不能漂浮。

产生原因：身心紧张，吸气不充分，水下没有屏住气等。

纠正办法：一是通过语言加以引导，强调身体放松，吸足气，然后脚蹬离池底，屏住呼吸；二是给予辅助，教师托住学生双手给予其安全感，再轻轻托起下沉的身体。

②易犯错误2。

表现：从漂浮到站立时不稳，呛水。

产生原因：从漂浮到站立时先抬头后屈膝收腿，动作顺序颠倒，收腿站立动作过慢，手臂未下压辅助站立。

纠正办法：一是教师可多次示范正确的站立顺序，并强调站立时，先屈膝收腿，然后两手辅助腿部动作下压，脚触池底站立后抬头；二是强调水下眼睛睁开，看到脚踩池底后再抬头。

（4）滑行。

①易犯错误1。

表现：漂离池壁。

产生原因：滑行开始时，身体过于前扑，脚未蹬到池壁/底上半身就向前扑去。

纠正办法：一是强调开始前身体贴紧池壁，同时一腿收起紧贴池壁，先低头入水上体前倾，再蹬壁；二是进行正确动作示范，让学生观察滑行时正确的动作顺序；三是给予辅助，在滑行时教师在学生体侧，用手托住手臂和背部，一边用语言提示，一边帮助其蹬离池壁。

②易犯错误2。

表现：向上蹿。

产生原因：滑行开始时，上体没有前倒入水，臀部未提起，脚蹬池壁用的力向上，造成身体向上跃出水面。

纠正办法：强调先低头前倾，收紧腿贴近池壁，提臀再蹬壁。蹬池底滑行时，先屈膝下蹲，身体前倾，低头，同时向前用力蹬离池底。

2. 提高阶段易犯错误及纠正办法

（1）水中行走。

易犯错误：改变方向，如退步走时，身体不稳。

产生原因：紧张，手脚配合出现不协调。

纠正办法：改变方向行走时，可先练习并重复不同方向如前后、左右，重复不同路线如 S 形、V 形行走。

（2）呼吸控制。

易犯错误：换气不连贯，节奏乱。

产生原因：水下呼气后，口露出水面没有用力将气吐尽。

纠正办法：强调口露出水面后"猛吐"，接着快速吸气，以"快吸—稍闭—慢吐—猛吐—快吸"的节奏重复练习。

（3）漂浮。

①易犯错误 1。

表现：漂浮时臀部以下在水面下，下沉快。

产生原因：上肢不够放松，吸气不足，水下吐气大，没有屏气或者屏气时间短。

纠正办法：强调吸足气并屏气，身体舒展放松。

②易犯错误 2。

表现：从漂浮到站立的过程不流畅。

产生原因：收腹屈膝腿下伸动作慢，从漂浮到站立的动作节奏未完全熟练掌握。

纠正办法：强调加快收腿下伸动作，辅助手臂压水，再抬头。

（4）滑行。

易犯错误：身体姿势不平，滑行距离近。

产生原因：身体伸展不充分，呼吸控制不好。

纠正办法：一方面强调身体放松，充分伸展，不要屈髋、屈膝或勾脚尖，使身体成流线型；另一方面强调滑行时呼吸的控制，吸气深，适当延长闭气时间，努力延长滑行距离。

3. 应用阶段易犯错误及纠正办法

（1）水中行走。

易犯错误：不同类型行走时身体的控制。

产生原因：受到水的阻力、压力、浮力等物理属性的影响，人体在水中不能自如地控制身体。

纠正办法：可以进行各种不同类型的水中行走，如跳跃式、接力式、背人行走等，提高水中身体的平衡。

（2）呼吸控制。

易犯错误：与具体动作配合时，换气时机过早或过晚。

产生原因：动作执行不到位，对换气时机把握不准确。

纠正办法：一方面，先加强对动作的规范和理解，再强调与动作配合的换气时机；另一方面，可以在辅助下完成呼吸与动作的配合，具体可参照各基本技术教学介绍中呼吸控制的应用。

（3）漂浮。

易犯错误：仰漂状态下身体下沉，不够平直。

产生原因：身体紧张，上身上抬过多，屈髋下坐等。

纠正办法：一方面，可以用语言引导学生后仰时身体放松，眼睛自然看向上空，两手放于体侧，两腿自然伸直并拢；另一方面，可以借助辅助工具如打水板、浮力棒，也可以两人合作，辅助者站在练习者体侧，一手托背，另一手托臀帮助练习者身体平直地仰卧漂浮。

（4）滑行。

易犯错误：仰卧滑行身体流线型差，滑行距离近。

产生原因：身体紧张，屈髋，抬上身。

纠正办法：强调身体舒展的同时腰腹适当收紧，头与身体在一条直线上，蹬壁有力。

二、教学法知识

（一）教学内容结构化："教材三个一"设计

"教材三个一"即一个单一技术练习、一个组合技术练习和一个游戏或比赛，这是教学内容结构化的组合方式。游泳项目虽然没有球类项目那么多的组合技术，但可以将水陆练习结合起来，将游泳与救生结合起来，更好地做到技术的融会贯通。

1. 熟悉水性单一技术练习方法设计

单一技术练习就是进行单个技术的练习，按照水中行走、呼吸控制、漂浮、滑行的顺序依次进行。练习组数和时数安排，视学生学习情况而定，详见视频 10-1-1。

视频 10-1-1

2. 熟悉水性组合技术练习方法设计

组合技术练习，应该考虑组合的合理性和实用性。游泳技术学习中对水感的培养非常重要，是学习泳式和水上安全技能的前提，因此，熟悉水性组合技术练习可以考虑后续泳式学习。

组合练习一：俯卧漂浮转仰卧漂浮或仰卧漂浮转俯卧漂浮，即翻转。练习者由俯卧漂浮的状态直接转成仰卧漂浮，或由仰卧漂浮状态直接转为俯卧状态，中间不起身站立。翻转技术是水上自救技能的一种，通过两个技术的组合练习翻转技能，不仅有助于水上安全技能的掌握，而且结合了呼吸控制技术，让呼吸控制技术也得到应用，详见视频 10-1-2。

视频 10-1-2

组合练习二：滑行+翻转。练习者先进行蹬池壁或池底滑行，然后借助向前滑行的加速度进行翻转，接着站立，多次重复练习有助于水感的获得，详见视频 10-1-3。

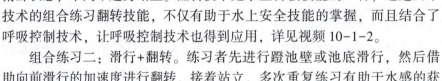

视频 10-1-3

组合练习三：原地换气若干次+滑行。练习者先进行原地连续换气 10 次，接着蹬池壁或池底滑行，详见视频 10-1-4。

3. 游戏或比赛方法设计

"教材三个一"中的游戏或比赛，一方面是为了给相应的技术提供应

视频 10-1-4

用的机会，另一方面是为了提高学习者的兴趣和积极性，因此游戏应该根据课程主教材来设计。

水中行走游戏或比赛：火车赛跑、逆向转圈、踩地雷等（见游戏法中对比赛游戏的介绍）。

呼吸控制游戏或比赛：吹乒乓球、打水仗（见游戏法中对比赛游戏的介绍）、水下石

头剪刀布、"水下寻宝"（在浅水区，把硬币或石子扔入水中，规定的时间内看谁捞起的宝贝多）等。

漂浮与滑行的游戏或比赛：推小车（见游戏法中对比赛游戏的介绍）、花儿朵朵开（3~5 人一组，手拉手围成一个圈，俯卧漂浮时所有学生将手臂向圆心伸直，腿自然后伸，仰卧漂浮时所有学生将腿向圆心伸直，手臂自然张开于体侧，形状像一朵盛开的花）等。

（二）教学方法的应用

1. 方法一

采用示范、讲解、练习、纠错、评价的闭环式教学程序。该方法相对比较传统。在熟悉水性教学中，教师可以先示范再讲解，让学生建立各动作基本概念和基本形象，然后练习、纠错，让学生加深对各动作的理解、强化记忆，最后评价，及时反馈，加深学生对动作的理解和记忆。教学过程遵循由易到难的原则依次进行水中行走—呼吸控制—漂浮—滑行的教学，各动作可按从有固定的支撑到无固定支撑的顺序练习。教学中，教师要有耐心，尊重学生个体适应水环境的差异，通过语言引导和鼓励，对动作执行中常见的关键问题进行重复练习。

2. 方法二

在熟悉水性阶段，练习者所学的动作比较简单，练习起来比较单调，因此，除了示范、讲解等传统的教学方法外，还可以将多种教学方法相结合，如合作法、游戏法、榜样激励法等，以更好地调动学生积极性。在此介绍适合熟悉水性阶段普遍应用并具有代表性的教学方法。

（1）合作法。

水中行走：两人或多人合作，两人合作可以手拉手，多人合作可以成一路纵队，后面的人把手搭在前面的人的肩上，在水中行走或练习变换多种路线的前进、后退。

呼吸控制：两人合作，一人先练习，另一人拉住练习者的双手，练习完成后交换，每人练习完成 1 次后交换或多次后交换。

漂浮：两人合作时，一人先练习，另一人站在练习者前方、后方或侧面，站前方时可轻轻拖住练习者的手，站后方时可轻轻托住练习者脚背，站侧面时可轻轻托起练习者腹部。在应用阶段，可多人合作手拉手围成一个圈，同时做漂浮动作，形状似一朵散开的花。

滑行：两人合作时，一人先练习，另一人站在练习者侧前方，练习者先做蹬壁滑行动作，当滑行速度减慢时，帮助者抓住练习者双手用力拉或者抓住练习者双脚用力往前推，让练习者感受滑行的流畅。

（2）游戏法。

火车赛跑：将学生分成若干组，每组成一路纵队站立水中，后者将双手放于前者肩上，听口令开始前进，看哪组最先到达对岸。

逆向转圈：将学生分成内外两圈，各圈手拉手，开始时内圈顺时针、外圈逆时针转动，听到相应口令后，内、外圈变换方向。

踩地雷：两人一组，面对面，双手扶在对方肩膀上不松开，练习开始后，双方想办法踩对方的脚，同时避免被对方踩到。

吹乒乓球：站于水中，面前放一个乒乓球。用力吹球到规定目的地，先到目的地者胜出。

打水仗：练习者分成两组，在水中相对站立，间隔约 1 米。听到信号后，用手朝对方撩水，要求不能逃避如捂脸或背向对方，体会如何满脸是水的情况下快速换气。

推小车：两人一组站于水中，一人以一字漂浮姿势俯卧，另一人双手握住前一人的双脚，向前行走，将其向对岸推送。

（3）榜样激励法。

榜样的力量是无穷的，它能起到示范和引领作用，给予鼓舞和鞭策，对提高学习效率有很大的促进作用。在游泳教学中应用榜样激励法，就是教师通过对游泳动作技术好的同学给予肯定和表扬，并让其为其他学生做示范，鼓励其他学生模仿学习。

第二节　蛙泳技术

一、学科知识 》》

1. 学科价值

蛙泳是一项古老的泳姿，是人类模仿蛙类在水中游泳的姿势而发展起来的，具有很高的实用价值。蛙泳是竞技游泳中的一项技术要求高且复杂的泳姿，具有明确的技术规范。蛙泳的流行和普及较广，在中小学的游泳教学中，以教授蛙泳为主。一方面，蛙泳的抬头呼吸方式符合人的自然呼吸，较易掌握，更能培养水感；另一方面，蛙泳动作省力，蛙泳腿产生较大的推进力，掌握后可以游较长的距离，具有很高的锻炼价值。掌握蛙泳技术后能转化成多种实用的游泳技术，如抬头蛙泳、反蛙泳、踩水等，这些泳姿在泅渡、水中救生中有广泛的应用。蛙泳一般在熟悉水性的基础上教学，包括腿部动作、臂部动作、完整配合动作。

2. 关键问题

在蛙泳的教学中，如果没有把握关键问题，抓不住主要矛盾，不仅学生不易学会，教学目的的难以达成，而且会使学生动作的规范性欠缺，不能有效地提高游距和游速，影响游泳作为强身健体手段的长期发展。在蛙泳教学的不同阶段教师需要明确不同的关键问题，以便更好地进行教学。

（1）形成阶段关键问题。

蛙泳教学形成阶段各动作执行关键问题如表 10-4 所示。单个动作结构的完整性是该阶段首要关注的问题，应对此有针对性地安排教学内容。

表 10-4　蛙泳教学形成阶段各动作执行关键问题

动作	关键问题
腿部动作	1. 收腿：向臀部靠近时的速度控制。不宜过快，收腿结束时两膝距离略比髋宽，脚底朝上 2. 翻脚：动作的完整。小腿分开，两膝稍内扣，两脚背屈，脚掌勾紧，脚尖转向两侧 3. 蹬夹：发力和蹬夹的方向。腰腹大腿发力，两脚向后、向内蹬夹 4. 滑行：两腿并拢伸直，核心适度紧张

动作	关键问题
臂部动作	1. 外划：外划的宽度、速度与方向。两倍肩宽，速度较慢，划向斜下方 2. 内划时高肘抓水；划水的路线为先向下、向后划动，再向内，直到胸部下方 3. 前伸：两手由胸前向前伸出，两臂伸直并拢
完整配合	1. 呼吸与臂的配合：两臂开始外划时开始抬头换气，两臂内划时吸气，两臂前伸时低头闭气，滑行时水中慢呼气 2. 呼吸与腿的配合：蹬腿开始时低头闭气，蹬腿结束时抬头吸气 3. 臂与腿的配合：两臂外划时，两腿伸直；两臂内划时，开始收腿，先两臂前伸，再向后快速蹬夹；蹬夹结束后滑行 4. 完整配合：可采用 2：1：1 的配合技术，即 2 次打腿，1 次划臂，1 次呼吸

（2）提高阶段关键问题。

蛙泳教学提高阶段各动作执行关键问题如表 10-5 所示。单个动作的完整和规范以及整体动作的节奏是该阶段关注的首要问题。

表 10-5　蛙泳教学提高阶段各动作执行关键问题

动作	关键问题
腿部动作	1. 收腿：注意收腿时的用力控制，腿部肌肉较为放松，大腿自然下沉，脚底基本向上，小腿向大腿靠紧，为翻脚做准备 2. 翻脚：两脚形成一个良好的对水面，为蹬夹做准备 3. 蹬夹：注意蹬夹的顺序与方向，蹬与夹的结合。边蹬边夹，蹬夹方向主要向后 4. 滑行：身体成流线型，两腿保持较高的位置
臂部动作	1. 外划：动作连贯、对称，控制速度 2. 内划：高肘的同时掌握内划的速度，动作的轨迹为"桃心"形 3. 前伸：两臂伸直并拢，充分伸肩，身体成流线型
完整配合	1. 两两配合的时机，单个动作的准确、完整，动作的协调 2. 完整配合：采用 1：1：1 的配合技术，注意配合的时机

（3）应用阶段关键问题。

蛙泳教学应用阶段各动作执行关键问题如表 10-6 所示。整体动作结构的规范、协调、流畅且有节奏是首要关注的问题。

表 10-6　蛙泳教学应用阶段各动作执行关键问题

动作	关键问题
腿部动作	1. 收腿：回收的协调。边收边分开，小腿自然靠紧大腿，大腿与躯干成 130°～140°，与翻脚衔接紧凑 2. 翻脚：收腿到翻脚的协同、连贯、紧密相连 3. 蹬夹：与上一个动作环环相扣，完成一个弧形的鞭状蹬夹 4. 滑行：身体成流线型，滑行距离长

动作	关键问题
臂部动作	1. 外划：动作流畅，与下一个动作紧密连接 2. 内划：动作完整、有节奏，与上一个动作紧密衔接 3. 前伸：前伸充分，流畅
完整配合	1. 动作配合的协调、连贯、有节奏、流畅 2. 每个动作周期的身体成流线型

3. 易犯错误与纠正办法

蛙泳相对易于掌握，但在不同的学习阶段中也有较多常见错误，教师要善于发现，总结规律，为各阶段学习打牢基础。

（1）形成阶段易犯错误及纠正办法。

① 腿部动作。

易犯错误 1：没翻脚，脚背蹬水。

产生原因：踝关节松弛或柔韧性差。

纠正办法：一是多练习跪撑翻脚压腿动作，提高膝、踝柔韧性；二是强调勾脚，从收腿开始勾脚直到蹬水完成伸踝鞭水；三是在有固定支撑的条件下练习蹬腿并且由教师抓握双脚帮助学生做好翻脚和蹬夹动作。

易犯错误 2：脚跟靠近，"外八"收腿。

产生原因：两膝外张开。

纠正办法：一是强调膝盖内扣与髋同宽，教师可先示范，再辅助学生完成收翻；二是多练习陆地俯卧模仿蹬腿。

易犯错误 3：臀部上下起伏。

产生原因：收腿时用力过猛，屈髋太多。

纠正办法：一是放慢收腿速度，可在固定支撑下控制学生完成收腿的速度；二是减少屈髋程度，在教师的帮助下控制收大腿，积极收小腿，使脚跟尽量靠近臀部。

易犯错误 4：挺腹蹬腿，蹬不到水。

产生原因：收腿时两膝没有下沉，直接向上勾小腿。

纠正办法：一是强调屈髋收大腿，教师可让学生趴在池边练习，并辅助学生完成收腿动作；二是强调蹬夹向后向下。

② 臂部动作。

易犯错误 1：外划时水花四溅。

产生原因：外划速度快，外划方向没有朝向斜下。

纠正办法：一是原地徒手外划练习，注意速度、宽度和划水方向；二是教师辅助和学生练习相结合，帮助学生建立正确的动作概念。

易犯错误 2：划水太后。

产生原因：外划太宽，内划太慢，划水方向过于向后。

纠正办法：一是采用"小划臂"练习技术，主要用前臂弧形划水；二是强调高肘抱水，加快内划速度。

易犯错误 3：手臂前伸结束立即外划。

产生原因：急于用手划水前进，急于抬头吸气。

纠正办法：一是教师多提示学生手臂前伸后先滑行再外划，与打腿相似，一个动作周期中需要滑行；二是多做水中原地的划水练习，完成一个动作后停两秒再进行下一个动作周期。

③ 完整配合。

易犯错误 1：蹬夹的同时划臂。

产生原因：手臂前伸后没有滑行，紧接着划臂。

纠正办法：一是教师要时刻提醒学生建立"手臂前伸后，先有停顿滑行，再外划开始下一个动作"的概念；二是分解练习，将腿部动作和臂部动作分开执行。

易犯错误 2：吸不到气。

产生原因：基本呼吸方法未掌握或抬头太晚等。

纠正办法：一是强化水中原地连贯呼吸练习；二是练习划臂与呼吸的配合，可以水中原地站立练习或两人一组配合练习。强调动手抬头吐气，延长吸气的时间。

（2）提高阶段易犯错误及纠正办法。

① 腿部动作。

易犯错误 1：收腿与蹬夹速度一致。

产生原因：腿部肌肉紧张，回收急促。

纠正办法：示范和辅助相结合。一是老师示范，要求学生仔细观察收腿动作，也可采用录像方式录下错误动作，然后让学生观看对比；二是辅助学生完成腿部动作。

易犯错误 2：蹬腿"不走水"。

产生原因：翻脚未形成良好的对水面，蹬夹未连贯。

纠正办法：一是强调翻脚的动作规范，小腿和脚的内侧面向后，为翻脚做准备；二是加强蹬夹的联动性，边蹬边夹。

② 臂部动作。

易犯错误：划水摸水，划水速度一致。

产生原因：沉肘，内划慢。

纠正办法：一是让学生弄清高肘抱水的动作概念；二是进行高肘抱水和加速内划的练习，如水中站立练习，两两合作推小车练习。

③ 完整配合。

易犯错误：蹬夹和伸臂同时。

产生原因：收腿动作太早太急。

纠正办法：一是完善打腿动作，注意打腿的节奏，"慢收翻、快蹬夹"；二是进行分解练习，将腿部动作和臂部动作分开执行。

（3）应用阶段易犯错误及纠正办法。

① 腿部动作。

易犯错误：蹬腿效果差。

产生原因：柔韧性差，节奏不明显。

纠正办法：一是通过辅助性练习提高学生腿部柔韧性；二是强调蛙泳蹬腿节奏"慢收翻、快蹬夹"；三是注意弧形蹬腿的轨迹，以及鞭水的过程。

② 臂部动作。

易犯错误：动作不圆滑、不流畅。

产生原因：没有形成"桃心"形的动作轨迹。

纠正办法：一是强调动作的完整和动作轨迹；二是多做辅助性划水练习，如夹板划水，感受动作的节奏和流畅性。

③ 完整配合。

易犯错误：每个动作后身体位置不高，前进效果不理想。

产生原因：蹬腿效果不佳，身体流线型差。

纠正办法：一是多练习分解配合，改善单个技术的规范性、流畅性；二是提高相应身体素质如柔韧、力量等。

二、教学法知识

（一）教学内容结构化："教材三个一"设计

1. 单一技术练习设计

单一技术练习包括蛙泳腿部动作练习；徒手打腿；站立划水；完整配合；一定距离的蛙泳。采用示范、讲解、练习、纠正；总结方法练习单一技术动作。

2. 组合技术练习方法设计

组合技术练习使技术应用成为可能。教师教学时，既要考虑组合技术练习的合理性，又要有助于技术动作的掌握和应用。

①组合练习一。

视频 10-2-1

腿部动作：蹬壁（底）滑行+打腿；持板打腿+换气；徒手打腿+换气（两人合作，一人练习，一人站在游进方向辅助），详见视频 10-2-1。

手臂动作：划水+换气；打腿+划水；打腿+划水+换气（分解）；夹板+划水+换气（或两人合作，一人夹住双腿，一人练习蛙泳），详见视频 10-2-2。

视频 10-2-2

完整配合：蛙泳+转身+到边；出发+蛙泳+到边。

②组合练习二。蛙泳打腿+反蛙泳打腿；蛙泳+踩水；蛙式入水+踩水+蛙泳游进等，详见视频 10-2-3。

3. 游戏或比赛方法设计

视频 10-2-3

游戏和比赛设计为技术教学提供了应用场景，好的游戏或比赛不仅能提高学生的积极性，还能使学习效果事半功倍。以下介绍几种蛙泳教学中的游戏和比赛设计。

①打腿比赛：把学生分成若干小组，完成 25 米打腿，记录每个学生通过 25 米打腿所需要的次数，累计小组的总次数，累积数少者获胜。

②蛙泳接力比赛：把学生分成若干组，进行 25 米蛙泳接力比赛，说明出发、到边的要求，先完成的组获胜。

③运球前进：手持轻质球，用蛙泳打腿的方式将球运送至指定位置，在规定的时间内运送得越多越好，也可以采用小组接力的方式进行。

（二）教学方法应用

1. 方法一

在蛙泳教学中，教师可以先进行完整的动作示范，再进行分解的动作示范；陆地模仿教学可以边示范边讲解，水中教学可以先示范再讲解。蛙泳教学应结合陆地教学和水中教学两种情境进行，学生应先进行陆地模仿练习，再过渡到水中有固定支撑练习和无固定支撑练习。蛙泳教学可按照腿部动作、腿部与呼吸的配合、手臂动作、手臂与呼吸的配合、完整配合的顺序进行。

2. 方法二

除了以上示范、讲解等传统的教学方法外，教师还可以将多种教学方法相结合，如提问法、讨论法、演示法等，以更好地调动学生积极性。

（1）提问法。

①腿部动作。在进行蛙泳腿部动作教学之前可以采用提问法启发学生思维。例如，提问：同学们，请想一想青蛙是如何在水中游进的？（蹬腿前进。）提问：谁能用手比划下青蛙打腿的水中动作？（学生开始比划。）提问：大家知道蛙泳打腿的时候为什么要勾脚吗？（帮助游泳。）

总结：从同学们的回答中，我们知道了青蛙靠蹬腿在水中游进，青蛙蹬腿的动作是往回收用力蹬，而且青蛙有大大的脚蹼帮助游泳（可以演示青蛙游泳的视频或者用手比划），那我们就来模仿青蛙打腿的动作吧！

②手臂动作。在进行蛙泳手臂动作教学之前可以先进行完整示范，然后开始提问：想想刚才老师做的手臂动作像什么形状？（桃心形。）

总结：从同学们的回答中，我们知道了蛙泳手臂划水的路线近似"桃心形"，即两手从桃心尖顶开始，划动一周回到尖顶，教师可以边示范边总结。

提问法可以在教学开始前或者组织练习中灵活采用，目的是启发学生思维，唤起学生兴趣，保持学生的注意力。

（2）讨论法。

蛙泳完整配合：在教授了蛙泳腿部动作、手臂动作及与呼吸的配合后，进入完整技术动作教学，这个时候可以采用以小组为单位的讨论法，让同学们讨论并尝试将腿部动作、手臂动作和呼吸结合起来。在学生们讨论尝试后，教师可以进行引导：先蹬腿还是先伸手？划水的时候腿在做什么动作？最后教师进行完整示范，并进一步讲解动作配合的要领。教师要善于抓住学生的兴趣点，让学生在体验的基础上探索总结，并抓住时机引导学生在练习中进行讨论，步步深入。

讨论法的核心为引导学生自己探讨动作要领。在教学过程中，教师可根据教学目的和内容灵活使用。

（3）演示法。

在蛙泳教学中可以采用演示法进行教学，利用视频、图片、实物等直观教具使学生获得感性运动认识。例如，利用视频展示完整的技术动作或分解动作，使学生形成正确动作的运动形象；利用图片（正误照片）展示并诊断技术动作的正误及其原因，诊断的图片主要为学生练习时的动作照片，学生可以比较直观、具体地感知动作。

第三节　爬泳技术

1. 学科价值

爬泳，又称自由泳，是一种古老的游泳姿势，在古代泅水姿势中就有不少类似于爬泳的动作。爬泳不仅是竞技游泳的基础泳式，还有很高的实用价值，在水中救护、抢渡急流中被广泛采用。爬泳时，身体俯卧于水中，两腿上下交替打水，围绕纵轴两臂轮流划水，侧转头呼吸，动作自然省力、游进阻力小，速度均匀，是四种竞技泳式中速度最快的一种。爬泳打腿动作简单，速度快，所以中小学游泳教学中经常先教爬泳。爬泳教学包括腿部技术、臂部技术、完整配合技术的教学。

2. 关键问题

（1）形成阶段关键问题。

爬泳教学形成阶段各动作执行关键问题如表 10-7 所示。把握关键问题，有针对性地安排教学策略，能使教学更加高效。该阶段动作结构的完整是关键问题。

表 10-7　爬泳教学形成阶段各动作执行关键问题

动作	关键问题
腿部动作	1. 身体姿势：身体平直地俯卧于水中，躯干适度紧张 2. 交替打腿时，大腿发力，通过膝关节带动小腿和脚上下打水，大腿的上抬和下压始终领先小腿 3. 下压时，踝关节绷直；上抬时，踝关节自然放松
臂部动作	1. 入水：入水点在同侧肩的延长线上，入水顺序是手、前臂、上臂 2. 划水：抓水、拉水、推水三个环节缺一不可 3. 出水和空中移臂：转肩出水，空中移臂，注意高肘
完整配合	1. 一般采用 6 次打腿、2 次划水、1 次呼吸的配合 2. 侧转头呼吸，不要抬头，头应随着身体转动而转动

（2）提高阶段关键问题。

爬泳教学提高阶段各动作执行关键问题如表 10-8 所示。动作的完整和规范以及整体动作的节奏是该阶段关注的首要问题。

表 10-8　爬泳教学提高阶段各动作执行关键问题

动作	关键问题
腿部动作	1. 身体姿势：头的位置，水面齐发际，两眼看前下方，身体稳定 2. 有节奏地鞭状打腿

续表

动作	关键问题
臂部动作	1. 入水：入水点把握，入水后与划水衔接 2. "S"形划水路线 3. 入水、划水、出水、空中移臂顺畅连接
完整配合	1. 划水、呼吸配合的时机，单个技术的规范、准确 2. 完整配合的协调

（3）应用阶段关键问题。

爬泳教学应用阶段各动作执行关键问题如表10-9所示。整体动作结构的规范、协调、流畅且有节奏是首要关注的问题。

表10-9　爬泳教学应用阶段各动作执行关键问题

动作	关键问题
腿部动作	1. 身体伸展，成流线型，身体稳定 2. 发力合理，打腿自然，游进效果佳
臂部动作	1. 手臂围绕纵轴有节奏地转动 2. 两臂连贯，动作协调，节奏明显
完整配合	1. 身体成流线型，游进相对稳定 2. 身体围绕纵轴有节奏地左右转动 3. 臂、腿、呼吸配合协调，游进效果佳

3. 易犯错误与纠正办法

（1）形成阶段易犯错误及纠正办法。

① 腿部动作。

易犯错误1：勾脚打水。

产生原因：动作概念不清，踝关节灵活性差。

纠正办法：一是厘清脚背绷直和勾脚的区别，要求有意识地绷直脚背打水；二是多做跪压踝动作，发展踝关节的柔韧性。

易犯错误2：屈髋打水。

产生原因：腰腹发力，两腿僵硬。

纠正办法：一是多模仿陆地打腿练习；二是强调大腿发力，膝盖自然弯曲。

② 臂部动作。

易犯错误1：摸水。

产生原因：对抓水、拉水、推水概念不清。

纠正办法：一是多做水中原地站立划水练习，体会高肘抱水的动作要领；二是多做单臂分解练习，建立单个动作的准确性。

易犯错误2：划水路线短，划水偏外。

产生原因：身体位置高，拉水、推水不充分。

纠正办法：一是强调身体伸展，不要过分挺胸抬头；二是强调抓水、拉水、推水动作的规范性；三是多练习水中原地站立划水，建立正确的动作路线。

易犯错误 3：出水掌心朝上，移臂低肘。

产生原因：手臂力量不足，没有推水。

纠正办法：一是加强手臂力量练习；二是强调推水后屈肘提拉，以小指侧领先将手臂提出水面。

③ 完整配合。

易犯错误 1：抬头吸气。

产生原因：怕呛水、身体转动不够。

纠正办法：一是多练习水中站立划水配合侧转头呼吸的动作；二是提高肩关节的柔韧性、灵活性，强调身体的转动和呼吸的配合。

易犯错误 2：身体下沉。

产生原因：打腿效果差、身体紧张。

纠正办法：一是多练习打腿，提高打腿的效果；二是改进臂、腿、呼吸的配合。

（2）提高阶段易犯错误及纠正办法。

① 腿部动作。

易犯错误：小腿打水。

产生原因：屈膝过多，发力点错误。

纠正办法：一是强调向上打水时脚跟不露出水面；二是强调打腿时大腿的上抬和下压始终领先于小腿和脚的上抬和下压；三是采用矫枉过正法，主观上要求直腿打水。

② 臂部动作。

易犯错误：宽平移臂。

产生原因：肩关节灵活性差。

纠正办法：一是加强肩关节柔韧性练习；二是强调增大身体转动的幅度，提肘出水，肩关节放松。

③ 完整配合。

易犯错误：臂、腿配合不流畅。

产生原因：臂、腿配合不协调，单个技术不熟练。

纠正办法：一是加强打腿练习，加强划水配合打腿分解练习；二是多练放松配合游。

（3）应用阶段易犯错误及纠正办法。

① 腿部动作。

易犯错误：打腿效果差。

产生原因：打腿节奏感不明显，脚踝灵活性欠缺。

纠正办法：一是通过辅助性练习提高下肢柔韧性；二是强调鞭状打腿，通过多练习短距离快速打腿提高打腿的节奏感。

② 臂部动作。

易犯错误：交替划水不协调。

产生原因：两臂动作不对称，与呼吸、腿的配合不理想。

纠正办法：一是多做分解练习，改善划水动作的规范性；二是多做辅助性划水练习，如夹板划水，感受动作的节奏和流畅性。

③ 完整配合。

易犯错误：动作不流畅、不舒展。

产生原因：肩关节柔韧性差，臂、腿、呼吸的配合不协调。

纠正办法：一是加强身体柔韧性练习；二是多做分解、辅助性划水练习；三是加强呼吸与臂的配合；四是多练放松配合游。

二、教学法知识

（一）教学内容结构化："教材三个一"设计

1. 单一技术练习设计

单一技术练习：爬泳腿部动作练习；徒手打腿；臂部动作练习；水中站立划水（单臂/双臂），完整配合；一定距离的爬泳。采用示范、讲解、练习、纠错、总结的方法教学单一技术动作。

视频 10-3-1

2. 组合技术练习方法设计

爬泳组合技术练习的设计要考虑其合理性和有效性。

①组合练习一。

打腿动作：蹬壁（底）滑行+打腿+到边；持板交替打腿+直立打腿；前滚翻+打腿；俯卧交替打腿+仰卧交替打腿，详见视频 10-3-1。

视频 10-3-2

臂部动作：单臂划水+打腿+转头换气；夹浮板+划水，详见视频 10-3-2。

爬泳完整配合：出发+途中游+到边；爬泳+前滚翻，详见视频 10-3-3。

②组合练习二。抬头爬泳+潜水。

视频 10-3-3

3. 游戏或比赛方法设计

①俯卧漂浮比赛：手持浮板置于头前，用浮漂的方式比一比谁漂浮得久（不打腿）。

②翻转比赛：俯卧转仰卧转俯卧，连续完成翻转（可打腿），计时 30 秒，翻转次数多者获胜。

③打腿比赛：把学生分成若干小组，完成 25 米或 50 米打腿比赛，记录每个学生通过 25 米或 50 米打腿所需要的时间，累计小组的总时间，总时间最少的小组获胜。

④抬头爬泳打水球：排球或轻质球 1 个，学生分成 2 组，用设置标志物模拟球门，采用抬头爬泳争抢球，在规定的时间内进球多者获胜。

（二）教学方法应用

1. 方法一

在爬泳教学中，教师可以先进行完整的动作示范，再进行分解的动作示范。爬泳一般先进行腿打水教学，再进行臂划水教学，最后进行完整配合教学。每一部分都可以水陆结合练习，陆地模仿教学可以边示范边讲解，水中教学可以先示范再讲解。学生可先进行陆地模仿练习，再过渡到水中有固定支撑练习和无固定支撑练习。学生应先进行分解练习，再进行完整练习。这里的教学方法包括讲解法、示范法、分解练习法、完整练习法。

2. 方法二

爬泳教学中也可以采用蛙泳教学中提及的提问法、演示法、讨论法等。爬泳教学还可

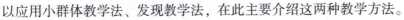
以应用小群体教学法、发现教学法，在此主要介绍这两种教学方法。

（1）小群体教学法。

小群体教学法是通过体育教学中的集体因素、学生间的交流和互帮互助提高学生的学习主动性，从而提高学习质量的一种教学方法。小群体教学可充分发挥教师的主导作用、学生的主体作用。在爬泳教学的形成阶段就进行分组，明确学习目标，教师进行统一的示范讲解。之后以小组为单位进行练习，小组内进行讨论，相互帮助，组内成员有针对性地进行练习，此时教师进行观察、指导。最后可以设置小组展示的环节，通过比一比，看哪组学得更好。

（2）发现教学法。

发现教学法旨在培养学生的探究性思维。例如，在教授爬泳打腿时涉及"鞭状"打腿的概念，教师可以先让学生体会鞭子打水，然后让学生像鞭子一样用腿鞭水，大腿领先小腿和脚，脚背绷直，向上打水放松，向下打水绷紧，上下快速交替打腿。

第四节　仰泳技术

一、学科知识

1. 学科价值

仰泳，因其游泳时的身体姿势而得名，是人类游泳活动中出现较早的泳式，"蛙式仰泳"经过不断的发展和完善最后演变成现代的竞技仰泳姿势。仰泳时，身体仰卧于水中，脸部露出水面、呼吸方便、动作相对简单易学，深受人们的喜爱。在中小学的游泳教学中，因仰泳呼吸方便，初学阶段也有先教仰泳的。仰泳除了有一定的健身价值外，它的实用价值也很高，如在水中拖带溺水者或者运送物品时适合仰泳。另外，长时间游泳后的休息与放松也可以用仰泳的方式。仰泳教学包括腿部动作技术、臂部动作技术、完整配合技术等。

2. 关键问题

（1）形成阶段关键问题。

仰泳教学形成阶段各动作执行关键问题如表 10-10 所示。仰泳与爬泳在技术上有一定的共通性，如打腿动作，动作结构相同，只是姿势不同。

表 10-10　仰泳教学形成阶段各动作执行关键问题

动作	关键问题
腿部动作	1. 打腿时，身体自然伸展，平直地仰卧水中，不宜屈髋形成"坐着"的姿势 2. 交替打腿时，大腿发力，通过膝关节带动小腿和脚有节奏地上下打水，屈膝不宜过度 3. 上踢时，踝关节绷直；下压时，踝关节自然放松
臂部动作	1. 入水：手臂伸直，自然放松，小指领先切入，入水点在肩的延长线上 2. 划水：微屈腕抓水，屈肘拉水，向后推水，上臂运动领先于前臂和手掌 3. 出水和空中移臂：转肩出水，空中移臂，手臂伸直

续表

动作	关键问题
完整配合	1. 一般采用 6 次打腿、2 次划水、1 次呼吸的配合 2. 当一臂经空中移臂时深吸气在抓水阶段短暂闭气，划水阶段呼气，如此循环

（2）提高阶段关键问题。

仰泳教学提高阶段各动作执行关键问题如表 10-11 所示。动作的完整和规范以及整体动作的节奏是该阶段关注的首要问题。

表 10-11　仰泳教学提高阶段各动作执行关键问题

动作	关键问题
腿部动作	1. 身体平直，头肩略高于臀部，以髋为轴，大腿带动小腿鞭状打腿 2. 膝关节自然弯曲，踝关节上踢、下压自然、灵活，有节奏
臂部动作	1. 入水：入水点把握，入水后与划水衔接 2. 划水逐渐加速，与出水、空中移臂连接一起
完整配合	1. 臂、呼吸配合的时机，单个技术的规范、准确 2. 协调的完整配合

（3）应用阶段关键问题。

仰泳教学应用阶段各动作执行关键问题如表 10-12 所示。整体动作结构的规范、协调、流畅且有节奏是首要关注的问题。

表 10-12　仰泳教学应用阶段各动作执行关键问题

动作	关键问题
腿部动作	1. 打腿时，身体成流线型，两眼看后上方，余光可见打出的水花 2. 发力合理，打腿自然，充分发挥腿的推进力，游进速度较快
臂部动作	1. 手臂围绕纵轴有节奏地转动 2. 两臂连贯，动作协调，节奏明显
完整配合	1. 身体成流线型，头部在游进中保持相对稳定 2. 躯干随两臂轮流划水而绕身体纵轴左右转动 3. 各动作产生的推进力紧密衔接

3. 易犯错误与纠正办法

（1）形成阶段易犯错误及纠正办法。

① 腿部动作。

易犯错误 1：打水时，膝关节露出水面。

产生原因：屈髋、大腿下压不够。

纠正办法：一是通过多练习直腿打腿体会动作要领；二是强调大腿积极下压，上踢时小腿、脚背上踢。

易犯错误 2：腿下沉，踢不出水花。

产生原因：上身紧张，头部位置太高，打腿幅度太大。

纠正办法：一是通过仰卧蹬壁滑行形成正确的仰卧姿势；二是强调小幅度、快频率打腿。

易犯错误3：脚尖踢水。

产生原因：脚背上踢时未绷直，脚踝灵活性差。

纠正办法：一是加强脚踝柔韧性练习；二是厘清脚背绷直的概念并加强仰坐模仿打腿练习。

② 臂部动作。

易犯错误1：入水点偏外。

产生原因：入水时躯干绕纵轴转动不够。

纠正办法：一是通过单臂划水的练习体会动作要领；二是采用矫枉过正法，主观上要求做到手在头的前方入水。

易犯错误2：入水点超过身体中线。

产生原因：空中移臂时肘关节弯曲。

纠正办法：一是强调空中移臂和入水时臂伸直，可仰卧于池边反复做直臂入水的模仿动作；二是辅助学生完成入水动作，使其有正确的体验。

易犯错误3：入水时手背拍击水面。

产生原因：身体转动不够，动作紧张、急促。

纠正办法：一是强调手臂划水时躯干围绕纵轴转动；二是强调动作结构的完整以及小指领先入水。

③ 完整配合。

易犯错误："坐"着游。

产生原因：收腹屈髋，臀部下沉，怕呛水。

纠正办法：一是通过分解练习，提高单个动作的规范性；二是加强呼吸方法练习，消除怕水心理。

（2）提高阶段易犯错误及纠正办法。

① 腿部动作。

易犯错误：小腿踢水。

产生原因：只靠膝关节屈伸来打水。

纠正办法：一是可以采用正误对比示范法，通过观看不同的打腿法建立正确的动作形象；二是强调大腿积极下压，掌握鞭状打腿的动作要领。

② 臂部动作。

易犯错误1：直臂划水。

产生原因：手臂入水后急于划水。

纠正办法：一是明确屈肘划水的动作概念，熟悉屈肘提拉、伸肘推压及最后的转腕鞭水动作；二是增加陆地站立的屈肘划水练习以及仰卧池边单臂屈肘划水练习。

易犯错误2：两臂划水不连贯。

产生原因：划水结束后手臂在体侧停顿。

纠正办法：一是进行站立两臂交替划水的练习，体会连续交替的感觉；二是强调手臂划水与转肩协同，当肩上提时提臂出水。

③ 完整配合。

易犯错误：臂、腿配合不协调。

产生原因：划臂与打腿脱节。

纠正办法：一是加强打腿练习，强调划臂时不停顿地打水；二是多进行分解练习，如单臂划水与打腿配合。

（3）应用阶段易犯错误及纠正办法。

① 腿部动作。

易犯错误：打腿效果差。

产生原因：发力不准确，节奏感、柔韧性差。

纠正办法：一是通过辅助性练习提高下肢柔韧性；二是强调鞭状打腿，通过多练习短距离快速打腿，提高打腿的节奏感。

② 臂部动作。

易犯错误：动作节奏感不明显。

产生原因：两臂轮流划水与躯干绕身体纵轴转动的配合不理想。

纠正办法：一是控制呼吸频率，以防动作紊乱；二是多做辅助性划水练习，如夹板划水，感受动作的节奏和流畅性；三是强调躯干围绕纵轴转动与划水的配合。

③ 完整配合。

易犯错误：身体摆动幅度大，游进效果不理想。

产生原因：肩关节灵活性差、躯干转动幅度大。

纠正办法：一是加强肩关节柔韧性练习；二是保持良好的身体姿势，提高游进时身体的稳定性；三是加强分解练习，强调单个技术的规范性。

二、教学法知识

（一）教学内容结构化："教材三个一"设计

1. 单一技术练习设计

单一技术练习：仰泳腿部动作练习；徒手打腿；臂部动作练习；水中站立划水（单臂/双臂）；完整配合；一定距离的仰泳。采用示范、讲解、练习、纠错、总结等方法教学单一技术动作。

2. 组合技术练习方法设计

仰泳组合技术练习的设计要考虑其合理性和有效性。

①组合练习一。

打腿动作：蹬壁（底）滑行+打腿+到边；仰卧交替打腿+仰卧蛙泳打腿；仰卧交替打腿+俯卧交替打腿，详见视频10-4-1。

臂部动作：单臂划水+打腿；夹板+划水，详见视频10-4-2。

仰泳完整配合：仰泳出发+仰泳+到边；仰泳+滚翻。

视频10-4-1

视频10-4-2

②组合练习二。

仰泳+反蛙泳；仰泳+后滚翻；仰泳+蛙泳。

3. 游戏或比赛方法设计

①仰卧漂浮比赛：手持浮板置于胸前，用仰漂的方式比一比谁漂浮得久（不打腿）。

②翻转比赛：仰卧转俯卧转仰卧，连续完成翻转（可打腿），计时30秒，翻转次数最多者获胜。

③打腿比赛：把学生分成若干小组，完成25米打腿，记录每个学生通过25米打腿所需要的时间，累计小组的总时间，总时间少者获胜。

④运送物体：用仰泳打腿或反蛙泳的方式将球运送至指定位置，在规定的时间内运送最多者获胜；也可以采用小组接力的方式进行。

（二）教学方法应用

1. 方法一

仰泳教学同样可以采用蛙泳、爬泳教学中的方法，如示范法、讲解法、分解练习法、完整练习法、提问法、演示法、讨论法等，通过陆地练习和水中练习相结合的方式让学生学习和体验，避免"填鸭式"的教学。仰泳的教学顺序与爬泳相同，一般先进行腿打水教学，再进行臂划水教学，最后进行完整配合教学。

2. 方法二

除了蛙泳、爬泳中介绍过的教学方法外，仰泳教学还可以利用保护与帮助法、探究教学法等。

（1）保护与帮助法。

学生从初学到逐步掌握运动技术的过程中，不可避免地会出现一些错误动作，从而影响动作完成的质量。因此，要及时纠正错误动作，这时保护与帮助法就起到了很大的作用。例如，在进行仰泳腿部技术教学时，辅助学生身体姿势平直，可以大大提高学生的学习效率。

腿部动作：教师站在学生的侧面，一手托其臀部，另一手托其肩部，使学生身体抬高，身体姿势伸展且平直，在这个基础上学生进行打腿练习。

臂部动作：在学生完成仰泳姿势后，教师站在学生的后方，用双手将学生两腿置于腰间防止其下沉，在此基础上学生练习单臂仰泳划水或双臂轮流划水。

（2）探究教学法。

探究教学的目的是通过探究性的活动去培养学生的探究意识，引导其形成探究问题和思考问题的能力。在仰泳技术的教学中，教师可以通过提问促进学生的思考。仰泳教学中的探索示例如表10-13所示。

表10-13　仰泳教学中的探索示例

学习内容	提问	观察视点
1. 腿部动作	（1）如何利用身体姿势使身体浮起来？ （2）怎样才能打腿又轻松又快？	（1）深吸气了吗？上身放松了吗？ （2）整个身体过于紧张吗？ （3）鞭状打腿了吗？

学习内容	提问	观察视点
2. 臂部动作	（1）如何使手臂像风车一样转起来？ （2）如何让转动的手臂带着身体前进？	（1）身体围绕纵轴转动了吗？ （2）入水点对了吗？入水后抓水了吗？ （3）划水连贯吗？移臂直臂了吗？
3. 完整动作	（1）划水打腿时如何呼吸？ （2）怎样才能在游泳时不觉得身体疲惫？	（1）是否觉得筋疲力尽？ （2）臂腿呼吸配合了吗？

第十一章 游泳课程思政

第一节 游泳课程思政元素

一、游泳课程思政概述

2016 年全国高校思想政治工作会议指出，把思想政治工作贯穿教育教学全过程，实现全程育人、全方位育人。游泳运动作为一项实用性极强、趣味性颇高、健身效果较好的运动，一直深受学生们的喜爱。在游泳教学中，把游泳作为一项生存技能，教会学生遇到特殊情况时懂得如何自救以及救助他人，同时加强学生对生命意义的思考，如尊重生命、敬畏生命；把游泳作为一项竞技体育运动项目，强调这项运动所展现出的顽强拼搏、超越自我、吃苦耐劳的体育精神，能让学生在学习过程中潜移默化地受到教育。[①]

二、游泳课程思政元素梳理

根据游泳运动开展环境的特殊性及项目特性，下面列举游泳课程中的思政育人元素。

(一)"意识"元素

"意识"元素，包含生命意识、安全意识、责任意识、锻炼意识等。

游泳运动是一项在水中开展的运动项目，不同于陆地运动。游泳需要克服对水的恐惧，适应水中的浮力以及不同深度的压力，控制身体在不同运动姿态中的平衡，掌握游泳过程中呼吸与吐气的节奏。因此游泳初学者未经过专业的指导与保护帮助，存在一定的安全隐患，如抽筋、呛水、溺水等。基于此，游泳课程中，"意识"的渗透相当重要，教师在每一节课都应让学生知道游泳课的课堂纪律、注意事项，教师要教授保护与帮助的方法，提高学生在游泳时对"生命""安全""责任"的认知，以确保课程安全顺利地进行。除此之外，教师还应提高学生的锻炼意识，使学生认识到锻炼对身体健康的重要性，并能运用所学的技能和健康知识进行健康管理，逐渐养成定期锻炼的习惯，建立健康的生活方式，提高生活品质。

[①] 黄艳君. 普通大学生游泳课程思政教学研究［D］. 上海：华东师范大学，2023.

（二）"信念"元素

"信念"元素，包含坚定的爱国主义信念、积极向上的个人理想信念等。

习近平总书记指出："要把爱国主义教育贯穿国民教育和精神文明建设全过程。……要充分利用我国改革发展的伟大成就、重大历史事件纪念活动、爱国主义教育基地、中华民族传统节庆、国家公祭仪式等来增强人民的爱国主义情怀和意识，运用艺术形式和新媒体，以理服人、以文化人、以情感人，生动传播爱国主义精神，唱响爱国主义主旋律，让爱国主义成为每一个中国人的坚定信念和精神依靠。"在游泳课程中，教师可以通过对我国游泳运动发展的追溯，分享游泳运动训练日常、游泳运动员采访等影视资料，让学生明白，是运动员不怕苦、不怕累、坚持不懈、追求卓越的人生信念支撑着他们登上世界舞台，为国争光，国旗的一次次升起，国歌的一次次奏响，都代表着国家荣誉，从而增强国家荣誉感，激发爱国情怀，坚定爱国信念。

（三）"意志"元素

"意志"元素，包含坚持不懈的意志品质、凝心聚力的团队精神、正确的胜负观。

游泳是一项需要大量重复练习的运动，需要学习者具有一定的耐受力和坚持力。例如，在初学游泳过程中，需要克服对水的恐惧感，尽快适应水温、水压、水流等水的物理属性，这需要自己勇敢地尝试体验。再如，在技能提高阶段需要大量重复的训练，这需要学生克服枯燥感，承受训练带来的压力和疲劳，不断制定具有挑战性的阶段目标，激发斗志，一步一步完成目标，在提高中不断超越自我。另外，尽管游泳是靠个人完成的运动项目，但在教学和比赛中都需要团队合作，如课堂中的小组合作学习，因此，在游泳课程教学中应将团队协助的精神渗透始终。当然，体育运动具有竞争属性，胜败乃兵家常事，因此游泳教学也要培养学生正确的胜负观，塑造学生胜不骄、败不馁的精神，多关注过程、少关注结果的良好品格，教学中多进行过程性评价，多采用鼓励的方式。

（四）"品德"元素

"品德"元素，包含个人的行为规范、规则意识、诚信自律等。

游泳课是很好的体育品德教育课。在游泳教学中，学生必须遵守泳池规定，听从教师指挥，不能擅自离开活动区域，这一定程度上是对自身行为的规范。无论是教学性比赛还是趣味性游戏都具有一定的规则，所有的参赛者都必须遵守相应规则，例如，在游泳比赛时，出发不能抢跳，游进中不能干扰对手，不能拉水线，也不能佩戴任何有助于提高速度的工具，不能吃违禁药物等。因此，在游泳教学中，教师可以通过对学生进行规则教育，让学生树立起规则意识，进而养成遵守规则、遵纪守法的习惯。

第二节　游泳课程中思政元素渗透策略与案例

一、培养学生的水中安全意识、行为和态度

1. 教学目标

（1）认知目标：学生能说出游泳相关的安全卫生知识，掌握基本的自救、救生知识。

（2）技能目标：能掌握所教授的泳姿及部分实用游泳技术，如踩水、反蛙泳等，能解决游泳运动中出现的抽筋、呛水等问题。

（3）情感目标：学生养成积极的涉水安全态度，具有一定的自我保护意识。

2. 教学内容

"知信行"游泳课程教学模式（1）如表11-1所示。

表11-1　"知信行"游泳课程教学模式①（1）

教学模式	教学维度	具体内容
知	一般性知识	游泳安全知识：安全和卫生、生存与急救常识
	专门性知识	①运动技能：生存技能、自救及救生技能 ②游泳中异常现象的预防和处理
信	积极态度	①情感品格：沉着冷静、勇敢、不冒进 ②安全观：溺水伤害可控可防，自我保护意识
	正确信念	①生命教育：坚持生存技能优先发展 ②协同发展：生存教育与健康教育协同发展
行	科学行动	安全行动：杜绝水域高危行为，科学救生

3. 教学方法

（1）设疑提问法。教师提问：天气逐渐变热，游泳成了人们喜闻乐见的活动，周末三五好友相约游泳，他们选择了野外禁止游泳的小河，如果是你，你会下水游泳吗？为什么呢？

（2）情境模拟法。教师设置情境：小王在游泳时小腿抽筋了，他迅速停止游泳并开始握住脚掌拉伸腿部，缓解后就近起水继续拉伸。如果你是小王，你如何进行抽筋自解，请模拟尝试。

4. 教学评价

学业质量评价（1）如表11-2所示。

表11-2　学业质量评价（1）

核心素养	评价标准描述	评价等级		
		1	2	3
运动能力	①能描述学练的基本动作名称和游戏规则 ②能进行踩水、潜泳、反蛙泳、纵横轴翻转等实用游泳技术至少3种 ③能独立展示1~2种泳姿并能游进25米及以上			

---

① 张腾，陈洁星．生存教育理念下游泳专项教学：问题反思与改革探索［J］．福建体育科技，2022，41（5）：87-92.

续表

核心素养	评价标准描述	评价等级		
		1	2	3
健康行为	①能说出 5 条及以上游泳时的安全注意事项，知道溺水时的正确处理方法（如冷静、放松、呼救等），具有水上安全意识 ②了解个人卫生，并能将其运用到实践过程中（如需要上厕所时能及时报告老师） ③乐于参与学练，可以说出参与游泳前后的感受			
体育品德	①在学练中愿意坚持和展示自我 ②能在模拟自救情境中保持沉着冷静			

二、培养学生的锻炼意识

1. 教学目标

（1）认知目标：学生能说出游泳锻炼对身体健康的益处和其中简单的原理。

（2）技能目标：学生能根据自身水平制订游泳锻炼计划并完成。

（3）情感目标：养成积极向上的生活态度，具有终身锻炼的良好意识。

2. 教学内容

"知信行"游泳课程教学模式（2）如表 11-3 所示。

表 11-3　"知信行"游泳课程教学模式（2）

教学模式	教学维度	具体内容
知	一般性知识	游泳健康知识：游泳锻炼对身心健康的积极作用
	专门性知识	①游泳运动的基本原理 ②制订游泳学习计划
信	积极态度	活动参与意识、积极的过程体验
	正确信念	①具身实践：娱乐身心，感悟与分享、社会适应 ②终身体育：运动能力、锻炼习惯和促进体质健康
行	科学行动	游泳知识与技能兼顾，如何制订锻炼计划

3. 教学方法

案例分析法：通过对小张同学的游泳锻炼案例分析，传递游泳锻炼的价值及对身心健康的影响。小张今年 14 岁，身高 1.6 米，体重 68 千克，体脂率较高。在学会了游泳后，小张制订了每周锻炼计划，经过持续半年的锻炼后，他的体脂率明显下降，体质健康水平显著提升。通过这个案例，让学生知道科学健康的重要作用。

讨论法：为了让学生了解科学的身体活动对健康的影响，可以设置相应主题进行小组讨论，如"小明是游泳的初学者，刚刚学会蛙泳和自由泳，为了强身健体，请为小明制订一份健康锻炼计划"。

4. 教学评价

学业质量评价（2）如表 11-4 所示。

表 11-4　学业质量评价（2）

核心素养	评价标准描述	评价等级		
		1	2	3
运动能力	①能独立展示 1~2 种泳姿并游进 25 米及以上 ②能完成每节课规定的运动计划 ③能根据自身的水平制订游泳锻炼计划			
健康行为	①能说出 2 条及以上游泳对人体身心健康的积极作用 ②理解体育锻炼对健康的重要性，主动参与体育活动 ③心态良好，充满活力			
体育品德	①能在学练过程中享受乐趣，认真且投入 ②能克服一定的困难进行学练			

三、培养学生的意志品质

1. 教学目标

（1）认知目标：学生能分享游泳学习中的心得体会，从怕水转变为能在水中自如活动的心路历程。

（2）技能目标：学生能完成一定距离和强度的游泳学习计划。

（3）情感目标：学生养成能坚持、敢拼搏、愿挑战的顽强品质。

2. 教学内容

"知信行"游泳课程教学模式（3）如表 11-5 所示。

表 11-5　"知信行"游泳课程教学模式（3）

教学模式	教学维度	具体内容
知	一般性知识	游泳对意志品质锤炼的案例
	专门性知识	水陆结合：陆地素质与水中技术
信	积极态度	①努力尝试，积极的过程体验 ②勇敢、拼搏、挑战的精神
	正确信念	①相信自己：不放弃、能坚持 ②悦纳自己：不气馁，胜不骄、败不馁
行	科学行动	知行合一：重复练习、趣味游戏、比赛

3. 教学方法

（1）案例分析法。利用案例激发学生热爱游泳、敢于突破自我的意志品质，如借杭州举办亚运会、亚残运会的机会，导入相关案例。在 2023 年杭州第 4 届亚残运会获得 5 枚游泳金牌的独臂少年徐海蛟，在 8 岁时因为一场车祸失去了自己的左臂，但他没有向命运屈服，不曾放弃热爱的游泳项目，用独臂划开波浪及面前所有艰难，用连续多次夺冠、用打破纪录的实力，书写了自己的传奇，成为中国"水中蛟龙"，实现了自己的人生价值，为国家、为社会做出了自己的贡献。

（2）重复练习法。在学生学习的不同阶段，教师对游泳技术动作进行示范讲解，让学生重复练习，用积极的语言鼓励学生多尝试体验，遇到困难时不放弃、不气馁，坚持完成相对枯燥的单一身体活动，如中长距离的练习内容。

（3）比赛法。设计相关的趣味游戏或比赛活动，激发学生的兴趣，鼓励学生勇于展示自己，敢于拼搏，敢于挑战。

4. 教学评价

学业质量评价（3）如表 11-6 所示。

表 11-6　学业质量评价（3）

核心素养	评价标准描述	评价等级		
		1	2	3
运动能力	①能克服对水的恐惧，敢于突破自我，努力尝试 ②能积极完成教师安排的课堂任务 ③体能水平得到提高，并能在游戏和比赛中发挥自身应有水平			
健康行为	①能对案例进行分析和感受分享 ②遭遇挫折和失败时保持情绪稳定 ③交往和合作能力提升，适应自然环境能力提高			
体育品德	①在一定难度的学练中表现出勇敢、克服困难的品质 ②在有挑战性的体育活动中表现出自信和抗挫折能力			

四、培养学生的规则意识

1. 教学目标

（1）认知目标：学生能说出蛙泳的动作要领，掌握蛙泳基本的比赛规则。

（2）技能目标：学生能规范地完成蛙泳动作并完成一定距离的蛙泳，在比赛中能遵守规则完赛。

（3）情感目标：学生养成一定的规则意识，尊重对手，乐享比赛。

2. 教学内容设计

"知信行"游泳课程教学模式（4）如表 11-7 所示。

表 11-7　"知信行"游泳课程教学模式（4）

教学模式	教学维度	具体内容
知	一般性知识	游泳比赛的基本规则理论和案例
	专门性知识	蛙泳的规范技术、比赛规则

续表

教学模式	教学维度	具体内容
信	积极态度	①遵守规则，尊重对手 ②相信自己，组内合作
	正确信念	正确的胜负观：为自己和他人鼓掌
行	科学行动	按要求、规则学练、趣味游戏、比赛

3. 教学方法

（1）讲解示范法。教师首先对蛙泳动作进行示范讲解，然后集体练习、分组练习，要求学生按规范完成动作，培养学生辨别技术规范的能力。

（2）游戏与比赛法。学生分组进行游戏和比赛，如 25 米接力比赛，要求比赛时必须使用蛙泳，到边、途中游、交接都必须按照蛙泳比赛规则进行，犯规者取消成绩。通过参加游戏和比赛，学生了解规则的重要性。

4. 教学评价

学业质量评价（4）如表 11-8 所示。

表 11-8　学业质量评价（4）

核心素养	评价标准描述	评价等级		
		1	2	3
运动能力	①能遵守蛙泳的规范执行完整蛙泳技术 ②能用蛙泳完成 50 米及以上的游距 ③能用蛙泳完成游戏和比赛			
健康行为	①能与同伴积极合作，共同完成任务 ②尊重对手，比赛失败时保持乐观态度 ③交往和合作能力提升，适应自然环境能力提高			
体育品德	①团结协作，按规则完成游戏或比赛 ②在比赛中表现出自信和抗挫折能力			

第十二章 游泳专项体能与练习方法

第一节 游泳专项体能训练

专项的体能训练是针对某一特定的运动项目进行反复训练，使体质、机能、运动技术等各方面都与运动项目相匹配的具体措施。游泳运动属于体能主导类速度及耐力型项目，要求有全面发展的体能特征如力量、速度、耐力、平衡、协调、柔韧等各项素质都要求有很好的发展。游泳专项体能训练的基本思路是"力量是基础，速度、耐力是灵魂，平衡、柔韧是保障"。游泳包括出发、途中游、转身技术、终点冲刺和到边技术5个环节，而途中游、转身技术、终点冲刺和到边技术尤为关键，针对途中游、终点冲刺环节的专项体能训练，对提高游泳成绩有非常重要的作用。

总之，游泳专项体能练习是游泳学习训练中的重要组成部分，对于提高学生的竞技水平、增强比赛能力、预防伤病和提高自信都具有重要意义。

第二节 游泳专项体能准备活动设计与示例

准备活动又称热身运动，是体能训练计划的一部分。它的基本目的是提高身体和核心肌群的温度。当身体热起来的时候，通过更大的动作幅度可产生更大的收缩力量，从而使肌群能够更有效地参与工作①。游泳活动开始前，一定不要忽视做好游泳前的热身活动。给身体一个适应的过程，以适宜的身体状态投入到游泳中，可以防止溺水、抽筋、脚麻等意外发生。准备活动一般分为陆地和水中两种形式。

一、游泳专项体能准备活动（陆地）内容与方法

在进行水中运动和练习活动前，应积极做好准备活动。准备活动建议选择慢跑（在场

---

① 斯科特·里瓦尔德，斯科特·罗德奥. 游得更快的科学原理：优异运动表现的技术和训练研究进展［M］. 温宇红，译. 北京：科学出版社：343.

地允许的情况下）、热身操和拉伸的形式。

1. 教学示例一

练习内容：热身操。

教学方法：根据人数分成若干组，前后左右成体操队形分开，教师带领学生做徒手操活动，包括头部运动、扩胸运动、绕肩运动、屈曲伸展、开合跳，以及后踢腿等全身组合活动，每个动作做 4 个八拍；可以结合音乐，也可以在常规的热身操基础上创编改编。

教学要求：注意根据节拍完成，精神饱满，动作到位。

2. 教学示例二

练习内容：静态拉伸。

教学方法：分小组或在教师指导下集体完成，如压肩关节、踝关节，或者使用辅助器材如弹力带充分活动开身体，使身体达到预热状态；每个静态拉伸动作应进行 2~3 次，每次持续 20~30 秒。

教学要求：循序渐进有控制地进行，肌肉有一定的紧张感，但并非疼痛，如感到疼痛应立即停止拉伸。

二、游泳专项体能准备活动（水中）内容与方法

水中准备活动也是游泳学习或训练必不可少的组成部分。正确合理的水中热身方式有助于提高学生的水感、水中身体控制和水中速度等，从而提高学习效率。

1. 教学示例一

练习内容：扶边打腿或趴边打腿。

教学方法：两手贴在池壁上或趴在岸边，身体成水平姿势俯卧在水中，做蛙泳、自由泳打腿动作，感受有固定支撑的打腿水感，控制好腿部动作的节奏，反复练习，使动作趋于熟练、自如，为进行水中徒手练习做准备。

教学要求：身体自然放松，尽可能成水平的身体姿态，注意腿部动作节奏。

2. 教学示例二

练习内容：持板自由泳、蛙泳或仰泳腿部动作。

教学方法：在指定泳道内依次蹬边滑行进行蛙泳、自由泳或仰泳打腿准备，在持板做腿部练习的时候，两臂前伸，双手扶住打水板，身体要尽量放松舒展，使身体平直俯卧或仰卧在水中，主要体会腿部的动作要领和腿部对水的作用力，不断提高打水实效。

教学要求：教学组织有秩序，练习负荷循序渐进，身体成流线型，把握打腿的节奏。

3. 教学示例三

练习内容：自由泳、蛙泳、仰泳分解练习。

教学方法：利用打水板或徒手分解动作进行蛙泳、自由泳、仰泳手臂划水或配合的动作，利用打水板时可以将板夹于两腿之间，只做划水动作、改进动作的同时提高手臂划水的负荷。徒手分解动作可以将完整配合的动作分解成单臂划水、多次腿单次划水或多次划水单次腿的配合，用于改进技术，为更好地完整配合做准备。

教学要求：教学组织有秩序，练习负荷循序渐进，注意身体的稳定性、手臂动作的有效性。

第三节　游泳专项体能练习方法设计与示例

尽管学生练习和运动员训练有所不同，但体能练习也非常有必要在游泳教学中有计划地开展。课课练部分是提高学生游泳专项体能的重要时机与手段。在课课练部分，教师可以将陆地和水中两种环境结合进行设计，以最大限度地提高学生在游泳中的表现，降低受伤的风险。

一、力量训练

力量是身体活动的重要变量。力量训练的方法多样，如可以通过克服自身体重或者使用弹力带来增强力量，也可以用水中负重的形式提高力量。

陆地力量的提升并不一定意味着在水中一定会增加推进力，也不代表一定能提高游进速度。因此水中力量的训练很有必要。

1. 陆地力量训练

练习内容：橡皮条阻力训练。

教学方法：将橡皮条安装在固定器械（如力量架或肋木架）上，学生可以借助弹力带模仿四种泳姿的手臂动作，从而锻炼学生的划水力量。

教学要求：根据学生实际情况确定弹力带的磅数、练习的组数和每组练习的次数。循序渐进，注意动作的规范性。

2. 水中力量训练

练习内容：抗阻游训练，详见视频 12-3-1。

教学方法：可以将阻力带用于泳池的牵引游练习中，将阻力带一端系在腰间，另一端系在出发台上，通过克服阻力游进。如果条件允许，可以采用力量架，这样在游进时可以拉起提前放置的配重片，如此能额外确定增加的阻力大小。

视频 12-3-1

二、速度训练

速度也是游泳训练中重要的体能指标。游泳作为以时间快慢计胜负的竞技运动，速度无疑至关重要。游得快，速度必定快。因此，应该水陆结合训练，提升速度。

1. 陆地速度训练

练习内容：听信号折返跑。

教学方法：学生听口令出发，听到特定信号后变换方向，如此反复，直到结束。

教学要求：注意学生之间的安全距离，信号交替之间的时间控制，信号与信号之间的跑速规定。

2. 水中速度训练

①练习内容：两人追逐游。

教学方法：两人先后出发，相距 10 米左右，相对游速较快的人后出发，游速较慢的人先出发，后出发者追先出发者，在规定的距离内追上给予一定的奖励，未追上给予先出发者奖励。

教学要求：听口令出发，按规则完成任务，避免犯规行为，全力以赴。

②练习内容：短距离冲刺游。

教学方法：以最快速度全力游完25米或50米。

教学要求：要有一定的强度要求，间歇情况视学生个人水平而有差别。

三、柔韧训练

柔韧素质是游泳学习中的重要素质。关节韧带柔韧性的好坏，直接影响划臂和打腿的效果。尤其是肩关节和踝关节的灵活性最重要，应重点发展肩和踝的柔韧性。

1. 发展肩关节柔韧性

（1）压肩：两脚开立，上体前倾，双手扶墙或肋木，或者两人一组做压肩动作。

（2）拉肩：两脚开立，两手在身后抓肋木或墙，身体下蹲，做拉伸动作。

（3）反臂体前屈：原地站立，两腿并拢伸直或微打开屈膝，双手在背后相握，两臂伸直，身体前屈，胸部尽量贴近大腿，两臂随身体前屈而后伸下振，老师可加力拉压。

（4）后拉肩：跪在垫上，两臂伸直侧举，由同伴抓住两手腕水平向后拉，向内压，轻轻振动。

2. 发展踝关节柔韧性

（1）跪撑翻脚压踝：跪在垫上，两脚外翻，脚充分背屈，以小腿和脚的内侧贴地，两手头顶伸直，带动上体平直。

（2）跪压踝：跪在垫上，脚尖绷直，臀部坐在足跟上压踝，两手撑地，两臂伸直提双膝压踝；身体后倒躺于垫上压踝。

3. 发展腹背部柔韧性

（1）俯卧挺身：首先俯卧在垫上，勾小腿，两手握踝。然后，上体和腿尽量上提，身体成弓形。

（2）背桥：首先仰卧在垫上，臂、腿弯曲，手、脚撑垫。然后，臂、腿撑起，腰腹上挺成桥。

四、身体稳定性训练

游泳运动需要在不稳定的水面（相对地面而言）对抗水流产生力量，因此身体的稳定性能力不容小觑。稳定性训练主要是平衡素质的练习，练习包括站立在不稳定的表面上练习，如坐在瑞士球上做划船动作或站在平衡垫上进行肩部外旋练习，以及在保持身体稳定的状态下进行身体远端的手臂和腿部动作练习。稳定性练习给身体提供更多的挑战，所以是一种难度更高的锻炼形式。

1. 陆地稳定性训练

练习内容：渐进式俯桥支撑。

教学方法：在瑜伽垫上利用前臂和脚尖撑地保持身体平衡，脚踝、臀部、肩部始终保持一条直线；可以从前臂支撑瑜伽垫过渡到前臂支撑瑞士球这样的不稳定表面。

教学要求：要求学生使用核心力量控制身体保持一条直线，努力维持正确的身体姿势。

2. 水中稳定性训练

练习内容：稳定的打水板和瑞士球。

教学方法：学生可以利用打水板，坐、俯卧、仰卧在打水板上保持身体平衡，或者在泳池中创造性地在瑞士球上保持平衡。

教学要求：注意力高度集中，尽可能延长某种练习的身体平衡能力，要有一定的创造性。

第四节　游泳专项体能放松活动设计与示例

游泳后，一般都会出现身体疲劳。科学的放松活动可以缓解身体疲劳，减少运动损伤，提高学习效率。游泳训练和比赛后进行放松的形式多种多样，此处列举了几种缓解和消除身体疲劳的活动。

一、陆地放松活动 》

1. 教学示例一

练习内容：轻柔静态拉伸。

教学方法：在教师的带领下模仿教师动作进行原地静态轻柔拉伸，拉伸的肌群从手、肩、背肌群到下肢肌群；可以结合音乐伴奏。

教学要求：拉伸要循序渐进，有一定的时间控制，有肌痛感时可停止拉伸。

2. 教学示例二

练习内容：相互按压。

教学方法：将学生分组，两人一组，进行上肢和下肢、肩部、背部、臀部肌肉的按压揉放松；注意按压的手法和力量，如条件允许可以使用筋膜枪。

教学要求：认真看示范，小组轮换按压，切勿手法太重。

3. 教学示例三

练习内容：泡沫轴滚推。

教学方法：利用泡沫轴和瑜伽垫，在垫子上将泡沫轴滚推腿部、腰部、臀部、肩背部肌群。泡沫轴的形态多样，可根据实际情况选择。

教学要求：每部位肌群反复推压多次后变换肌群，动作有力、到位。

二、水中放松活动 》

1. 教学示例一

教学内容：水疗放松。

教学方法：温热水可促进血液循环、新陈代谢，放松肌肉，软化软组织。游泳课结束后可以进行温水冲洗，有条件的可以进行温水浴。

教学要求：时间不要过长，结合陆地放松。

2. 教学示例二

练习内容：水中放松游。

教学方法：在经过一定强度的训练后，可以结合行走、原地换气等进行水中慢游来放松调整。

教学要求：认真参与，完全放松。

参 考 文 献

[1] 冯传诚. 新课程标准下体育院校田径教学改革的思考［J］. 武汉体育学院学报, 2005 (10)：123-125.

[2] 文超. 中国田径运动百年［M］. 北京：人民体育出版社, 2006.

[3] 张洪潭. 体育基本理论研习的定位坐标［J］. 体育科学, 2005 (4)：35-39.

[4] 郝琪. 中小学开展田径教学的意义及现状分析［J］. 内江科技, 2008 (11)：189.

[5] 国务院办公厅转发教育部等部门关于进一步加强学校体育工作若干意见的通知［EB/OL］.(2012-10-22)［2024-09-20］https：//www.gov.cn/gongbao/content/2012/content_2256572.htm.

[6] 国务院办公厅关于强化学校体育促进学生身心健康全面发展的意见［EB/OL］.(2016-05-06)［2024-09-20］https：//www.gov.cn/zhengce/zhengceku/2016-05/06/content_5070778.htm.

[7] 体育总局　教育部关于印发深化体教融合　促进青少年健康发展意见的通知［EB/OL］.(2020-08-31)［2024-09-20］https：//www.gov.cn/zhengce/zhengceku/2020-09/21/content_5545112.htm.

[8] 教育部办公厅关于进一步加强中小学生体质健康管理工作的通知［EB/OL］.(2021-04-19)［2024-09-20］https：//www.gov.cn/zhengce/zhengceku/2021-04/26/content_5602164.htm.

[9] 中华人民共和国教育部. 义务教育体育与健康课程标准 (2022年版)［M］. 北京：北京师范大学出版社, 2022.

[10] 冯旭晨. 开展初中体育田径运动的价值及方法［C］//中国国际科技促进会国际院士联合体工作委员会, 教育教学国际学术论坛论文集 (三). 甘肃省甘南藏族自治州舟曲县第二中学, 2022：353-355.

[11] 牛学文, 向佐军. 初中历史与社会教学关键问题指导［M］. 北京：高等教育出版社, 2016.

[12] 季浏, 钟秉枢. 义务教育体育与健康课程标准 (2022年版) 解读［M］. 北京：高等教育出版社, 2022.

[13] 夏红. 试论在田径教学中渗透德育教育［J］. 成都大学学报 (教育科学版), 2007 (8)：71-72.

[14] 贺华. 核心素养视域下我国基础教育课程体系的重构［J］. 教学与管理 (理论版), 2017 (6)：8-10.

[15] 崔允漷. 如何开展指向学科核心素养的大单元设计［J］. 北京教育 (普教版), 2019

(2)：11-15.

[16] 邢芸硕. 新课标下烟台市初中体育大单元教学设计与实践研究［D］. 烟台：鲁东大学，2023.

[17] 陈武山. 游泳运动［M］. 北京：人民体育出版社，2001.

[18] 张腾，陈洁星. 生存教育理念下游泳专项教学：问题反思与改革探索［J］. 福建体育科技，2022，41（5）：87-92.

[19] 张腾. 游泳学习对幼儿粗大动作和感知身体能力的影响研究［D］. 北京：北京体育大学，2019.

[20] 梅雪雄. 游泳［M］. 4版. 北京：高等教育出版社，2016.

[21] 方千华，陈安平，张辉. 游泳与救生［M］. 北京：高等教育出版社，2022.

[22] 黄艳君. 普通大学生游泳课程思政教学研究——以华东师范大学公共体育游泳教学为例［D］. 上海：华东师范大学，2023.

[23] 斯科特·里瓦尔德，斯科特·罗德奥. 游得更快的科学原理：优异运动表现的技术和训练研究进展［M］. 温宇红，译. 北京：科学出版社，2021.